"樊迟学稼"诠释史

黄俊棚 著

西南交通大学出版社
·成都·

图书在版编目（CIP）数据

"樊迟学稼"诠释史 / 黄俊棚著. —成都：西南交通大学出版社，2020.11
ISBN 978-7-5643-7828-8

Ⅰ. ①樊… Ⅱ. ①黄… Ⅲ. ①儒家 ②《论语》- 研究 Ⅳ. ①B222.25

中国版本图书馆 CIP 数据核字（2020）第 224099 号

"Fan Chi Xue Jia" Quanshishi

"樊迟学稼"诠释史

黄俊棚 著

责任编辑	吴 迪
助理编辑	梁霄雲
封面设计	原谋书装
出版发行	西南交通大学出版社 （四川省成都市金牛区二环路北一段 111 号 西南交通大学创新大厦 21 楼）
发行部电话	028-87600564 028-87600533
邮政编码	610031
网址	http://www.xnjdcbs.com
印刷	成都蜀通印务有限责任公司
成品尺寸	170 mm×230 mm
印张	22.5
字数	280 千
版次	2020 年 11 月第 1 版
印次	2020 年 11 月第 1 次
书号	ISBN 978-7-5643-7828-8
定价	128.00 元

图书如有印装质量问题 本社负责退换
版权所有 盗版必究 举报电话：028-87600562

序

杨世文

众所周知，儒家思想的演进，离不开对经典的诠释。对《论语》的解读，体现出历代学人对孔子思想的理解、接受和推衍。《论语》中涉及的一些问题，也成为历代儒者构建自己思想的丰富素材。由于《论语》特殊的"语录体"著作方式，为学者的诠释提供了比较宽广的自由发挥空间，因此我们可以看到自汉以来历代《论语》诠释的丰富样貌，儒家思想史也因此而建构。

"樊迟请学稼"章，向来为孔门一大公案。这个问题看似简单，其实反映了儒家思想的本质特征，关系到许多重大的问题，诸如社会分工理论、君子小人之辨、政治哲学、教化思想，等等。历代注家异说纷纷，提出不同的解读，其实是对儒家一系列重大理论问题的回应。如果按照诠释学的四个步骤去理解，我们需要理清这样几个问题：孔子究竟说了什么？孔子想要说什么？孔子能够说什么？孔子应该说什么？因此首先需要立足文本，看樊迟如何问，孔子如何答。在此基础上，可以进一步追问，孔子所谓"吾不如老农""吾不如老圃""小人哉樊须也"，究竟要表达什么？是看不起"老农""老圃"，轻视稼穑，还是从社会分工的角度所做的真实表达？接下来就需要从孔子思想体系的角度去探寻，孔子能够说什么？"上好礼，则民莫敢不敬；上好义，则民莫敢不服；上好信，则民莫敢不用情。夫如是，则四方之民襁负其子而至矣，焉用稼？"这一大段论说，其实是孔子基于自己的一贯主张，对儒家政治思想的深入阐发，需要我们仔细品味。孔门注重"大人之学",讲究"修齐治平",孔子不希望门人弟子局限于做"小人儒",故"君子不器"。最后,我们读完这一章之后,还得回答"孔子应该说什么"的问题,表明读者自己对此问题的看法。如此,才能构建一个完整的诠释过程。

系统梳理汉代以来学者对"樊迟请学稼"章的阐释,无疑是一项很有意义的工作。俊棚对此问题关注已久,广搜汉代以来文献,将历代学人对此章的阐释加以加辑录,并进行解读,希望通过这种方式,呈现一部"樊迟学稼"的诠释史。他的这个尝试,无疑是有价值的,不仅有体例上是一个创新,而且对于研究《论语》学史、儒家思想史都具有参考价值。

是为序。

前 言

"樊迟学稼"语出《论语·子路》篇：

> 樊迟请学稼，子曰："吾不如老农。"请学为圃，曰："吾不如老圃。"樊迟出。子曰："小人哉，樊须也！上好礼，则民莫敢不敬；上好义，则民莫敢不服；上好信，则民莫敢不用情。夫如是，则四方之民襁负其子而至矣，焉用稼？"

樊迟以稼穑之事请教孔子，孔子以不如老农老圃婉拒，继而又以"小人"之称相斥，并以"礼""义""信"三大端教诲他。关于此话题的寓意，两千多年来，学者不断对其进行注解和诠释，重要著作诸如曹魏时期何晏《论语集解》、南朝梁代皇侃《论语义疏》、宋代邢昺《论语注疏》、朱熹《四书集注》、清代刘宝楠《论语正义》等。在历代注解中，学者们不断探索其中的内涵和意义，如对"小人"含义的理解，多数学者将其与"大人""君子"对举，作农民、平民理解，与道德或人格无关。学者给予更多关注的是孔子批评樊迟学稼的缘由，目前有"成德说""问不当说""勉励说""不与民争利说""社会分工说""贬农说"等。当然，在历代的注解中，也有探求樊迟学稼原因的，通过文献梳理，我们归纳出了以下三种说法：

一、求利说。南朝皇侃《论语义疏》云："君子喻于义，小人喻于利。樊迟在孔子门下，不请学仁义忠信之道，而学求利之术，故云小人也。"认为孔子以"小人"之名斥责樊迟，是樊迟请求学稼穑乃是不问君子之道，而学求利之术。明代郝敬《论语详解》亦持是说，云："樊迟学圃学稼，志在近利，故夫子药其心病，而以行义为本。"顾梦麟《四书说约》则直接肯定"稼圃之问，只主粗鄙近利为确，无隐逸忘世意。"至清代，焦袁熹也认为樊迟学稼为"近利之见"，在《此木轩四说》中云："稼圃之请，不过近利之见。如云治生为急，可以养廉耻安淡寂，不至纷营乱心耳。非若沮溺，文人之隐以为高；又非思以其术治天下，若许行并耕之说也。"等等。

二、误入并耕学说。汉代已有学者将"樊迟学稼"与许行的并耕学说相提并论，至宋代，诸家注解多本《孟子》，认为孟子驳斥许行天下并耕的思想即是本于孔子斥责樊迟学稼的意旨，并以孟子"君子劳心，小人劳力"一说解说此章。如杨时在阐释"樊迟请学稼学圃"时否认樊迟求利之说，认为他是想效仿许行的天下并耕学说，"此亦非为利也，其所愿学正许子并耕之意。而命之为小人者，盖稼圃乃小人之事，而非君子之所当务也。君子劳心、小人劳力"。而张栻在《癸巳论语解》中说："小人云者，为其所见者，小人之事也。孟子所谓有大人之事，有小人之事，正本此意。"并在《孟子说》中批判许行的并耕学说，云"樊迟请学稼，微夫子救之，盖亦几陷于此矣"，认为樊迟是陷入许行并耕学说的误区。

元代胡炳文《四书通》亦持此说："樊迟问仁、智者三，至于问崇德、修慝、辨惑，夫子善之。此所问稼圃，必有入以墨翟师禹稼穑之说者，此夫子所以小之。"至清代，李光地也认为孔子训斥樊迟，是担心其误入许行一流，《榕村语录续集》有云："樊迟请学稼圃，不尽是近利，又不是隐遁意思，以为学问在此。夫子恐其陷于许行一流，故语意颇类于'大人劳心，小人劳力'之旨。"

三、以稼教民说。清代学者在考证此章时，提到早在汉代，包咸即认为"迟将用稼以教民，原不是欲身亲稼穑之事"。宋代谢良佐也认为樊迟学稼是为民，戚学标在《四书偶谈》中提到"汉儒谓迟思以学稼教民，谢上蔡亦云迟学稼将以为民，非役于货殖者"。梁章钜《论语旁证》中引用张甄陶的解说云："古者一夫受田百亩，朝出耕，暮归读古人书，是常事。学稼亦不必是小人，是时樊迟必有治民之责，欲精求司啬田畯之业，以阜民财，意夫子天纵多能，如《禹贡》辨九土之性，《周官》别十二壤之宜，种植树艺之秘，必有知人所不知者。其实夫子自不曾留心于此，老农老圃亦是实语，非反词以诋之也。"并评论说："此说近是，然包注已有学稼以教民之语，张氏特畅言之耳。"梁章钜不仅认同张甄陶关于樊迟学稼是为教民，并指出此说实源于汉代包咸的注解。

王夫之则从孔子的回答推断樊迟学稼的真实缘由，他的《四书笺释》解释说："请学稼章，玩'焉用稼'用字，则樊迟盖欲用稼以致民归也。不然则樊迟但欲耕以自富，则何须说到'四方之民襁负其子而至'上去。"显然，王夫之认为樊迟学稼不是为己求富，而是聚集人民凝聚人心。戴望则从当时鲁国的社会背景来解说樊迟游学圣门却问稼穑之艺："哀公时，鲁数年饥，樊迟请教稼圃以集流民。"与王夫之的"致民归"意旨相同。

除上述三种解说外，也不乏将樊迟问稼归于"樊迟欲自食其力""与同门竞争，另辟蹊径"等说。可见，这个话题内涵丰富，还有继续探索的空间和必要。

历代关于"樊迟学稼"的注解汗牛充栋，学者对其意蕴做出了种种解读，但关于此话题的讨论并未结束，其蕴藏的丰富意义仍有待进一步挖掘。有鉴于此，我们将历代与"樊迟问稼"相关的经学著述、文学作品以及民国以来的各种议论文章进行了收集整理，以期推动对其真意的探寻。

目录

汉唐诠解篇

[汉] 司马迁《史记》卷六十七 ……………… 002
[三国魏] 何晏集解《论语》卷七 ……………… 003
[南北朝] 皇侃《论语义疏》卷七 ……………… 004

宋代诠解篇

[宋] 邢昺《论语注疏》卷十三 ……………… 009
[宋] 文谠《详注昌黎先生文集》卷十五 ……… 011
[宋] 陈普《石堂先生遗集》卷八 ……………… 013
[宋] 蔡节《论语集说》卷七 …………………… 020
[宋] 陈祥道《论语全解》卷七 ………………… 022
[宋] 陈祥道《论语全解》卷七 ………………… 024
[宋] 陈埴《木钟集》卷一 ……………………… 025
[宋] 戴溪《石鼓论语答问》卷下 ……………… 026
[宋] 戴埴《鼠璞》卷下 ………………………… 027
[宋] 洪咨夔《平斋文集》卷十一 ……………… 030
[宋] 胡次焱《梅岩文集》卷一 ………………… 032
[宋] 黎靖德《朱子语类》卷四十二 …………… 033

I

[宋]黎靖德《朱子语类》卷四十三 …………………034
[宋]李樗《毛诗集解》卷十二 ………………………035
[宋]李昉《文苑英华》卷七十 ………………………036
[宋]李过《西溪易说》卷五 …………………………037
[宋]刘安节《刘左史文集》卷三 ……………………038
[宋]陆佃《埤雅》卷五《释兽》 ……………………040
[宋]陆游《剑南诗稿》卷二十七 ……………………041
[宋]吕祖谦《丽泽论说集录》卷六 …………………042
[宋]潘自牧《记纂渊海》卷二十 ……………………042
[宋]钱时《融堂四书管见》卷七 ……………………043
[宋]苏轼《苏文忠公全集》卷十 ……………………044
[宋]苏辙《栾城应诏集》卷十一 ……………………046
[宋]苏辙《古史》卷三十二 …………………………048
[宋]王之望《汉滨集》卷三 …………………………050
[宋]卫湜《礼记集说》卷一百二十六 ………………052
[宋]杨时《龟山集》卷十《语录》 …………………052
[宋]叶绍翁《四朝闻见录》卷三 ……………………053
[宋]佚名《历代名贤确论》卷二十六 ………………054
[宋]尹焞《和靖集》卷五 ……………………………055
[宋]张栻《癸巳论语解》卷七 ………………………056
[宋]张栻《孟子说》卷三 ……………………………057
[宋]赵顺孙《四书纂疏·论语纂疏》卷七 …………062
[宋]赵善括《应斋杂著》卷六 ………………………063
[宋]真德秀《四书集编·论语集编》卷七 …………064
[宋]真德秀《四书集编·孟子集编》卷五 …………066
[宋]真德秀《读书记》卷十 …………………………068
[宋]真德秀《读书记》卷三十五 ……………………069

[宋] 郑樵《通志》卷八十八 ···················· 072
[宋] 郑汝谐《论语意原》卷三 ················ 074
[宋] 周行己《浮沚集》卷六 ···················· 075
[宋] 朱熹《论语精义》卷六 ···················· 077
[宋] 朱熹《论语精义》卷七 ···················· 079
[宋] 朱熹《四书章句集注·论语》卷七 ······ 082

元代诠解篇

[元] 陈天祥《四书辨疑》卷八《论语》 ········ 085
[元] 何异孙《十一经问对》卷一 ·············· 086
[元] 胡炳文《四书通》卷六 ···················· 087
[元] 胡炳文《四书通》卷七 ···················· 088
[元] 胡炳文《四书通》卷五 ···················· 090
[元] 胡祗遹《紫山大全集》卷二十二 ········ 092
[元] 胡祗遹《紫山大全集》卷二十四 ········ 093
[元] 史伯璇《四书管窥》卷三 ·················· 094
[元] 王义山《稼村类稿》卷七 ·················· 095
[元] 萧镒《四书待问》卷十一 ·················· 098
[元] 姚燧《牧庵集》卷九 ························ 099
[元] 袁俊翁《四书疑节》卷二 ·················· 102
[元] 詹道传《四书纂笺·论语纂笺》卷七 ···· 105
[元] 朱公迁《四书通旨》卷三 ·················· 106
[元] 朱公迁《四书通旨》卷四 ·················· 108

明代诠解篇

[明] 蔡清《四书蒙引》卷七 ···················· 110
[明] 陈镐《阙里志》卷五 ························ 112

[明] 陈士元《论语类考》卷四 ……………………113
[明] 程敏政《篁墩集》卷二 ………………………115
[明] 程敏政《篁墩集》卷十八 ……………………117
[明] 程敏政《白云文稿》卷十九 …………………119
[明] 储巏《柴墟文集》卷十一 ……………………121
[明] 戴冠《濯缨亭笔记》卷三 ……………………123
[明] 方弘静《千一录》卷三 ………………………125
[明] 方弘静《千一录》卷四 ………………………125
[明] 费宏《费文宪公摘稿》卷十一 ………………126
[明] 冯从吾《少墟集》卷三 ………………………128
[明] 葛寅亮《四书湖南讲·论语湖南讲》卷三 ……129
[明] 顾梦麟《四书说约·论语》 …………………131
[明] 郭子章《圣门人物志》卷五 …………………134
[明] 郝敬《论语详解》卷六 ………………………136
[明] 郝敬《论语详解》卷十三 ……………………138
[明] 何良俊《四友斋丛说》卷二十 ………………141
[明] 胡广《四书大全·论语集注大全》卷十一 ……142
[明] 胡广《四书大全·论语集注大全》卷十二 ……143
[明] 胡广《四书大全·论语集注大全》卷十三 ……144
[明] 胡广《四书大全·孟子集注大全》卷五 ………147
[明] 胡直《胡子衡齐》卷三 ………………………148
[明] 季本《诗说解颐》卷二十 ……………………151
[明] 焦竑《焦氏四书讲录》卷六 …………………152
[明] 焦竑《焦氏笔乘续集》卷二 …………………154
[明] 来知德《来瞿唐先生日录》 …………………155
[明] 黎贞《秫坡先生集》卷五 ……………………156
[明] 李材《见罗先生书》卷六 ……………………157

IV

[明] 李濂《嵩渚文集》卷五十二 …………………159
[明] 刘宗周《论语学案》卷七 ……………………161
[明] 陆釴《（嘉靖）山东通志》卷二十四 ………163
[明] 鹿善继《四书说约》卷十三 …………………163
[明] 吕柟《四书因问》卷四 ………………………164
[明] 吕柟《四书因问》卷四 ………………………165
[明] 茅坤《茅鹿门文集》卷三十二 ………………167
[明] 茅坤《茅鹿门文集》卷三十二 ………………169
[明] 孙承恩《文简集》卷三十二 …………………170
[明] 孙慎行《玄晏斋困思抄》卷二 ………………172
[明] 王直《抑庵文后集》卷三十六 ………………174
[明] 乌斯道《春草斋集》卷六 ……………………176
[明] 徐光启《农政全书》卷一 ……………………177
[明] 徐𪷅《笔精》卷五 ……………………………180
[明] 杨慎《升庵集》卷七十九 ……………………181
[明] 尹襄《巽峰集》卷七 …………………………182
[明] 袁黄《游艺塾续文规》卷十七 ………………184
[明] 张居正《四书集注阐微直解·论语》卷十 …185
[明] 张居正《张太岳先生文集》卷九 ……………188
[明] 张四维《条麓堂集》卷十 ……………………191
[明] 张四维《名公书判清明集》卷三 ……………194
[明] 张岳《（嘉靖）惠安县志》卷五 ……………195
[明] 章潢《图书编》卷十四 ………………………196
[明] 章潢《图书编》卷二十三 ……………………199

清代诠解篇

[清] 陈澧《东塾读书记》卷二 ……………………202

v

[清] 陈确《干初先生遗集》卷十一辛卯 ……… 203
[清] 陈廷敬《午亭文编》卷三十九 ……… 205
[清] 陈鳣《论语古训》卷七 ……… 207
[清] 成本璞《九经今义》卷二十四 ……… 208
[清] 程廷祚《论语说》卷一 ……… 209
[清] 崔述《考信录·洙泗考信余录》卷一 ……… 211
[清] 崔述《考信录·洙泗考信余录》卷二 ……… 213
[清] 戴大昌《驳四书改错》卷二十 ……… 214
[清] 戴名世《南山集》卷一 ……… 216
[清] 戴望《颜氏学记》卷四 ……… 218
[清] 戴望《颜氏学记》卷九 ……… 219
[清] 戴望《戴氏注论语》第十三 ……… 221
[清] 丁韪良《西学考略》卷下 ……… 223
[清] 杜文澜《古谣谚》卷三十七 ……… 224
[清] 方浚师《蕉轩随录》卷八 ……… 225
[清] 方祖范《四书解琐言》卷二 ……… 226
[清] 葛士浚《清经世文续编》卷一 ……… 227
[清] 桂馥《说文解字义证》卷二十一 ……… 228
[清] 胡统虞《此庵讲录》卷八 ……… 229
[清] 黄式三《论语后案》 ……… 230
[清] 简朝亮《尚书集注述疏》卷一 ……… 233
[清] 焦袁熹《此木轩四书说》卷五 ……… 234
[清] 焦袁熹《此木轩杂著》卷一 ……… 235
[清] 雷学淇《介庵经说》卷八《论语》 ……… 236
[清] 李塨《圣经学规纂》卷一 ……… 237
[清] 李光地《榕村语录续集》卷一 ……… 239
[清] 李元度《天岳山馆文钞》卷二 ……… 239

[清]李兆洛《养一斋集》卷二十 …………………241
[清]梁章钜《农候杂占》卷二 ………………………243
[清]梁章钜《论语旁证》卷十三 ……………………244
[清]梁章钜《论语旁证》卷十九 ……………………246
[清]刘宝楠《论语正义》卷二 ………………………248
[清]刘宝楠《论语正义》卷十六 ……………………249
[清]刘宝楠《论语正义》卷十八 ……………………252
[清]陆陇其《四书讲义困勉录·论语讲义》………253
[清]陆心源《宋诗纪事补遗》卷四十二 …………255
[清]陆心源《皕宋楼藏书志》卷四十二 …………256
[清]陆以湉《冷庐杂识》卷七 ………………………257
[清]吕留良《四书讲义》卷十六 ……………………258
[清]马骕《绎史》卷九十五 …………………………259
[清]毛奇龄《四书剩言》卷四 ………………………260
[清]毛奇龄《四书改错》卷二十 ……………………261
[清]毛奇龄《四书改错》卷二十 ……………………263
[清]毛奇龄《西河集》卷十八 ………………………266
[清]茅星来《近思录集注》卷十一 …………………267
[清]倪思宽《二初斋读书记》卷二 …………………269
[清]潘德舆《养一斋诗话》卷十 ……………………270
[清]潘维城《论语古注集笺》卷一 …………………271
[清]潘维城《论语古注集笺》卷七 …………………271
[清]戚学标《四书偶谈·外编》……………………273
[清]戚学标《四书偶谈》……………………………274
[清]钱曾《读书敏求记》卷二 ………………………275
[清]秦笃辉《经学质疑录》卷二 ……………………276
[清]秦笃辉《经学质疑录》卷十 ……………………277

[清] 邱维屏《邱邦士文集》卷一 ·················· 278
[清] 史梦兰《尔尔书屋诗草》卷一 ················ 279
[清] 舒位《瓶水斋诗集》卷九 ···················· 280
[清] 宋翔凤《论语说义》卷七 ···················· 281
[清] 孙奇逢《四书近指》卷十 ···················· 282
[清] 孙应科《四书说苑补遗》 ···················· 283
[清] 唐仲冕《陶山诗录》卷五 ···················· 284
[清] 王夫之《四书笺解》卷四 ···················· 285
[清] 王夫之《诗广传》卷五 ······················ 286
[清] 王夫之《四书训义》卷十五 ·················· 287
[清] 王太岳《四库全书考证》卷十八 ·············· 291
[清] 王先谦《荀子集解》卷四 ···················· 291
[清] 王又朴《易翼述信》卷四 ···················· 292
[清] 魏源《诗古微》 ···························· 293
[清] 文廷式《纯常子枝语》卷二十 ················ 295
[清] 吴昌宗《四书经注集证·论语》卷七 ·········· 296
[清] 吴敏树《柈湖文集》卷十一 ·················· 299
[清] 吴玉纶《香亭文稿》卷五 ···················· 301
[清] 锡缜《退复轩诗》卷四 ······················ 303
[清] 谢元淮《养默山房诗稿》卷十六 ·············· 303
[清] 熊赐履《学统》卷三十三 ···················· 304
[清] 严可均《全上古三代秦汉三国六朝文·
全后魏文》卷三十九 ·················· 306
[清] 杨名时《四书札记》卷二 ···················· 307
[清] 胤禛《雍正上谕内阁》卷八十 ················ 309
[清] 应撝谦《性理大中》卷六 ···················· 310
[清] 永瑢《四库全书总目》卷三十六 ·············· 311

[清]尤侗《西堂诗集·论语诗》……………………312
[清]袁枚《随园随笔》卷一……………………313
[清]尤侗《艮斋杂说》卷七……………………314
[清]张埙《竹叶庵文集》卷二十七……………316

民国诠解篇

徐世昌《晚晴簃诗汇》卷九十三………………318
杨钟羲《雪桥诗话》卷十二……………………321
其　他……………………………………………322

参考文献…………………………………………335

汉唐诠解篇

　　汉唐学者关于"樊迟请学稼"的注解主要保存在三国时期何晏的《论语集解》、南朝皇侃的《论语义疏》中。如《论语集解》中保存了汉代经学家马融关于"稼"和"圃"的注解；孔安国阐释了"情"字的含义；包咸论述了"礼、义、信足以成德"的思想。皇侃在《论语义疏》中不仅引征了汉魏学者的注解，还进一步解释了"樊迟出后，孔子呼名骂之"的原因乃"君子喻于义，小人喻于利，樊迟在孔子之门，不请学仁义忠信之道，而学求利之术，故云小人也。"在这里，皇侃将"小人"与"君子"对举，认为孔子以"小人"之名责备樊迟，是因樊迟学稼穑是为求利之术。

[汉] 司马迁《史记》卷六十七[①]

仲尼弟子列传第七：

樊须，字子迟。【集解】郑玄曰："齐人。"【正义】《家语》云："鲁人。"少孔子三十六岁。樊迟请学稼。孔子曰："吾不如老农。"请学圃，曰："吾不如老圃。"【集解】马融曰："树五谷，曰稼；树菜蔬，曰圃。"樊迟出，孔子曰："小人哉，樊须也。上好礼，则民莫敢不敬；上好义，则民莫敢不服；上好信，则民莫敢不用情。【集解】孔安国曰："情，实也。言民化上，各以实应。"夫如是，则四方之民襁负其子而至矣，焉用稼。"【集解】包氏曰："礼义与信，足以成德，何用学稼以教民乎！负子之器曰襁。"樊迟问仁，子曰："爱人。"问智，曰："知人。"

诠解

樊须，字子迟。【集解】郑玄说："樊迟是齐国人。"【正义】《家语》中说"樊迟是鲁国人"。比孔子小三十六岁。樊迟请求学习耕稼，孔子说："我不如老农民。"又请求学习园艺，孔子说："我不如老菜农。"【集解】马融说："种五谷叫稼，种蔬菜叫圃。"樊迟离开后，孔子说："樊迟真是个没有远大志向的人啊！统治者只要崇尚礼仪，老百姓就不敢不敬畏他；统治者只要崇尚道义，老百姓就不敢不服从他；统治者只要崇尚诚信，老百姓就不敢不用真诚以待。【集解】孔安国说："情即真情实意，是说百姓被统治者感化，互相都能以诚相待。"要是能做到这样的话，那么各地的百姓都会用襁褓背着自己的孩子蜂拥而至，哪里还用得着亲自去耕稼呢？"【集解】包

[①] 清乾隆武英殿刻本。

氏说:"礼、义与信,就足以成就德性,哪里还需要学习耕稼来教化百姓呢?背小孩的器具叫作襁。"樊迟问孔子什么是仁,孔子说:"懂得如何爱人便是仁。"樊迟又问什么是智,孔子说:"懂得如何透过人的言行,真正了解其内心就是智。"

[三国魏]何晏集解《论语》卷七①

子路第十三:

樊迟请学稼,子曰:"吾不如老农"。请学为圃,子曰:"吾不如老圃"。马融曰:树五谷,曰稼;树菜蔬,曰圃也。樊迟出,子曰:"小人哉!樊须也。上好礼则民莫敢不敬;上好义则民莫敢不服;上好信则民莫敢不用情。孔安国曰:情,情实也。言民化其上,各以情实应也。夫如是,则四方之民襁负其子而至矣,焉用稼?苞氏曰:礼、义与信足以成德,何用学稼教民乎?负者以器,曰襁也。"

诠解

樊迟向孔子请教种五谷的方法,孔子回答他说:"(在这方面)我不如耕田的老农民"。樊迟又请教种菜蔬的方法,孔子回答他说:"(在这方面)我不如有经验的老菜农"。东汉马融注解:"稼"是种五谷,"圃"是种蔬菜。樊迟离开后,孔子说:"真变得像个小人了,这个樊须!居上位的人讲求礼仪,那么民众就没有不敬重他的。居上位的人注重道义情理,那么民众就没有不服从他的。居上位的人诚信可靠,那么民众都会以真心和实情相待。西汉孔安国注解:"情"为真情实意。这句话是说老百姓被居上位的统治者的真情实意所感化,那么自然也以真情和忠诚去回应。(居上位者)果真能做到'礼''义'

---

① 《四部丛刊》影日本正平本。

'信',那么四面八方的老百姓就会连同自己的幼子一起来归附,哪用得着他自己亲自种田。"东汉苞咸注解说:礼、义、信三者足以成德化民,何必去学种谷之法以教民众呢?用来背负婴儿的工具叫作"襁"。

[南北朝] 皇侃《论语义疏》卷七①

樊迟请学稼,子曰:"吾不如老农。"请学为圃,子曰:"吾不如老圃。"【注】马融曰:"树五谷,曰稼;树菜蔬,曰圃。"樊迟出,子曰:"小人哉,樊须也。上好礼,则民莫敢不敬;上好义,则民莫敢不服;上好信,则民莫敢不用情。【注】孔安国曰:"情,情实也。言民化其上,各以情实应也。"夫如是,则四方之民襁负其子而至矣,焉用稼?"【注】苞氏曰:"礼义与信,足以成德,何用学稼以教民乎?负者以器曰襁也。"【疏】"樊迟请"至"用稼"云:樊迟请学稼者。樊须,字子迟,稼者,种谷之名。樊迟请于孔子,求学种五谷之术也。云子曰:"吾不如老农者。"农者,浓也,是耕田之人也。言耕田所以使国家仓廪浓厚也。樊迟既请学稼于孔子,孔子言:我门唯有先王之典籍,非耕稼之所,汝若欲学稼,当就农夫之老者学之。故云:吾不如老农。云请学为圃者。圃者,种菜之事也。既请农不许,又更就孔子求学种菜之术也。云子曰:吾不如老圃者,又答曰:我不如种菜之老圃者也。云樊迟出者。既请二者不为师所许,故出去。云子曰:小人哉,樊须也者。小人是贪利者也。樊迟出后,孔子呼名骂之,君子喻于义,小人喻于利,樊迟在孔子之门,不请学仁义忠信之道,而学求利之术,故云小人也。云上好礼云云者。责之既竟,此又说学君子之道胜学小人之事也。言君上若好礼,则民下谁敢不敬,故云莫敢不敬,礼主敬故也。云上好义云云者。君上若裁断得宜,则民下皆服。义者,宜也。云上好信云云者。君上若好

---

① 清鲍氏《知不足斋丛书》本。

信，则民下有敬不复欺，故相与皆尽于情理也。李充曰：用情，犹尽忠也。行礼不以求敬，而民自敬；好义不以服民，而民自服；施信不以结心，而民自尽信。言民之从上，犹影之随形也。云夫如云云者，夫发语端也，是者此也。负子以器曰襁。言君上若好行上三事，夫得如此，四方之民大小归化，故并器负其子而来至也。李充曰：负子以器，言化之所感，不召而自来。云焉用稼者，焉，犹何也。行此三事而四方自归，则何用学稼乎？李充曰：余谓樊迟，虽非入室之流，然亦从游侍侧，对扬崇德，辨惑之义，且圣教殷勤，唯学为先，故言君子谋道不谋食。又曰：耕也，馁在其中矣；学也，禄在其中矣。而迟亲禀明诲，乃谘圃稼何，顽固之甚哉。纵使樊迟欲舍学营生，犹足知非圣师之谋矣。将恐三千之徒，虽同学圣门，而未能皆忘荣禄。道教之益，奢情之患切，箪食不改其乐者，唯颜回堪之耳。迟之斯问，将必有由，亦如宰我问丧之谓也。【注】马融曰："至曰圃，云树五谷；曰稼者，树种植也。五谷，黍稷稻粱之属。种之曰稼，收敛曰穑，稼犹嫁也，言种谷，欲其滋长田苗，如人嫁娶生于子孙也。穑，吝啬也，言谷熟而敛藏之，如悭贪吝啬之人，聚物也。云树菜蔬，曰圃者。蔬，犹菜也。种菜曰圃。圃之言布也，取其分布于地。若种菜，实则曰园，园之言蕃也。种菜于圃外，为蕃盛也。"【注】负者以器曰襁。襁者，以竹为之，或云以布为之，今蛮夷犹以布帊裹儿，负之背也。

诠解

樊迟请求学习耕稼，孔子说："我不如老农民。"樊迟又请求学习园艺，孔子说："我不如老园圃。"【注】马融说："种五谷叫稼，种蔬菜叫圃。"樊迟离开后，孔子说："樊迟真是个没有远大志向的人啊。统治者只要重视礼仪，老百姓就不敢不敬畏他；统治者只要重视正义，老百姓就不敢不服从他；统治者只要重视诚信，老百姓就不敢不用真心实意对待他。"【注】孔安国说："情即真情实意，人民被统治者的真情实意所感化，也会以真诚相回应。"要是能做到这样的话，那么各地的百姓都会用襁褓背着自己的孩子蜂拥而至，哪里还用得着自己去耕稼呢？【注】苞氏说："礼、义与信，足以成就德性，哪里还需要学习耕稼来教化百姓呢。背小孩的器具叫作襁。"【疏】：从"樊迟请"到"用稼"说：樊迟请教学习耕稼。樊迟，字子迟。稼就是种谷的意思。樊迟向孔子请求学种五谷的技术，孔子说：这方面我不如老农民。农即浓，就是耕田的人。这是在说耕田是能使国家仓廪充实的原因。樊迟向孔子请求学习耕稼，孔子说我的门下只学习先王的典籍，并不是学习耕稼的地方。你如果想要学习耕稼，应该向老农夫学习。因此孔子说我不如老农民。说樊迟向孔子请求学习做园圃。圃就是种菜的事。既然不让学耕稼，就又向孔子请教学习种菜的技术。孔子说我不如老园圃，就是在说我不如会种菜的老菜农。说樊迟离去。向老师请求学习两种技术都不被允许，故而离开。说孔子说樊迟真是个小人。小人是贪图利益的人。樊迟出去后，孔子呼其名而骂之。君子懂得的是道义，小人懂得的是利益。樊迟在孔子门下，不请求学习仁义忠信的道理，而是请学获得利益的方法，所以说他是小人。说上好礼等等是在责备他，此事结束后，又说学君子之道胜过学小人之事。说国君如果崇尚礼仪，则民众谁敢不敬重他。所以说没有民众敢不敬重礼的原因是统治者敬重礼。说上好义等等，是说如果统治者裁断事情合理，那么就没有民众不服从他。义即宜。说上好信等等，是说统治者如果讲究诚信，那么民众就会都因为敬重他而不再欺瞒他，所以都会最大限度地讲究情理。李充说："用情就像尽忠一样，统治者推行礼仪而不以求得民众敬重为目的，但民众会自然地敬重他；崇尚道义而不以使民众服从为目的，但民众会自然地服从他；坚持诚信而不以团结民心为目的，但民众自然会尽力对他守信。"说民众跟从统治者就像影子跟随形体一样。说夫如等等，夫是一句话的开端，是就是这的意思。背小孩的器具叫襁。说君主如果施行好上述所述三件事，那么各地的民众就都会被他成功教化，用器具背着儿女来投奔。李充说："用工具背着小孩是说他们被感化了，不需要召唤自然就来了。"说焉用稼等等，焉是何的意思。

做好了这三件事，四方民众都会自然归顺，哪里还需要自己学习耕稼呢？李充说："我认为樊迟，虽然不是获得孔门学问真谛的人，但他也随从孔子游历并侍奉在侧，且有崇尚德行、辨明疑惑的发问，还向孔子殷勤请教，把学业看作最重要的事，所以说君子应该谋求道义而不谋求利益。"又说："耕田，会有饥饿在其中；学习，会有禄食在其中。而樊迟亲自聆听了孔子的教诲，却咨询老师如何耕稼的事情，可见其是非常顽劣固执了。"纵使樊迟真的想要舍弃学习道义，而去求利，也足以知道他不是什么有高明智慧的人了。就是怕孔门三千门徒，虽然都一同在圣人门下学习，却没有将荣华利禄全部忘干净。深刻了解道义学问的益处，对其怀有忧虑、渴求之情，粗茶淡饭也不能改变其志向的，孔门只有颜回罢了。樊迟问这些问题一定有他的理由，就像宰我问丧一样。【注】马融说："至于提到圃圃，提到种五谷，是说树就是种植，五谷就是黍稷稻粱等。种下去叫稼，收获叫穑。稼即嫁，是说种五谷是想要让其滋养幼苗，就像人嫁娶后生下子孙一样。穑即吝啬，是说谷物成熟了就将其收藏起来，就像贪婪吝啬之人收拢物品一样。说树蔬菜叫圃。蔬即菜，种菜叫圃，圃就是布，取分布在地的意思。种菜，实际上叫园，园就是说蕃，在圃外种菜就是蕃盛。"【注】背东西的人所用的器具叫作襁。襁是用竹做成的，也有人说是用布做成的。现在的蛮夷依然用布裹着小孩背在背上。

宋代诠解篇

宋代学者关于《论语》的著述数量众多，在阐释"樊迟请学稼"时出现了不少新解。关于"小人""君子"之分，多本于《孟子》之义，如陈祥道《论语全解》云："君子能为小人之所不能，而不能遍能小人之所能。盖君子之所能者，劳心也。小人之所能者，劳力也。劳心者治人，劳力者治于人。治人者，食于人；治于人者，食人。樊迟不知君子之道，而请学小人之事。"此说是对《孟子》"君子小人劳心劳力"说的进一步阐发，以从事事务性质的不同而来划分君子之道与小人之事。又杨时在阐释"樊迟请学稼学圃"时云："此亦非为利也，其所愿学正许子并耕之意。而命之为小人者，盖稼圃乃小人之事，而非君子之所当务也。君子劳心、小人劳力。"也是本于《孟子》。张栻诠解虽也本于《孟子》，但又专以"眼界""格局"而论，在《癸巳论语解》中说："小人云者，为其所见者，小人之事也。孟子所谓有大人之事，有小人之事，正本此意。"

[宋] 邢昺《论语注疏》卷十三[1]

樊迟请学稼，子曰："吾不如老农。"请学为圃，曰："吾不如老圃。"马融曰："树五谷曰稼，树菜蔬曰圃。"樊迟出。子曰："小人哉！樊须也。上好礼，则民莫敢不敬；上好义，则民莫敢不服；上好信，则民莫敢不用情。孔曰："情，情实也。言民化于上各以实应。"夫如是则四方之民襁负其子而至矣，焉用稼？"包曰："礼义与信足以成德，何用学稼以教民乎？负者以器曰襁。"【疏】"樊迟"至"用稼"〇【正义】曰："此章言礼义忠信为治民之要。樊迟请学稼者，树五谷曰稼。弟子樊须谓于夫子学播种之法，欲以教民也。子曰：吾不如老农者。孔子怒其不学礼义而学稼种，故拒之曰：稼种之事，吾不如久老之农夫也。请学为圃者，树菜蔬曰圃。樊迟又请于夫子学树艺菜蔬之法，曰：吾不如老圃者，亦拒其请也。言树艺菜蔬之法，吾不如久老为圃者。樊迟出，子曰：小人哉，樊须也者。樊迟既请而出，夫子与诸弟子言曰：小人哉，此樊须也。谓其不学礼义而学农圃，故曰小人也。上好礼，则民莫敢不敬；上好义，则民莫敢不服；上好信，则民莫敢不用情者。孔子遂言礼义与信可以教民也。礼毋不敬，故上好行礼，则民化之，莫敢不敬也。人闻义则服，故上好行义，则民莫敢不服也。以信待物，物亦以实应之。故上若好信，则民莫不用其情。情，犹情实也，言民于上，各以实应也。夫如是，则四方之民襁负其子而至矣，焉用稼者？此又言夫礼、义与信足以成德化民。如是，则四方之民感化自来，皆以襁器背负其子而至矣，何用学稼以教民乎！"〇注："树五谷曰稼，树菜蔬曰圃。"〇【正义】曰："树者，种殖之名。五谷者，黍稷麻麦豆也。"《周礼》注云："种谷曰稼，如嫁女以有所生也。"《周礼·大宰职》云："园圃毓草木。"注云："树果

---

[1] 清嘉庆二十年南昌府学重刊宋本《十三经注疏》本。

蓏曰圃，园其樊也。然则园者外畔，藩篱之名，其内之地，种树菜果则谓之圃，蔬则菜也。"郑玄《周礼》注云："百草根、实可食者。释天云蔬，不熟为馑。"郭璞曰："凡草菜可食者，通名为蔬。"○注："负者以器，曰襁。"○【正义】曰："《博物志》云：织缕为之，广八尺，长丈二，以约小儿于背。"

诠解

樊迟请求学习耕稼，孔子说："我不如老农民。"樊迟又请求学习种菜，孔子说："我不如老菜农。"马融说："种五谷叫稼，种蔬菜叫圃。"樊迟随后离开。孔子说："樊迟真是个没有远大志向的人啊。统治者只要重视礼仪，老百姓就不敢不敬畏他；统治者只要重视道义，老百姓就不敢不服从他；统治者只要重视诚信，老百姓就不敢不真心实意对待他。孔安国说："情即真情实意，是说百姓被统治者感化，互相都能以诚相待。"要是能做到这样的话，那么各地的百姓都会用襁褓背着自己的孩子蜂拥而至，哪里还用得着自己去耕稼呢？"包氏说："拥有礼义与诚信，就足以成为道德楷模，哪里还需要学习耕稼来教化百姓呢。背小孩的器具叫作襁。"【疏】从"樊迟"到"用稼"。【正义】这一章是在说礼、义、忠、信是治理百姓的重要内容。樊迟请求学习耕稼，种植五谷叫稼。樊迟说自己要跟从老师孔子学习播种之法，以教化百姓。孔子说我不如老农民是因为他愤怒樊迟不学习礼义而要去学习稼穑，所以用这个借口来拒绝他。樊迟请求学习种菜，种蔬菜叫圃。樊迟又向孔子请教学习种植树木、蔬菜的方法，孔子说我不如老园圃，也拒绝了他的请求，说种树种菜的方法我不如长期做园圃的人。樊迟出去后，孔子对诸弟子说樊迟是个小人，说他不学礼仪而是学习耕稼和园圃，就是小人。统治者只要重视礼仪，老百姓就不敢不敬畏他；统治者只要重视正义，老百姓就不敢不服从他；统治者只要重视诚信，老百姓就不敢不用真心实意对待他。孔子是说用礼、义、信是可以教化百姓的。用礼就没有对人的不敬，只要统治者喜好施行礼，人民就会得到教化，不敢不尊敬他。人一般知晓了正义就会趋于服从，只要统治者施行正义，百姓就不敢不服从他。以诚信待人接物，那么对方也会用真情实意回应他，所以只要统治者讲究诚信，就没有百姓会不诚心诚意对待他。情即真情实意，孔子是说百姓若被统治者以"情"教化，那么双方就会皆以真情实意对待彼此。要是能做到这样的话，那么各地的百姓都会用襁褓背着自己的孩子纷涌而至，哪里还用得着自己去耕稼呢？这又是在说礼、义、信足以成就道德教化人民，如果是这样的话，那么四面八方的百姓都会因被其感化而自发前来投奔，都会用襁褓背着自己的小孩蜂拥而至，哪里还用得着自己去学习稼穑来教化人民呢。〇注：种五谷叫稼，种蔬菜叫圃。【正义】树就是种植的意思，五谷是黍稷麻麦豆。《周礼》注："种谷叫稼，就像嫁女儿然后生下了孩子。"《周礼·大宰职》说："园圃育草木。"注：种瓜果叫圃，园就是用藩篱围起来，在园的外面叫作藩篱，在里面种菜种瓜果，叫圃。蔬就是菜。郑玄注《周礼》说："百草的根和可以吃的果实叫作蔬，不能吃的叫作蓳。"郭璞说："凡是可以吃的草菜，通通叫作蔬。"〇注："背负孩子用的器具叫作襁。"【正义】引《博物志》说："用布织成，八尺宽，二丈长的器具，用来把小孩背在背上。"

[宋] 文谠《详注昌黎先生文集》卷十五①

至邓州北寄上襄阳于相公书

伏蒙示《文武顺圣乐辞》《天保乐诗》《读蔡琰胡笳辞诗》《移族从》并《与京兆书》，自幕府至邓之北境凡五百余里，自庚子至甲辰凡五日，手披目视，口咏其言，心惟其义，且恐且惧，忽若有

---

① 宋刻本。

亡，不知鞍马之勤，道途之远也。夫涧谷之水，深不过咫尺，丘垤之山，高不能逾寻丈，人则狎而玩之。及至临泰山之悬崖，窥巨海之惊澜，莫不战掉悼栗，眩惑而自失。所观变于前，所守易于内，亦其理宜也。阁下负超卓之奇材，蓄雄刚之俊德，浑然天成，无有畔岸，而又贵穷乎公相，威动乎区极，天子之毗，诸侯之师。故其文章言语与事相侔，惮赫若雷霆，浩汗若河汉，正声谐《韶》《濩》，劲气沮金石，丰而不余一言，约而不失一辞，其事信，其理切。孔子之言曰："有德者必有言。"信乎其有德且有言也。扬子云曰："商书灏灏尔，周书噩噩尔。"信乎其能灏灏而且噩噩也。

昔者齐君行而失道，管子请释老马而随之；樊迟请学稼，孔子使问之老农。夫马之智不贤于夷吾，农之能不圣于尼父。然且云尔者，圣贤之能多，农马之知专故也。今愈虽愚且贱，其从事于文，实专且久，则其赞王公之能，而称大君子之美，不为僭越也。伏惟详察，愈恐惧再拜。

诠解

承蒙您把《文武顺圣乐辞》《天保乐诗》《读蔡琰胡笳辞诗》《移族从》《与京兆书》这些文章给我看。从幕府到邓州北境总共五百多里，从庚子到甲辰总共五天。这些文章，我手里拿着，眼睛看着，口里读着，心里只有它讲述的道理，诚惶诚恐，迷失了自己，以至于忘记了行路的艰难，道路的长远。山谷里的水最深不过一尺，小山丘最高也不过一丈，人们都能够品鉴赏玩。等到濒临泰山的悬崖，看到大海中的惊涛巨浪，就没有不战战兢兢、眩晕疑惑迷失了自己的。这就是所观察到的事物变化在前、所守之本心变化于内的道理。阁下您身负卓尔不群的奇才，有雄浑刚健的美德，浑然天成，无边无涯。您在公卿、大人中身份极为尊贵，威严动天下，身在天子之侧，又是诸侯的老师，所以您的文章、言辞都和您本人的特质相符，震动如雷霆，盛大如银河，雅正如古乐《韶濩》，刚强正直的气概能够阻遏金石，言辞丰富但不多余，简约又不缺漏，所述的事情让人信服，道理又令人称心快意。孔子说："品德高尚的人一定有著述或妙文传世。"您正是有德行又有著述的人。扬雄说："商书广大无涯，周书严肃正大。"您的文章是浩大而严肃。

过去齐国国君行路迷失了方向，管子请求放开一匹老马，并跟随在其后面；樊迟请求学习稼穑，孔子让他去问老农民。马的智慧不比管仲高，农民的能力不比孔子大，但会产生这样的说法，原因在于圣贤的技能多，而农民和马的智慧集中在一件事上。我虽然愚笨且地位低下，但从事于文章之事专一且长久，称赞您一句有王公的能力，有君子的美德不为僭越。我虔诚地希望您仔细察看，我谨慎恐惧地拜了两拜。

[宋] 陈普《石堂先生遗集》卷八①

问："言顾行，行顾言，夫子以为君子之慥慥；言必信，行必果，又以为小人之硁硁。何也？南宫适躬稼之问，夫子以为君子哉，若人；樊迟学稼之请，又以为小人哉。何也？"

学者于圣人之言，当谨思明辨，审视详说，则其所纶是非善恶，高下大小，可以尽见而无遗。人之一身，言行二者而已。言顾行，行顾言，二者学之第一义。是盖检身克己之实学。而其所以然者，则以言之易而行之难也。何言之易也？人心各有天赋之良知，其于善恶是非，无不能见。其出言立论，教诏号令，谏争敷陈，皆知以善为是，以恶为非，善为可行，恶为不可行。其闻于人之耳，见于人之目者，无不善无不正也。及其反之于己，则往往为外物所牵，

---

① 明万历三年薛孔洵刻本。

私欲所蔽。平生之言，鲜有能践。甚者，明知其善而弃之不为，明知其恶乃不能自免而为之。听其言历历可观，考其行人人不掩。盖虽贤者，不能自免也。是故圣贤之教人，君子之自立，学者之讲明，莫不以此为先务。其大要则惟欲实其所知所言，在上者欲无愧于下，在下者欲无愧于乡朋友，使皆信任倚恃，而免于徒能言而不能行之罪也。顾者，反而视之也。言顾行者，行常不足，故常切其言，而不使之过于行，所谓"言之不出，耻躬之弗逮也"；行顾言者，言无不善，故常勉其行而不使之不及于言，所谓"先行其言，而后从之"。所谓"耻其言，而过其行"。言不过其行，则常无有余，行及其言，则可以无不足。若《易》之《谦卦》。以山之高，衰其多而抑之于下；以地之卑，益其寡而进之于上。言之有余，山之高也；行之不及，地之卑也。切其有余，衰其多而抑之也。勉其不足，益其寡而进之也。是故中庸之德，由是而笃慥慥谦之君子，由是而尊光不可逾。慥慥，笃实之貌。尊光，笃实之德也。是故君子之言行相顾，即《易》之《谦卦》以衰多益寡而实。君子之言行，亦以衰多益寡而实^①。实则言无不信，而为《颐》之谨言语；行无不果，而为《蒙》之果行。一身而《易象》备也。若夫硁硁小人之信果，视此则有间矣。何者？君子之信信于内，硁硁之信信于外，不过若尾生之信女子，魏文侯之信虞人而已。所谓"好信不好学"，所谓"君子贞而不谅"，"匹夫匹妇之谅"是也。君子之果，果于内，硁硁之果，果于外，不过若从一之妇人，不畏死之傒寿而已。所谓果敢而窒者也。君子之信果，则克己诚身，人一己百、人十己千之学，若三省之曾子是也。彼硁硁之信果，则乡党自好之人，智不足而勇有余者耳。小石之坚确，小人、小夫之缺缺，而犹有所守，而似于狷，非《易》之所谓"小人"。故亦得为宗族称孝、乡党称弟

---

① "衰"应为"裒"之误。

之次，而犹为圣门之所不弃，其视曾子、子思之学，何啻万万不侔也。禹、稷之躬稼，尽心于天下，同室有斗，被发缨冠而往救之之义，夫子之周游七十二国，亦此心也。当时如晋六卿、曾三家、齐陈氏，皆以力为雄，而夫子独以尧舜之道、禹稷之心行于世。南宫造察而知之，故不欲明言，而以其意为问。夫子当时亦知其意之在已，故不之答，而于其出也，以尚德君子称之。不答者，谦不敢当；必称之者，不可没其人尊德卑力，出人超世之见也。若樊迟则游于圣门，当以颜、曾之学为学，颜、曾之问为问，穷则立身，达则盖世，颜、曾之学问也。不此之问，而猥以小人之稼圃而请于圣人之前。陈相弃其学而学许行，犹见斥于孟子。樊迟在圣门，而不以劳心治人之道为学，乃以劳力治于人之道而请于圣人，夫子安得而不鄙之？夫子而不鄙之，则将使天下胥为陈相、许行，而尧、舜、三王之所以治天下者，将无以为之主。民无以立命，而天地亦无以立心矣。硁硁之小人，犹为可取，樊迟之小人，则其流弊将如洪水，此圣人所以辟之也。稼圃之事，穷居之士你①事俯育，或不能免，若舜、伊尹、陶潜、庞德公、诸葛亮是也。如不能已，则耒耜笠篯俟之野人，亦何不可？而以为学，则过矣。夫子少贱，多能鄙事，猎较钓弋，无不屑为。乘田牛羊，茁壮蕃息，后稷之茬菽禾役，麻麦瓜瓞，夫子之圣，当无不知。儿童少年之日，必尝有以此而闻于东西家者，樊迟之请学，亦当以此。夫子之圣，岂老农、老圃之所及，而必斥之以为非者，君子之学，欲为民立命，为天地立心，固不暇于耕也。居禹、稷之时，斯禹、稷矣。在衰周之末，则当为道统之计，易地则皆然也。学问讲论，不可不详。信果，美德也，而有大小虚实之不同。稼圃，生民之本也，而君子亦有不暇为之。曰大人者，言不必信，行不必果，唯义所在，信果之大也。硁硁小人，

---

① "你"应为"仰"之误。

信果之小也。言顾行，行顾言，信果之实也。硁硁小人，信果之虚也。大人君子之信果，盖惟知检身克己，不期于信果，而未尝不信不果。小人之信果，不知检身克己之学，而但为好高求异之行。乡人皆以为信果，而自君子观之，则其无得于道，而不信不果者犹多也。名有同而虚实不同，行有同而大小不同。是故曾皙之狂，不顾行，不顾言，犹愈于硁硁之小人。狷者之顾行顾言，未离于硁硁之小人。顾言顾行，美德也，而有大小，则信果之大小可知也。耕稼，舜与伊尹为之，而夫子之门则不可为，所谓时中者也。生民之本，而孔孟有所不暇为，其志有在，而其义甚大也。学者深求圣人之志与吾道之大，我则知之矣。小人不可为，而硁硁之小人不可弃。稼圃之小人，但圣人之所不暇尔，非薄之也。申生、荀息之死，与东汉党人之蹈狱，皆未免于硁硁之信果，此又不可不知。知此而后明圣人君子之道。

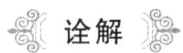
诠解

有人问："孔子认为说话时要顾虑到自己能不能做到，做事时也要顾虑到与自己所说的话能否一致，君子怎能不笃行实践、言行合一呢？但他又认为说话一定要守信用，做事一定要办到，这是小人保守固执的行径。这是为什么？南宫适问亲自耕稼的问题，孔子认为他是君子。樊迟请求学习稼穑，孔子却认为他是个小人，这又是为什么？"

学者对于圣人的言论应该谨慎地思考，明确地分辨，审视他的详细解说，这样他所说的言论之是非善恶、水平高低就可以一览无余。而人一生要从事的就是好的行为而已。说话时要顾虑到自己能不能做到，做事时也要顾虑到与自己先前所说的话能否一致，这两者是学问的第一要义。这是检点、克制自身的实用之学，而之所以这样说是因为说话容易，行事艰难。什么叫说话容易呢？人的天性中都有良知，对于善恶是非都有辨别能力。见到所发表的言论，教诲、发号的施令，上书谏诤等等，都认为善是对的，恶是错的，善可以实行，恶不可实行。人的耳朵听到、眼睛看见的事情，没有不善、不正确的。但是等到这些事情发生在自己身上时，却常常被外物所牵连，被私欲所蒙蔽。自己生平说过的话，很少有能践行的。更过分的是，有人明知道什么是善，却放弃不去做，明知道什么是恶，却不能勉励自己而去作恶。听他说出的言论都觉得正义凛然，考察其行为却没有什么可取之处。即使是贤能的人，也不能免于这样做。所以圣贤教诲人，君子自立于世，学者讲析明辨事物，没有人不以此为当务之急。总体来说，希望人们都诚实地对待自己的言论，在上位的人想要不愧对在下的人，在下位人想要不愧对亲朋好友，使彼此都能相互信任、倚赖，免去只能说而不能做的罪过。"顾"就是反过来观察。说话时顾虑到自己能不能做到的人，行事常常有不足，所以要谨慎言语，避免言过其实。这就是孔子所说的君子从不轻易地发言表态，他们以说了做不到为耻辱。做事时能顾虑到与自己所说的话是否一致的人，他们所说的话没有什么不好的，所以这类人要常常勉励自己的行为而使它不至于跟不上言论。这就是孔子所说的先去实践自己想要说的话，等到真的做到了以后才把它说出来；孔子所说的把说得多、做得少视为可耻，是指言论不超过行为，那么行为常常有余地，言论也不会不够。就像《易经》的《谦卦》，山峦很高，要裁取多余的来抑制它。大地凹陷，要增益它使其变高。言论过多相当于山峦之高，行为不足相当于大地的凹陷。裁取多余的抑制它，勉励不足的来增进它，这就是中庸的道德，这样就稳固了。言行相应，谦谦君子，由此而尊崇显耀无人能及。言行相应，稳固笃实的外表。尊光是稳固笃实的德行，所以君子的言行相应就如《易经·谦卦》中所说的损有余而补不足将其凿实。君子的言行也需要损有余而补不足来将其凿实。凿实了，就做到了言无不信，就会像《颐卦》所说的那样谨慎言语。做事都有结果，就做到了《易经·蒙卦》中的行动果断，这样人就具备了易象。而浅薄固守之小人的"言必信，行必果"，与上文的言论不大相同，为什么呢？君子的诚信是对自己诚信，小人的诚信是对外界诚信，就像尾生对女子讲诚信，魏文侯对虞人讲诚信。这就是孔子所说的"爱好诚信而不爱好学习"，"君子讲大信，而不拘泥于守小信"，"平民百姓拘泥于小的信义"。君子的行为是他内在对自己诚信要求的结果，小人的行为是他对外界守信的结果。不过就像从一而终的女子，不怕死的公子伋、公子寿一样。他们是做事果敢而固执己见之人。君子的"言必信、行必果"是克制自己以至诚立身行事，付出人一己百、人十己千的努力诚恳做人，就像一日三省己过的曾子一样。顽固固守诚信、果敢之人说的就是乡党中的自满之人。其智慧不足，但勇猛有余。小石头的坚硬，普通人的固守是看似有所坚持，但又有些性情急躁的固守，这并不是《易经》中所说的"小人"。所以他们只能是次一等的被宗族中的人称赞孝顺，乡里的人称扬敬爱兄长，还可以不被孔门抛弃。但他们与曾子、子思的学问相比，简直是天差地别。大禹、后稷亲自从事稼穑，尽心尽力为天下人服务。听闻一家人有争斗，都来不及将头发束好，将帽带系上，就去救护他们。孔子周游七十二国，也与大禹、后稷有一样的心情。当时像晋国六卿、曾国三家、齐国陈氏都以势力图霸天下，而孔子唯独以遵循尧、舜之道，大禹、后稷的想法为在世上行事的准则。南宫适通过观察发觉了孔子的想法，他不明说，而是婉转地提问。孔子当时也知道他明白自己的心意，所以不回答他。等他离开了才称赞他是崇尚道德的君子。不回答是自谦，一定要称赞他是因为不能埋没了他的尊贵德行。其谦恭超越了一般人，其见地非同寻常。樊迟在孔子门下学习。他应该学习颜回、曾子所学的内容，问颜回、曾子所问的问题。不得志的时候独善其身，发达之后就要心怀天下，这就是颜回、曾子的学问。不问这些问题，而用小人从事的稼穑之事去询问孔子。陈相放弃其本来所学的学问，而跟随许行学习，尤其被孟子斥责。樊迟身在孔子门下，不学习以从事脑力劳动而统治人的道理，却以从事体力劳动被人统治的道理请教于孔子，孔子怎么会不鄙视他呢？孔子如果不鄙视他，就会使天下人争相去学习陈相、许行，尧、舜、禹、汤、周武王治理天下的大道就没有人传承了。百姓没有共同遵守的大道，天地就没办法树立起道心了。顽固自守的小人尚有可取之处，樊迟这样的小人，其带来的流弊将会像洪水一样，这是孔子阻止他的原因。隐居不仕的士人为了维持生计难免要从事稼穑、园艺之类的事。就像舜、伊尹、陶潜、庞德公、诸葛亮等人一样。如果不能实现抱负，就在田野里从事农耕也无不可，但是将其作为学问就太过分了。孔子年轻时身份低微，常常做一些卑贱的事情，如耕耘田地、养育牛羊、种植谷物蔬菜、打猎钓鱼之类的事情无所不为，也无所不知。他年少之时一定曾从四处听闻过这些事情。樊迟请求学习的也正是这类事情。孔子的圣明哪里是老农民、老园圃能够比得上的。而他之所以斥责樊迟所问是错误的，是因为君子的学问是要为百姓树立共同遵守的大道，为天地树立道心，自然没有闲暇去耕稼了。在大禹、后稷时期，就仅仅是大禹、后稷。而在周朝衰落之时，则是为了存续道统。换个地方也是这样。讲论学问，不可以不详细。言必信，行必果是美德，但是有大小、虚实的不同。稼穑、园圃虽是人民生存之本，但君子没有空闲去从事。说"大人者，言不必信，行不必果，唯义所在"，这是果和信关系的高级层面。顽固自守的小人的行径是信、果关系的低级层面。言语能顾虑到行为，行为能顾虑到言语是信、果关系的实的一面。顽固自守的小人在这方面的所为是信、果关系虚的一面。大人、君子的信和果是反省自身克制自己，不期待信和果，但不会不信不果。小人的信和果是不懂得做反省自身、克制自己的思考，只做好高骛远、不同寻常的事情，他的乡亲都以为这就是所谓的信、果。但在君子看来，他们根本没有领略到道的精髓，这种不信不果的人太多了。名称虽然相同，其虚实则截然不同。行为虽然相同，其格局大小却大不相同。所以曾皙的狂放，不顾及言论，也不顾及行为，比顽固自首的小人还要过分。性情急躁之人的顾虑言论、顾虑行为和顽固自守的小人没有什么差别。顾虑言论和行为，这是美德，但有大小之分。这样信、果的大小也就不言而喻了。稼穑，舜和伊尹可做，但孔子门徒不可做，这是因为做事要合乎时宜。稼穑虽是人民生存之本，但孔子、孟子没有闲暇去从事，这是因为他们的志向在更加高远的地方。学者要深刻探求圣人的志向、道义的高远，我现在才知道。虽不能做小人，但顽固自首的小人也不可抛弃。说圣人没有闲暇做耕稼种菜这样的小人，并不是看不起这种事。申生、荀息之死和东汉末的党锢之祸都是因没有跳脱出顽固自守的"言必行、行必果"而导致的，这是不可以不知道的。懂得了这个道理后，就真正领悟到了圣人、君子的大道。

[宋] 蔡节《论语集说》卷七①

樊迟请学稼，子曰："吾不如老农。"请学为圃，曰："吾不

---

① 清《文渊阁四库全书》本。

如老圃。"樊迟出，子曰："小人哉！樊须也。上好礼，则民莫敢不敬；上好义，则民莫敢不服；上好信，则民莫敢不用情。夫如是，则四方之民襁负其子而至矣，焉用稼。"

集曰：种五谷曰稼，种蔬菜曰圃。老农老圃，谓老于为农圃者。襁，织缕为之，以约小儿于背，故曰襁负。注疏：樊迟盖欲为许行之学，与民并耕者也。然不知有大人之事，有小人之事。故夫子以小人讥之，而有及于礼义信之语。晦庵朱氏曰：农圃，小人之事也；礼义信，大人之事也。上之所好，下之所从也。上好礼，则笃乎恭逊，故民视之而莫不尊敬焉；上好义，则动而得宜，故民心为之厌服焉；上好信，则诚意下孚，故民亦用其情而无敢欺焉。感应之机，固不远也。是非徒有以得其国之民，四方之人亦将愿为之氓矣。其与役心于稼圃，所得孰多邪？然必俟其出而后言者，何也？因其有问也，自谓老农、老圃之不如，则固已拒之矣。迟不知，复问，虑其终不喻也，故又申言以警之。

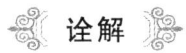 诠解

樊迟请求学习耕稼，孔子说："我不如老农民。"樊迟请求学习园艺，孔子说："我不如老园圃。"樊迟出去，孔子说："樊迟真是个没有远大志向的人啊！统治者只要重视礼仪，老百姓就不敢不尊敬他；统治者只要重视道义，老百姓就不敢不服从他；统治者只要重视诚信，老百姓就不敢不用真心实情对待他。要是能做到这样的话，那么各地的百姓都会用襁褓背着自己的孩子来投奔，哪里还用得着自己去耕稼呢？"

蔡节《论语集说》："种五谷叫稼，种蔬菜叫圃。老农民、老菜农就是长期从事耕稼和有种菜的人。襁是布织成的，用来把小孩背在背上，所以叫襁负。"注疏："樊迟想要学习许行的学问，与老百姓共同耕种，但是分辨不清楚君子做的事和小人做的事。所以孔子嘲讽他是小人，并且说了与礼、义、信相关的话。"朱熹说："耕稼和种菜是小人的事情，学习

礼、义、信是大人做的事情。统治者崇尚什么,百姓就会崇尚什么。统治者若崇尚礼仪,就会表现得恭敬谦逊,百姓看到了就都会对他尊敬有加。统治者若崇尚道义,那么他的一举一动都会符合时宜,老百姓就会心服他。统治者若崇尚诚信,那么诚意就会传达下去,百姓也会诚心待他,不敢欺瞒。这就离上下能够相互感应不远了。这样岂止得到了本国民心,各地的人也将会愿意做他的臣民。这与专心学习耕稼相比,所得到的东西,哪个更多呢?等到樊迟离开之后才说,这是为什么呢?因为对于他的问题,孔子已经用"不如老农民、老菜农"回答了,这就已经是在拒绝他了。但他还是不明白,还要继续再问,孔子担忧他始终没有明白自己的用意,所以再次出言警示他。"

[宋] 陈祥道《论语全解》卷七①

樊迟请学稼,子曰:"吾不如老农。"请学为圃,曰:"吾不如老圃。"樊迟出,子曰:"小人哉,樊须也。上好礼,则民莫敢不敬;上好义,则民莫敢不服;上好信,则民莫敢不用情。夫如是,则四方之民襁负其子而至矣,焉用稼。"

君子能为小人之所不能,而不能遍能小人之所能。盖君子之所能者,劳心也。小人之所能者,劳力也。劳心者治人,劳力者治于人。治人者,食于人;治于人者,食人。樊迟不知君子之道,而请学小人之事。夫礼以敬之,则民莫敢不敬;义以闲之,则民莫敢不服;信以结之,则民莫敢不用情。敬而后服。服而后用情,则将襁负其子而至,以为己役。虽不学稼,其忧无食乎?盖精于物者,以物物;精于道者,兼物物。樊迟之学稼,陈

---

① 清《文渊阁四库全书》本。

相之学许行，其能兼物物哉？宜孔子、孟子之所不许也。好礼，然后好义，好义然后好信。与《礼记》修礼，然后好义，好义然后体信同意，此学之序也。孔子曰："义以为质，礼以行之，信以成之，行之序也。"《采菽》之诗，始言礼，中言信，卒言义，则待诸侯之道也。

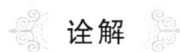

诠解

樊迟请求学习耕稼，孔子说："我不如老农民。"樊迟请求学习园艺，孔子说："我不如老园圃。"樊迟出去，孔子说："樊迟真是个没有远大志向的人啊！统治者只要重视礼仪，百姓就不敢不敬畏他；统治者只要重视道义，百姓就不敢不服从他；统治者只要重视诚信，百姓就不敢不用真心实情对待他。要是能做到这样的话，那么各地的百姓都会用襁褓背着自己的孩子来投奔，哪里还用得着自己去耕稼呢？"

君子能做小人做不到的事，但并不是小人能做的事，君子全都会做。君子能做的是劳心的事，小人能做的是劳力的事。脑力劳动者能统治他人，体力劳动者被他人统治。统治别人的人靠别人养活，被统治的人养活别人。樊迟不懂得君子的大道，而是请求学习小人做的事。用礼仪来敬重别人，则百姓没有敢不尊敬他的；用道义来规范行为，则百姓就没有敢不服从他的；用诚信来团结民心，则百姓没有不以诚待他的。尊敬之后就会服从，服从之后就会真诚相待，接着就会用襁褓背着儿女来投奔，归顺成为当地百姓。即使没有学习耕稼，又哪里需要担心没有食物呢？精通某种具体事物的人，可以让他来治理这一类事物；但精通道义的人，却可以治理各种事物。樊迟学种庄稼，陈相学习许行，能够精通各种事物吗？这应当是孔子、孟子所不支持的。先崇尚礼仪，然后崇尚道义，崇尚诚信。这和《礼记》中所说的实行礼仪，而后崇尚正义，崇尚正义而后体察诚信是一样的意思。这是学习学问的顺序。孔子说："道义是本质，用礼来推行它，用信来成就它，这是做事的顺序。"《诗经·采菽》开头说礼，中间说信，最后说义，这是天子待诸侯之道。

[宋] 陈祥道《论语全解》卷七[①]

南宫适问于孔子，曰："羿善射，奡荡舟，俱不得其死。然禹、稷躬稼而有天下。"夫子不答。南宫适出，子曰："君子哉，若人。尚德哉，若人。"

善射荡舟，力也；躬稼，德也。南宫适贱羿、奡而贵禹、稷，尚德也。自其成德而言之，则曰君子哉若人。自其所言而言之，则曰尚德哉若人。禹与稷均曰躬稼，稷与禹均曰有天下者。禹暨稷奏庶艰食，则禹、稷之躬稼可也。文、武之功起于后稷，则稷谓之有天下可也。言禹、稷躬稼，与孟子言禹、稷三过其门不入同。言稷有天下，与太伯以天下逊同。夫微莫微于一身，大莫大于天下。羿、奡之力不足保其身，况天下乎。禹、稷之德足以有天下，况一身乎。适言而当，故夫子不答。厉王好稼穑，芮伯刺之；樊迟请学稼，夫子非之。何耶？好稼学稼，为利也；躬稼，为德也。《传》曰："后稷封殖于天下。"

诠解

南宫适问孔子："羿善于射箭，奡善于水战，最后都死于非命。大禹和后稷都亲自耕稼，却得到了天下。"孔子没有回答他的话。南宫适出去后，孔子说："这个人是君子啊！这个人有德行啊！"

善于射箭、善于水战都是出力，亲自种植庄稼是德行。南宫适看不起后羿和奡，看重大禹和后稷，是崇尚德行的表现。从他崇尚德行这点来说，南宫适是君子；从他所说的话来看，南宫适崇尚德行。大禹和后稷都亲自耕稼，都是得到了天下的人。大禹和后稷都发现庶民的粮食匮乏，所以亲

---

① 清《文渊阁四库全书》本。

自从事耕种是可以的。周文王、周武王的功绩起源于后稷,所以说后稷得到了天下是可以的。说大禹、后稷亲自耕稼,和孟子说大禹、后稷三过家门而不入是一样的意思。后稷得到了天下与太伯以天下谦让是一样的意思。微小不会比独自一人更微小,广大不会比天下更广大。后裔和夒的力量都不够保全自身,更何况是保全天下呢?大禹、后稷的道德足够得到天下,更何况是保全一人呢?南宫适的言辞恰当,所以孔子不回答。周厉王崇尚耕稼,芮伯讥讽他;樊迟请求学习耕种,孔子斥责他。为什么呢?崇尚稼穑、学习稼穑是为了利益,亲自从事耕稼是为了德行。《左传》说:"后稷缔造了天下。"

[宋] 陈埴《木钟集》卷一①

樊迟游圣人门而问稼圃,志则陋矣。然古之圣贤,若大舜、伊尹皆躬稼畎亩,习农圃事,何圣人深斥樊迟?遇此时,则习此事,游圣人之门,所学者何事。

诠解

樊迟在孔子门下学习,却去问种庄稼种菜的事,其志向非常鄙陋。但是古时候的圣贤,像舜、伊尹都曾经在田里亲自耕种过,学习园艺之事,为什么孔子要这样严厉地斥责樊迟呢?在什么时势下,就要相应地做什么事。在孔子门下学习,应该学的是什么?

---

① 清《文渊阁四库全书》本。

[宋] 戴溪《石鼓论语答问》卷下[①]

樊迟请学稼，子曰："吾不如老农。"请学为圃，曰："吾不如老圃。"樊迟出，子曰："小人哉！樊须也。上好礼，则民莫敢不敬；上好义，则民莫敢不服；上好信，则民莫敢不用情；夫如是，则四方之民襁负其子而至矣，焉用稼？"

此一段前辈论已详尽，大意道樊迟所见甚卑浅，意间道人君偃然在上，不耕而食，不蚕而衣，则吾心有所不安，百姓将有所不服。欲得君民并耕，出入阡陌，与百姓同其劳苦，庶几享之而无愧。此亦可谓虑事甚密矣。其如所见太卑，若使天下之民敬服其上，莫敢不用情，如子弟力耕以供父母，则天下之农皆愿耕于其野矣。耕稼之事，自是老圃之职，何足以累君子之心。《礼记》曰："后稷，天下之为烈也，岂一手一足哉？为君子者，正患无礼无义无信，斯民外服事其上，而中实欺之，则一旦涣然解散，却有可虑之理。若使礼义修明，信服民心，享天下之备奉，正是当然耳。"

诠解

樊迟请求学习耕稼，孔子说："我不如老农民。"樊迟请求学习园艺，孔子说："我不如老园圃。"樊迟出去，孔子说："樊迟真是个没有远大志向的人啊！统治者只要重视礼仪，百姓就不敢不尊敬他；统治者只要重视道义，百姓就不敢不服从他；统治者只要重视诚信，老百姓就不敢不用真心实情对待他。要是能做到这样的

---

① 《敬乡楼丛书》本。

话，那么各地的百姓都会用襁褓背着自己的孩子蜂拥而至，哪里还用得着自己去耕稼呢？"

这一段前辈们的论述已经很详尽了，大意就是说樊迟的想法很浅薄，意在说君主高高在上，不需要耕种就有饭吃，不需要养蚕就有衣服穿，这样内心就会有所不安，百姓将会有所不服。想要让君主和百姓共同耕种，出入田地，共同经历劳苦，或许在享受这些成果时才不会觉得愧疚。这可谓是考虑得很周到了。但他的想法就像看到的那样，甚是浅薄。如果天下的百姓都敬重、服从统治者，没有敢不诚心诚意的，就像子女努力耕种奉养父母一样，那么天下的农民都愿意在田里耕种。耕稼自然是老菜农的事情，哪里需要劳累君子的心智。《礼记》说："后稷从事耕稼，天下世代以此为业，哪里是只有他一人在耕稼呢。"君子正担忧天下无礼、无义、无信，人民看似服从，其实内里在欺瞒统治者，那么一旦民心涣散，就值得担忧了。如果统治者能够修明礼义，民心诚信服从，那么他享受天下人完备的供奉，也就是理所当然的了。

[宋] 戴埴《鼠璞》卷下①

樊迟学稼

樊迟学稼学圃，子曰"不如老农、老圃"，且谓"小人哉，樊须也"。有大人之事，有小人之事。夫子固以须无志于大而鄙之，然夫子所谓不如农圃，则是真实之辞。古者，人各有业，一事一物皆有传授。问乐必须夔，问刑必须皋，农事非后稷不可。禾麻菽麦

---

① 宋刻《百川学海》本。

秬秠穈芑，各有土地之宜；方苴种襃发秀颖粟，各有前后之序。本末源流，特概见于《生民》《七月》。《周礼·职贡》曰："稼穑、树艺，及任农以耕事，任圃以树事，是各有职。"老农、老圃，盖习闻其故家遗俗，穷耕植之理者也。此许行所以学农家，今以所传《齐民要术》，亦可想农圃之梗概。《管子·地员》一篇，载土地所宜，比《禹贡》尤详悉。《亢仓子》说农道，大有意义。稼容足，耨容耰，耘容手，谓之耕道。人耨以旱，使地肥而土缓。稼欲产于尘，而殖于坚。其种勿使数，亦无使疏。施土无使不足，亦无使有余。畎欲深而端，亩欲沃以平。下得阴，上得阳，然后盛生。吾苗有行故速长，强弱不相害故速大。苗，其弱也欲孤，其长也欲相与居，其熟也欲相扶，其耨也长其兄而去其弟。树肥无扶疏，树墝不欲专生而独居。肥而扶疏则多秕，墝而专居则多死。其说禾黍稻麻菽麦，得时失时尤详且悉，与《吕氏春秋》大概略同。昔李斯请史官，非秦纪皆烧。所不去者，医药、卜筮、种树之书。《艺文志》："《神农》二十篇，《野老》十七篇，《宰氏》十七篇，《董安国》十六篇，《尹都尉》十四篇，《赵氏》五篇，《氾胜之》十八篇，《王氏》六篇，《蔡葵》一篇，九家百十四篇。"要之各有传授。不可例以夫子鄙须，遂谓无此学也。

诠解

樊迟请教种田、种菜之事，孔子说我不如老农民、老菜农，还说樊迟是小人。天下有大人做的事，也有小人做的事。孔子固然因为樊迟没有做大人的志向而看不起他，但他说自己不如老农民、老菜农却是实话。古时候，人各有自己的职业，一事一物都需要有人传授。学习乐，一定要向夔请教，学习刑法必须向皋请教，学习农事则必须向后稷请教才行。禾、麻、菽、麦、秬、秠、穈、芑这些农作物各有适合种植的土地。方苴、种襃、发秀、颖粟各有前后顺序。本与末，源与流都掌握在百姓手里。《周礼·职事》篇说："种庄稼、种树。让农民去种庄稼，园圃去种树，各有自己的职事。"老农民、老菜农就是懂得耕稼、种植原理，家里有务农传统的人。这就是许行学习的农家。现在流传的《齐民要术》，也可以见到种庄稼、种菜的梗概。《管子·地员》一文中记载的何种作物合适种在哪里，比《禹贡》记载的详细多了。《亢仓子》一文阐释耕种的道理非常有价值。行距之间种种子的时候要容得下脚，除草时要容得下锄头，收摘时要插得进手，就是耕道。在天旱的时候锄草，可使土地肥沃而土质松缓。庄稼要在细软的土中萌发，在坚实的土中生长。播种一定要小心，不能过密，也不能过疏。在覆土盖种方面，不能使土缺乏，也不能使土过厚。田地中间的沟要深而平整，亩要肥沃而平坦。这样禾苗在下面能得到阴气，上面能得到阳气，就会生长茂盛。禾苗出土成行就会长得快，强壮的和弱小的互不妨害，就会快速长大。禾苗在幼小时，以独生为宜。长起来以后要靠拢在一起，成熟时应相互依扶。锄草间苗的时候要安养先生的壮苗，去掉后生的弱苗。在肥沃的土地种植，不要种得过稀使庄稼疯长。土地肥沃，庄稼又长势过旺，秕子就会结得多。土地贫瘠，而庄稼又挤在一起，禾苗就会死得多。这本书上介绍禾、黍、稻、麻、菽、麦的种植时令非常详细且全面，与《吕氏春秋》记载的大概相同。过去李斯要求史官把不是秦国历史的书都烧了，只有医药、卜筮、种树的书没有烧掉。《汉书·艺文志》载："《神农》二十篇，《野老》十七篇，《宰氏》十七篇，《董安国》十六篇，《尹都尉》十四篇，《赵氏》五篇，《氾胜之》十八篇，《王氏》六篇，《蔡葵》一篇，共九家一百一十四篇。"总之，各家都有所传授。不可因为孔子鄙视樊迟，就认为没有农家这门学问。

[宋]洪咨夔《平斋文集》卷十一①

大人里居上梁文

天目山前,两乳拱帝王都;玉川城里,数间占神仙府。规摹仍旧,气象增新。谷隐老人万事任缘,一生守分。焚香读《易》,老去之意已消;把酒赋诗,醉来之兴不浅。虽烟云自足于别墅,而风雨不堪于敝庐。久怀问舍之心,忽有肯堂之请。拔贫作富,搜材杞梓之林;培下就高,拓址兰荃之圃。门前流水,屋上青山。可容高车驷马之归,可受玉带金鱼之谒。修梁肇举,好语欢传。

东,家近祥云杳霭红。千古溪山钟秀气,一庭梧竹贮春风。

南,水转山回护蔚蓝。客有可人来剥啄,扫花藉草共春酣。

西,夭矫晴虹卧碧溪。脚力好山俱不尽,朝来佳气与云齐。

北,飞檐正与璇杓直。槐边消息我先知,橘里风光谁解识。

上,积善有根天所相。黄庭诵遍昼阴闲,十二行窝春盎盎。

下,老来倦学樊迟稼。大儿锄耨小儿耘,万顷心田收秕稏。

伏愿上梁之后,上慈下顺,内肃外雍。里社欢声之交畅,门庭庆事之常逢。丹桂孙枝,不断读书之种;苍松老干,长存好德之容。

诠解

天目山前,双峰拱卫都城。玉川城里的府邸有如神仙府第。规模仍然是那样,但气象有所改观。谷隐老人一切事情都随缘,一生

---

①《四部丛刊续编》本。

谨守本分。焚香读《易经》，不觉得自己已经老去。把酒作诗，醉后也很有兴致。虽然心情非常自足，像是住在别墅里，但破屋子已经不堪风雨了。常怀归隐之心，却突然有修缮房屋之请。改贫变富，搜罗各种好的木材。补足不够的，利用可用的，在兰荃园的基础上拓宽。门前建造了流水，屋上望出去可见青山。可以容得下驾四匹马的高车通过，可以承受得起高官显贵的拜谒。房屋竣工后，各种赞扬的话语流传开来。

东边，接近祥和的云雾缭绕的云彩。有溪水、山林，钟灵毓秀，一院子的竹子生机盎然。

南边，山环水绕，一片蔚蓝色。有客人来轻轻敲门，赏弄花草，共赏春色。

西边，飞腾的彩虹躺在碧绿的溪水上。脚力用不尽，好山也逛不尽。早晨飘散而来的吉祥之气与云层一样高。

北边，飞檐正与北斗星中的琁、杓二星成一条直线。槐树边的消息我可以先知道，橘树里的风光谁又能明白。

上方，素来积累了有善根，是天相中审查过的地方。遍诵《黄庭经》后还是觉得白天很长，众多休息之所都春意盎然。

下方，老了之后懒洋洋地学习樊迟种庄稼。大儿子耕作，小儿子除草，在广袤的内心里收获稻谷。

只期盼房屋上梁之后，在上者慈爱，在下者顺从，内部严肃，外部和谐。乡里欢声笑语不绝于耳，家里经常发生愉快的事情。就如同丹桂生发出新的枝丫一样，家里读书的种子不要断绝；如同绿色的松树的老枝干一样，崇尚道德的样子长存。

[宋] 胡次焱《梅岩文集》卷一[①]

嗟乎赋

嗟乎！场屋为困贤能之地，科举为老英雄之术。宣哉斯言，盖未尝不书空而咄咄也。或者又曰："既不关国家之气数，即当系一身之穷通。今以子文之美，其如子命之穷。命也不淑，文亦徒工。"予笑曰："苟如子言，吾其卖书买牛，卖砚买犊，学樊迟之稼，耕子真之谷，少糊叔段之口，不负将军之腹。温饱可期，菽麦粗足，亦何至为诗书所误，自取挫辱。虽然，天下所赖者士，古今所重者儒。君待之而尧舜，民赖之而唐虞。山林兮长往，羌麋鹿其与居。此遗世独善之士，岂得时行道之徒。且吾闻之，玉一玉也，屈于厉武，而伸于成王；骥一骥也，困于盐车，而苏于孙阳。爨桐以焦而遭蔡，太阿久闭而逢张。时有利钝，顺之者昌。盍亦亲笔砚之几，启图书之箱，左经兮右史，夜烛兮晓窗。豁着道眼，硬着脊梁，气不可索，志当益强。昔者孟明焚济河之舟，冯异奋渑池之翼，皆愈挫而愈锐，故前失而后得。视吾囊而铁砚固无恙也，则亦可以一笑而自释。"

诠解

唉！科举是能困住贤能之才的地方，科举是能使英雄变老的手段。这句话实在是让人信服啊！这话是失望、懊恨的话。又有人说："既然不关乎国家的气数，就应该关系到个人的困厄和显达。如今你的文章写得非常好，命运却非常困厄。命运不幸，文章作得再好也没有用。"我笑着说："要是真如你所说，我就卖掉书籍和砚台去买耕牛，像樊迟一样学习耕稼，像郑朴一样种谷，让共叔段吃饱

[①] 清《文渊阁四库全书》本。

饭，不使打仗的将军挨饿。这样，温饱生活是可期，谷物基本够吃，何至于会被诗书所耽误，自取其辱呢？即便如此，天下最依赖的人仍是士人，古今各朝最重视的是儒者。君王如果依赖他们，君主就能成为尧舜；百姓要是依赖他们，人民就如同生活在唐虞之世。在山林里常住，与麋鹿一起生活，这类人是避世独善其身的士人，哪里是得到时机就能施行大道的人？而且我听说，玉还是同一块玉，楚厉王、楚武王就将其指为石头，楚成王就称其为美玉；千里马还是那匹千里马，拉盐车时被指为驽马，因伯乐孙阳的发现而成为名马。烧梧桐做饭的火烈之声，因被蔡邕听到才发现其实为良木；很久没用的泰阿剑因楚王临敌时的内心之威而喷薄出强大的威力。世上的时机都有利的或是不利的，顺势而为就能昌盛。为什么不亲近放了笔砚的桌子，开启装书的箱子，从早到晚都博览群书？睁开慧眼，硬着脊梁，士气不能消散，志向要更加坚定。过去秦将孟明视命令战士在渡过济河之后，就把船只全部烧掉，背水一战而大胜晋军。东汉名将冯异大败赤眉军，获得渑池大捷。他们都能做到越挫越勇，所以能先失败后成功。看看我的行囊里，铁砚台仍然很坚固，所以可以一笑释然。"

[宋] 黎靖德《朱子语类》卷四十二[①]

樊迟从游舞雩之下章

问："子张、樊迟崇德、辨惑之问，何故答之不同？"曰："子张是矜张不实底人，故夫子于崇德，则告之以主忠信、徙义，欲收敛着实做工夫。常人之情，好人恶人，只是好之恶之而已，

[①] 明成化九年陈炜刻本。

未至于必欲其生,必欲其死处。必是子张平日于喜怒之间用心过当,故又告之以此。樊迟为人虽无所考,以学稼、学圃及夫子答问观之,必是个鄙俗粗暴底人,故夫子告之以先难后获,此又以先事后得告之。盖鄙俗则有近利之意,粗暴则有因忿忘身之患,皆因其失而救之也。"

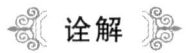 诠解

  有人问:"孔子对于子张、樊迟的崇德、辨惑的问题,为什么回答得不一样呢?"朱熹说:"子张是夸张不诚实的人,所以当他问到关于崇尚德性的问题,孔子告诉他的是忠诚、诚信和义气,这是想要收敛着做事,成为脚踏实地的人。以常人的情理来看,喜欢人、讨厌人就只是喜欢他、讨厌他而已,还没有到必须要他生、要他死的地步。一定是子张平时在喜怒之间表现得性情偏激,所以才这样跟他讲。樊迟为人如何,虽然无可考证,但从他询问学种庄稼、种菜以及孔子的回答来看,他一定是个粗鲁俗气的人,所以孔子告诉他要先经历困难,而后才能有收获,这又是告诉他有所为,才能有所获的道理。大概鄙陋俗气就会有求利的动机,粗暴就会有因为气愤而忘记自身安危的问题。孔子都是针对他们的缺点而教导他们。"

[宋] 黎靖德《朱子语类》卷四十三[①]

樊迟请学稼章

  樊迟学稼,当时须自有一种说话,如有为神农之言,许行君民

---

① 明成化九年陈炜刻本。

并耕之说之类。

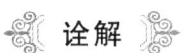 诠解

关于樊迟学习种庄稼的事,当时应该自有一种理解。与学习神农学说的人许行,倡导君民一同耕种的道理一样的。

[宋] 李樗《毛诗集解》卷十二[①]

黄曰:"陈相见孟子,道许行之言曰:'滕君则诚贤君也。虽然,未闻道也。贤者与民并耕而食,饔飧而治。今也,滕有仓廪府库,则是厉民以自养也,乌得贤?'观此,则知魏君之治近于许行,而欲为大貉、小貉也。樊迟请学稼、学圃,孔子曰:'小人哉,樊须也。上好礼,则民莫敢不敬;上好义,则民莫敢不服;上好信,则民莫敢不用情。'为魏君者,其亦知此理哉?"

诠解

黄说:"陈相见到孟子,向他讲述许行的言论,说:'滕国的国君的确是贤德的君主。虽然如此,还没有听说过他的治国之道。贤德的君主应和百姓一起耕种而获得食物,同时治理天下。现在的滕国有的是粮仓和收藏财帛的仓库,这是靠压榨人民来养活自己的,哪里称得上是贤君呢?'由此可知,魏国国君的治国用的是类似于许行的学说,想要实行二十税一的税制。樊迟请求学习种庄稼、种菜,孔子说:'樊迟真是个没有远大志向的人啊。统治者崇尚礼仪,百姓就没有不尊敬他的;统治者崇尚道义,百姓就没有不服从

---

① 清《文渊阁四库全书》本。

他的；统治者讲究诚信，百姓就没有不用真诚待他的。'魏国君主明白这个道理吗？"

[宋] 李昉《文苑英华》卷七十[①]

观农赋

佚名

岁起于东，丁壮就功，则知富民必资于廪实，强国亦在于年丰。是时也，杏花毓树，蒲叶抽丛。绕出凤城，疲道路之攸往；回瞻鹑野，知耕凿之斯崇。美夫，原隰底绩，沟塍刻镂。耒耜交横，烟云辐辏。人沮溺而为伴，水郑白以分溜。一稃二米，禾同北里之禾；苗盛草稀，豆异南山之豆。观夫，田畯至喜，室家相欢。挥镃去莠，筑堰浇兰。野饷晓持于斜径，畚锸暮荷于层峦。邻近山之树密，悦临流之地宽。葵腰镰而乍采，黍策杖而时看。且人生在勤，勤则不匮。欲抑末以敦本，在用天而分地。思文后稷，济时敷播植之功；惟彼陶唐，申命掌嵎夷之事。八政之中食居一，四人之里农为二。倬彼甫田，习无不利。故土爱稼穑，含灵是资。岁稔则家知礼让，食足则国赞雍熙。无辞艰难，服先畴之畎亩；皆当储峙，救黎人之阻饥。九年殷忧于尧日，万箱发咏于周诗。迹忝门人，得承规于孔父；心将请学，恐贻责于樊迟。

诠解

新年伊始，青壮年男子开始劳作。由此可知，想要使民富裕，必须依赖囤满粮食的仓库，要使国家强盛，也须依赖丰收的年景。这时正是杏花开满枝头，蒲叶抽枝的时候。出了凤城，疲于路途之

---

① 明刻本。

奔波，往回看秦地的田野，知道耕种是多么重要。平原与洼地交错，沟渠和田埂纵横。农具遍地，炊烟聚拢。这个画面多美啊！人们像春秋时期的隐士长沮和桀溺一样并立而耕，郑白渠从他们身边流过。一枚硬壳能结出两粒米，禾苗如同北里之禾一样丰盛。豆苗茂盛，杂草稀疏，结出的豆子和南山之豆不一样。看吧！管农事的官员欢喜，家家户户都欢乐。用锄头去掉杂草，建筑堤堰来浇灌土地。小路上清晨就开始野炊了，晚上还有人在层叠的山峦间扛着运土的工具搬运泥土。近处山上的树林很茂密，临近灌渠的地面很宽阔，这令人愉快。腰上插着镰刀，不时采摘秋葵。拄着手杖，不时可以看到黄米。人之生计在于勤劳，勤劳就不会有用度的匮乏。想要抑制末业崇尚本业，就要懂得运用天时、地利的因素。具有文德的后稷，有济世救时教民种植的功绩。尧帝任命羲仲掌管东夷之地的事务。古代国家施政的八个方面中，食居第一。四民之中，农居第二。在这片一望无际的田地上，反复耕作并没什么坏处。所以土具有载物、生化、收成的特性，有灵性的众生都可以滋养它。岁丰则家家户户都知道礼让，食物充足则国家就会和乐。不要害怕艰难，在先人遗留的土地上耕作吧！都应当储备物资以备需用，拯救百姓于饥馑之中。多年来深深地忧虑民无可食，希望出现《诗经》中吟咏的造好车马万辆，装载粮食的丰收景象。我忝列圣门，从孔子那里承袭了旧规。想请教学习耕稼，但又怕招致如樊迟问稼般的责难。

[宋] 李过《西溪易说》卷五[①]

"六二，不耕获，不灾凶，则利有攸往。"《象》曰："不耕

---

① 清《文渊阁四库全书》本。

获，未富也。"无妄，诚也，实理也。尽人物之性于己也，有一毫求得于外，心便害无妄之体。耕而获灾凶，求得于外也。必无耕获灾凶之心，然后可以有所往。二以阴居阴，虽得中，然未实也。中未实，则必外求，因有此戒，故象曰未富也。樊迟之学稼，许子之并耕，皆耕获灾凶者也。

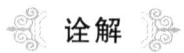

诠解

《无妄卦》第二爻爻辞："不耕种而有收获，不开荒而有熟田，利用这样的机会，就会有所发展。"《象辞》说："不耕种而有收获，是因为还不富裕。""无妄"就是真实的道理的意思。尽量让人和物的本性作用于自己，只要有从外界获得哪怕一丝一毫东西的企求，那么心中便生出了无妄之体。耕种而有收获，开荒而有熟田，这都是企求从外界获得某种东西。一定要去除不耕种而有收获，不开荒而有熟田的心理，才有利于前往。第二爻的位置是阴位，这条爻又是阴爻，阴爻在阴位，虽然有从客方得到帮助的可能，但并不是实实在在地存在。有可能，但不是真实地存在，那么就一定会对外界有所求，因此才会有这样的告诫。所以《象辞》说："还不富裕"。樊迟请求学习耕稼，许行的君民并耕学说，都是期待耕种而有收获，开荒而有熟田。

[宋] 刘安节《刘左史文集》卷三①

焉用稼

有大人之事，有小民之事。劳心以治人者，大人之事也；劳力

---

① 清乾隆四十四年钞本。

以食人者，小民之事也。治人者，必资劳力之所食；食人者，必资劳心之所治。此天下之通义，未有一人之身而可以兼焉者。然则君子于此，将安取乎？亦曰修其大者，而小者从之而已矣，又焉用稼为哉？子曰焉用稼，所以辟樊迟之问也。且尝譬之，大人之事，以譬则心也；小民之事，以譬则耳目手足也。一人之身，四体不能以相通，则亦各司其任而已。耳司听，目司视，手司举，足司运，而心居中央，致思以制四体之用焉。不视不听，而耳目供其用；不举不运，而手足供其用。夫君子之待其身，亦期于若心之制四体焉。苟待其身以大人之道，则四方之民望望焉，襁负其子而至，将为我保，岂不犹耳目手足之捍心腹者哉？故古之人有修孝悌忠信之道，虽不获用于世，犹传食于诸侯，不以为素餐者，其道素修也，又况得行其道乎？后之昧者，不知察此，有若许行为神农之学，欲与民并耕而食。孟子所以辟之者，宜矣。然则孟子者，其孔子之徒与。

诠解

有大人做的事，有小民做的事。耗费心智去治理别人的，是大人的事。耗费力气去养活别人的，是小民的事。治理别人的人，一定要借助于耗费力气的人去养活，养活他人的人一定会被耗费心力的人治理。这是通行天下的原则。没有一个人可以同时兼有这两方面。那么君子面对这种情况，应该怎么取舍呢？又说：修行好大人之事，小人之事自然就会跟上，哪里还需要亲自从事稼穑呢？孔子说"焉用稼"是为了驳斥樊迟的问题。如果进行比喻的话，大人做的事就像心脏一样，普通人民做的事就像手、足、耳、目一样。一个人的身体，四肢虽不相通，但却各有各的作用。耳朵控制听觉，眼睛控制视觉，手控制举高放低，脚控制运动行走，而心脏在中央，通过思考来控制四肢的功能。他不看不听，耳朵和眼睛供其使用，不举高放低，不运动行走，手和脚供其使用。君子对待他的身体就像心脏管控四肢一样。如果用大人之道对待他的身体，那么四方的百姓就会急切盼望，用布背着小孩来投奔，以保卫我，不就像手足耳目捍卫心脏一样吗？所以古代的人有修行孝悌忠信之类道义的，他们即使没有机会为世所用，也可以游走于诸侯之间。不认为他们是吃白饭的人，是因为他们不仅素来都在修行道义，泽被社会，更何况是获得君主的赏识而施行其道义呢？后来，昏昧的人不明白这个道理，就像许行研究神农的学术，想要让君民共同耕种、吃饭。孟子驳斥得很对，孟子其实就是孔子的门徒。

[宋] 陆佃《埤雅》卷五《释兽》[①]

羝

羝性好抵突，故从抵省字，从抵省音。从氐者，以低其角然后能抵突故也。《易》曰："羝羊触藩，羸其角。九三，重刚而不中，又动以进也，故有羝羊之象。"然则上六亦曰："羝羊。何也？盖大壮之极，疑于羝羊，犹坤之上六疑于龙尔。"《博雅》曰："吴羊牡一岁曰牡䍮，三岁曰羝。牝一岁曰牸䍮，三岁曰牂。"谚曰："智如禹汤，不如更尝。"是以樊迟请学稼，孔子曰："吾不如老农"。然则圣贤之智，犹有所未达，而况于凡庸者乎？故曰："三折肱，知为良医。"又曰："亡羊治牢，未为晚也。"

诠解

公羊天性喜欢用角互相抵碰，所以字从抵，音从抵。从氐是因

---

① 明成化刻嘉靖重修本。

为它会低下角来互相抵碰。《易经》说:"公羊强触藩篱,羊角钩在篱笆上。九三,位于阳刚之位而没有位于中位(即二、五爻位),但是又移动以发动进攻,所以有羝羊的样子。"但是《大壮卦》上六爻辞又说过:"羝羊是什么呢?强壮之极,对羝羊有怀疑,就像《坤卦》中上六爻辞对龙的怀疑一样。"《博雅》说:"公白绵羊一岁的时候称为牡羺,三岁称为羝。母白绵羊一岁的时候称为牸羺,三岁称作牂。"谚语说:"即使如大禹、商汤般才智过人,不勤于实践,也一无所获。"所以樊迟请求学习稼穑,孔子说:"我不如老农民。"即使是圣贤之人的智慧也有不能抵达之处,更何况普通人呢?所以说:"几次断臂后,就懂得医治断臂的方法。"又说:"亡羊补牢还不算晚。"

[宋] 陆游《剑南诗稿》卷二十七①

早春

旧学樊迟稼,新通氾胜书。
不成筹国论,且复爱吾庐。

诠解

过去像樊迟一样学习耕稼,现在又学习了《氾胜之书》。不能够再筹谋国家大事,就重新爱上我的居所,回归田园。

---

① 清《文渊阁四库全书》补配《文津阁四库全书》本。

[宋] 吕祖谦《丽泽论说集录》卷六①

樊迟请学稼,夫子既拒之矣,复问学圃,此有以见古人朴厓夔然。孔子面责之可也,何必待其出而责之。盖欲樊迟闻而知之,则听之力而为之坚。

诠解

樊迟请求学习稼穑,孔子已经拒绝了,他又问学习种菜的事,由此可见古人的严谨质朴。孔子当面斥责他就可以了,何必等他离开之后才斥责。大概是希望樊迟听到之后能理解,听得越明白做事的时候就会越坚定。

[宋] 潘自牧《记纂渊海》卷二十②

广野轩

张之才

城隅荒僻地,潇洒一时虚。
雅有林泉乐,闲同郊野居。
小园春自好,幽径客来疏。
不学樊迟稼,虞卿喜著书。

诠解

城郊的荒僻之地,住着潇洒又清净。有山林、泉水之乐,闲适得如同在郊野居住着一样。小园子里的春色正好,幽静的小路很少有客人。不学樊迟学习稼穑,要学战国时期的游士虞卿撰写书籍。

---

① 清《文渊阁四库全书》本。
② 清《文渊阁四库全书》本。

[宋] 钱时《融堂四书管见》卷七[①]

樊迟请学稼,子曰:"吾不如老农。"请学为圃,曰:"吾不如老圃。"樊迟出,子曰:"小人哉,樊须也!上好 去声,下同。礼,则民莫敢不敬;上好义,则民莫敢不服;上好信,则民莫敢不用情。夫 音扶。如是,则四方之民襁 居丈切。负其子而至矣。焉于虔切。用稼?"种五谷曰稼,种蔬菜曰圃。用情,不欺也。襁,织缕为之,以约小儿于背者。

农圃,小人之事也;礼义信,大人之事也。上之所好者大,则在下者莫敢不承,四方之民从之如归矣,何以稼为哉?孟子之辟陈相,正是此意。

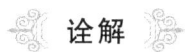 诠解

樊迟请求学习耕稼,孔子说:"我不如老农民。"请求学习种菜,孔子说:"我不如老园圃。"樊迟出去,孔子说:"樊迟是个没有远大志向的人啊!统治者崇尚礼仪,则百姓没有敢不尊敬他的;统治者崇尚道义,则百姓没有敢不服从他的;统治者崇尚诚信,则百姓没有敢不对他真诚以待的。如果能做到这样的话,那么四方的百姓就会用襁背负着他的孩子来投奔。哪里用得着亲自去耕稼呢?"种五谷叫稼,种蔬菜叫圃。用情就是不欺骗。襁是用缕织成,把小孩背在背上的器具。

耕稼和种菜是小人做的事。礼、义、信是大人做的事。如果在上的人所崇尚的是大人的事情,那么在下的人就没有敢不秉承的,各地的百姓就会如同回家一样追随他。哪里还需要亲自学习稼穑呢?孟子驳斥陈相也正是这个意思。

---

① 清《文渊阁四库全书》本。

[宋] 苏轼《苏文忠公全集》卷十

礼义信足以成德论①

论曰："有大人之事，有小人之事。愈大则身愈逸，而责愈重，愈小则身愈劳，而责愈轻。"綦大而至天子，綦小而至农夫，各有其分，不可乱也。责重者不可以不逸，不逸则无以任天下之重；责轻者不可以不劳，不劳则无以逸夫责重者。二者譬如心之思虑于内，而手足之动作步趋于外也。是故不耕而食，不蚕而衣，君子不以为愧者，所职大也。自尧、舜以来，未之有改。后世学衰而道弛，诸子之智不足以见其大，而窃见其小者之一偏，以为有国者皆当恶衣粝食，与农夫并耕而治，一人之身而自为百工。盖孔子之时，则有是说矣。夫樊迟亲受业于圣人，而犹惑于是说，是以区区焉欲学稼于孔子。孔子知是说之将蔓延于天下也，故极言其失，而深折其词，以为"上好礼，则民莫敢不敬；上好义，则民莫敢不服；上好信，则民莫敢不用情。夫如是，则四方之民襁负其子而至矣，安用稼？"。而解者以为礼义与信足以成德。夫樊迟之所为，汲汲于学稼者，何也？是非以谷食不足，而民有苟且之心以慢其上为忧乎？是非以人君独享其安荣，而使民劳苦独贤为忧乎？是非以人君不身亲之，则空言不足劝课百姓为忧乎？是三忧者，皆世俗之私忧过计也。君子以礼治天下之分，使尊者习为尊，卑者安为卑，则夫民之慢上者，非所忧也。君子以义处天下之宜，使禄之一国者，不自以为多，抱关击柝者，不自以为寡，则夫民之劳苦独贤者，又非所忧也。君子以信一天下之惑，使作于中者必形于外，循其名者必得其实，则夫空言不足以劝课者，又非所忧也。此三者，足以成德矣。故曰："三忧者，皆世俗之私忧过计也。"谨论。

① 明成化刻本。

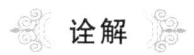

有评论说："世界上有大人做的事，也有小人做的事。事越大，身体越轻松，责任就越重；事越小，身体越劳累，责任就越轻。"大到天子，小到农夫，各自有分内之事，不可以乱来。责任重的人身体不可以不安闲，不安闲就没办法承担天下的重大责任。责任轻的人身体不可以不劳累，不劳累就没办法解放责任重大的人。这二者就像是人心在内部思考，手脚随之在外行动一样。所以说不耕种就有饭吃，不养蚕就有衣穿，君子不认为这有什么羞愧的，因为他们承担的责任重大。从尧舜一直到现在，这一点从来都没有改变过。后来学问衰微、道义松弛，诸子的智慧难以真正理解这句话的大义，而只能理解其直观之处。他们认为统治者都应当吃糙米，穿粗布衣服，与农夫一同耕种来治理天下，以一人之身承担百官需要做的工作。大概在孔子生活的时代，就有这种说法了。曾亲自受业于孔子的樊迟尚且对这种说法感到迷惑，还向孔子请教学习耕稼的事情。孔子知道这种说法将会传播至全天下，所以极力论说其弊，严厉地予以驳斥，认为"统治者只要崇尚礼仪，百姓就没有不尊敬他的；统治者只要崇尚道义，百姓就没有不服从他的；统治者只要讲究诚信，百姓就没有不对他真诚以待的。如果能做到这样的话，那么天下的百姓都会用襁褓背着自己的孩子前来投奔，哪里还需要亲自种庄稼呢？"而我认为礼、义、信足以成就德性，但樊迟所做的是急切地学习耕稼，这是为什么呢？是为粮食不够吃，百姓有得过且过之心且对待统治者态度轻慢而忧虑吗？是为统治者独享荣华富贵而百姓独自劳苦而忧虑吗？是为统治者不亲自从事耕稼却让说空话不足以劝诫百姓耕稼而忧虑吗？这三个忧虑都是世俗的私自忧虑过多而已。君子用礼制治理天下的责任就是使尊贵的人习惯尊贵，卑贱的人安于卑贱，百姓轻慢统治者的问题并不值得忧虑。统治者凭借道义处于天下之正位，即使以一国作为他的俸禄，自己也不觉得多，即使领取守关巡夜之人的俸禄，自己也不觉得少。这样百姓独自劳苦的问题就不是什么忧虑了。统治者用诚信来统合天下人的困惑，使内心有所疑思的人在外在上一定有所表现，使名称或名义与实际内容一定相符，那么说空话不足以劝诫百姓耕稼的问题就不是什么忧虑了。这三者足以成就德性，所以说："这三个忧虑都是世俗的私自忧虑过多而已。"

[宋] 苏辙《栾城应诏集》卷十一

礼义信足以成德论①

周衰，凡所以教民之具既废，而战攻侵伐之役交横于天下，民去其本而争事于末。当时之君子思救其弊，而求之太迫，导之无术，故樊迟请学为稼，又欲为圃，而孔子从而讥之曰："小人哉，樊须也！上好礼，则民莫敢不肃；上好义，则民莫敢不服；上好信，则民莫敢不用情。夫如是，四方之民襁负其子而至矣，焉用稼？"释之曰："礼义与信，足以成德，又安用稼哉？"嗟夫，仁人之言，其始常若迂阔而不可行，然要其终，其取利多而卒以无弊者，终莫能易其说。盖孔子之于卫，常欲正名，而子路笑之矣；冉子之于鲁，常欲彻，而鲁君非之矣。何则？卫之乱，若非正名之所能安，而鲁之饥，若非彻之所能救。然而欲天下无饥与乱，则非此二者莫之能济。故夫欲取其利，而取之于远，则取利多而民不知；欲图其事而图之于深，则事有渐而后无弊。今夫樊迟欲为农圃以富民，而孔子答之以礼义信也，天下疑之，而愚以为不然。若观于孟子，而求其

---

① 《四部丛刊》景宋钞本。

所以辩许行之说，则夫农圃之事，乃有可以礼义致而可以信取之道。何者？许子欲使君臣并耕，饔飧而治，此岂非樊子所愿学者哉？而孟子答之以尧舜无所用心于耕稼，尧以不得舜为忧，舜以不得禹为忧。尧得舜，舜得禹，而礼义流行，忠信洋溢，则天下之民将不劝之耕而自为耕，不督之圃而自为圃，而何致于身服农圃之劳，而忧农圃之忧哉？且夫欲劝天下之农，而至于亲为之者，亦足以见其无术矣。古之圣人，其御天下也，礼行而民恭，则役使如意，义行而民服，则劳苦而不怨，信行而民用情，则上下相知而教化易行。三德既成，则民可使蹈白刃而无怨，而况农圃之功哉？故夫欲致其功而为之于远，则功可成；欲力其事而为之于近，则百弊起。今欲君子小人而皆从事于农，则夫天下之民尚谁使治之哉？

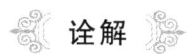

诠解

周室衰微，所有教化百姓的用具（礼法）已经废止，天下到处攻伐不断，百姓都舍弃本业，追求末业。当时的君子想要拯救天下之弊，但因太过急切，以致方法失当。所以樊迟请求学习耕稼、种菜，而孔子讥讽他说："真是个没有远大志向的人啊！统治者只要崇尚礼仪，百姓就没有不尊敬他的；统治者只要崇尚道义，百姓就没有不服从他的；统治者只要讲究诚信，百姓就没有不对他真诚以待的。如果是这样的话，那么各地的百姓都会用襁背负着孩子蜂拥而至，哪里还需要亲自学习耕稼呢？"后人解释说："礼、义与信足以成就德性，哪里还需要种庄稼呢？"唉，仁者的话，一开始的时候常常觉得他太过迂阔，而不能切实施行，最终却发现其取利颇多而没有什么弊端，所以终究不能改易仁者的学说。孔子到卫国执政，一直想要正名，招来了子路的讥笑；冉求在鲁国一直想要帮助季氏改革田赋，遭到了鲁国国君的反对。这是为什么呢？卫国的乱象并不是正名就能安定的，鲁国的饥荒也不是改革田赋就能拯救的，但是想要天下没有饥荒和战乱，除了正名和改革没有其他办法。樊迟想要通过做农民和园圃，来为百姓寻得富裕之路，而孔子以礼仪、道义、诚信来回答他的提问，天下人都认为他愚钝。我却不以为然。若是察看孟子驳斥许行君民并耕的学说，那么耕地、种菜之事是可以通过施行礼仪、道义、诚信来达成的。为什么呢？许行想使君臣一起耕稼、吃饭来治理国家，这难道不是樊迟想学的吗？而孟子以尧、舜并没有醉心于农事，尧因为得不到舜这样的人而忧虑，舜因为得不到禹这样的人而忧虑来回应许行的言论。尧得到舜，舜得到禹，那么礼仪和道义就会流布天下，忠贞和诚信就会弥漫天下，百姓将不用劝诫自然就会去耕种，不需督促自然就会去种菜，哪里需要亲自劳作，担忧农事呢？想要劝诫天下人耕种而选择亲自去耕作，也足见其无能了。古代的圣人治理国家，只要推行礼仪，百姓就会对他恭敬有加，这样就能做到自由地役使他们；只要施行道义，百姓就会服从他，百姓即便劳苦也不会有怨言；只要讲究诚信，百姓就会真诚待他，上下相互理解，教化就容易施行。这三种德性既然已经养成，那么即使让百姓赴汤蹈火，他们也无怨无悔，更何况是让他们从事耕种、园圃之事呢？想要成就功业而目光放得长远，那么功业就会建成。想要做一件事而目光短浅，就会出现很多错漏。现在想要君子和小人都去从事农业，那天下的百姓由谁来治理呢？

[宋] 苏辙《古史》卷三十二[①]

樊须，字子迟，齐人也。少孔子三十六岁。问仁，子曰："爱

---

① 宋刻元明递修本。

人"，问知，子曰："知人。"未达，曰："举直措诸枉，能使枉者直。"樊迟退，见子夏而问之，子夏曰："富哉言乎！舜有天下，选于众，举皋陶，不仁者远矣。汤有天下，选于众，举伊尹，不仁者远矣。"樊迟请学稼，子曰："吾不如老农，"请学为圃，曰："吾不如老圃。"樊迟出，子曰："小人哉，樊须也。上好礼，则民莫敢不敬；上好义，则民莫敢不服；上好信，则民莫敢不用情。夫如是，四方之民襁负其子而至矣，焉用稼？"

苏子曰："樊迟之学为农圃，盖将与民并耕而食欤。此孟子所谓许行之学也。孟子曰：'有大人之事，有小人之事。尧以不得舜为己忧，舜以不得皋陶为己忧。以百亩之不易为己忧者，农夫也。'此孔子所谓樊迟小人也。"

诠解

樊迟，字子迟，齐国人，比孔子小三十六岁。他问孔子什么是仁，孔子说："爱人。"他问孔子什么是智，孔子说："懂得人。"他没有明白，孔子进一步说："选拔正直者，弃置邪曲者，能使邪曲者不得不归正。"樊迟退出来，见到子夏，把刚刚发生的一切转达给他，并问孔子的话是什么意思，子夏说："老师这话深奥呀！舜得了天下，在众人中选拔人才，最终把皋陶选拔出来，不仁之人因此而难以立足了。汤有了天下，在众人中选拔人才，最终把伊尹选拔出来，不仁之人因此而难以立足了。"樊迟请求学习稼穑，孔子说："我不如老农民。"请求学习种菜，孔子说："我不如老菜农。"樊迟离开了，孔子说："樊迟真是个没有远大志向的人啊。统治者崇尚礼仪，百姓就没有不尊敬他的；统治者崇尚道义，百姓就没有不服从他的；统治者讲究诚信，百姓就没有不对他真诚以待的。如果能做到这样的话，各地的百姓都会用襁褓背着孩子来投奔的，哪里还需要亲自种庄稼呢？"

苏子说："樊迟学习耕稼、种菜，是想和百姓一起耕种养活自己。这就是孟子所驳斥的许行的学说。孟子说：'有大人做的事情，有小人做的事情。尧因为得不到舜的辅佐而忧虑，舜因为得不到皋陶的辅佐而忧虑。担心百亩田的种植不容易的是农民。'这就是孔子说樊迟是小人的原因。"

[宋] 王之望《汉滨集》卷三①

策问四首

问："昔夫子抱帝王之道，郁不得施，退修六艺之教，稽之前圣而不悖，垂之后世而不诬。使其一旦得志，举而措诸事业，则平日之空言，皆致君泽民之具也。惟圣人多变，不可执以一端，故容有可疑者焉，且豳诗《七月》言稼穑艰难之业甚详，然樊迟学稼则鄙而不予，何周公陈于成王，而夫子不以告门人邪？《周官·司马》教军旅战陈之法甚备，然灵公问陈，则拒而不答，何周公掌以六卿，而夫子不以告时君邪？虞舜命皋陶，穆王命吕侯，著于《尚书》，是圣人不能废刑矣，而夫子则不取齐之以刑者。聚人曰财，理财曰义，系于《周易》，是圣人不能遗利矣，而夫子则罕言之。夫《诗》《书》《易》，夫子所修。舜、周公，夫子所法，顾不同如是，而不知夫子见用于时，于是四者将忽而不务欤，则何为而存诸经也？如皆用之，则与平日之言亦相戾矣。抑穷达之际，所施异宜，所言非所用，所用非所言乎？二三子方将行其所学者也，其必有以知圣人矣。请详以告我。"

---

① 清《文渊阁四库全书》本。

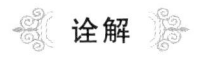

诠解

有人问：过去孔子抱有得君行道的理想却郁郁不能施行，退而求其次，修学六艺和收徒授学。遵循以前的圣人的教诲不违背，流传后世而不假，一旦让他得志干一番事业，那么平日里所说的空言，都可成为辅佐国君使其成为明主和泽被人民的工具。圣人是多变的，不可以执着于其某一个方面，所以或许有一些令人疑惑之处。《诗经·豳风·七月》中对耕稼之艰难讲得非常详细，但是孔子却鄙视樊迟学习稼穑，并且予以驳斥。为什么周公对成王说的话，孔子却不告诉弟子呢？《周官·司马》讲述军旅战备的方法甚是详细，但是灵公问阵法的时候，孔子却拒绝，不肯回答，为什么孔子不肯把周公掌管统军执政官六卿的事情告诉当时的君主呢？虞舜任命皋陶为士师，周穆王任命吕侯为司寇，《尚书》中都有记载，圣人是不能够废除刑法的，但孔子却不学习圣人用刑法来整顿天下。聚笼人才要依靠物质利益，管理财物、匡正言辞、禁止民众为非作歹要靠礼仪，《周易》中说得很清楚，所以圣人也不能不谈利，但是孔子却很少谈及。《诗》《书》《易》都是孔子编修的。舜、周公是孔子效法的对象，但是孔子又与他们的主张有如此大的不同，如果孔子有机会得君行道的话，难道要把耕稼、战阵、刑法、理财这四个方面都忽略吗？如果不是，那他为什么要把这些写进经书里呢？如果都不忽略的话，那他所做的和他平时的言论就是相悖的。难道是在处境困厄与通达之间，所实施的应当各不相同，所说的应当不是他所践行的，所践行的不是他所说的吗？有几个人想要将其所学应用于实践中，这世间一定有真正了解孔子的人，请详细地告诉我这些问题的答案。

[宋] 卫湜《礼记集说》卷一百二十六[1]

临川王氏曰:"申屠负石赴河,仲子辟兄离母,是行怪也。君子必遵中庸之道,行之悠久,不为变易。苟半途而废,非君子所为也。昔子贡谓孔子之道至大,天下莫能容,而请少贬焉。公孙丑谓孟子宜若登天然,使人不能几及。此二子者,不知孔孟遵中庸之道而行之,故反欲贬之也。樊迟请学稼,此盖废圣人之道,欲学野夫之事,故夫子鄙之。"

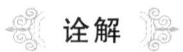

临川王氏说:"申屠狄抱着石头跳进水里,陈仲子避开哥哥远离母亲,他们行为怪异。君子必然会遵守中庸的大道,中庸大道已经践行很久了,没有变更过,如果半途而废,就不是君子的行为。过去子贡说孔子的大道至高至大,整个天下都容纳不下,所以希望进行一些减损。公孙丑说孟子的大道大概像登天一样,让人可望而不可即。这两个人不知道孔子、孟子是遵循中庸之道行事的,所以反而想要减损之。樊迟请求学习稼穑,是要废止圣人的大道,去学习山野农夫做的事,所以孔子鄙视他。"

[宋] 杨时《龟山集》卷十《语录》[2]

问:"子贡货殖,诚如史迁之言否?"曰:"孔门所谓货殖者,但其中未能忘利耳,岂若商贾之为哉?"曰:"樊迟请学稼、学圃,

---

[1] 清《通志堂经解》本。
[2] 清《文渊阁四库全书》本。

如何?"曰:"此亦非为利也,其所愿学,正许子并耕之意,而命之为小人者,盖稼圃乃小人之事,而非君子之所当务也。君子劳心,小人劳力。"

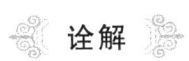 诠解

问:"子贡经商的事是否真如司马迁所说的那样?"答:"孔子门下的所谓商人,只是其中没有能完全忘掉追求利益的人,哪里像真正的商贾所做的事呢?"问:"樊迟请求学习耕稼、种菜,又是怎么回事呢?"答:"这也不是为了追逐利益。他想要学习的正是许行的君民并耕学说。说他是小人,是因为耕稼、种菜是小人该做的事,而不是君子该做的事。君子劳累心智,小人劳累体力。"

[宋] 叶绍翁《四朝闻见录》卷三[①]

按:东坡所试题,一曰《王者不治外裔》,二曰《信礼义以成德》,三曰《刘恺、丁鸿孰贤》,四曰《礼以养人为本》,五曰《既醉备五福》,六曰《形势莫如德》。五题俱精贯,惟《形势莫如德》,东坡误认以为出于《诸侯王表》,子由知其出于《吴起传》,而特不记其出于传赞之束句,俗谓子由不记。《信礼义以成德》出《论语》"樊迟请学稼"下注。东坡因老兵斟铜蟾溢砚,坡恚曰:"小人哉!"子由遂悟。虽六题有此,然其说亦不经,与所传管子事一也。《刑赏忠厚之至》,盖省试论,非制科题云。

---

① 清鲍氏《知不足斋丛书》本。

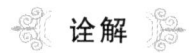 诠解

　　苏轼所作策论的题目,第一是《王者不治外裔》,第二是《信礼义以成德》,三是《刘恺、丁鸿孰贤》,四是《礼以养人为本》,五是《既醉备五福》,六是《形势莫如德》。前五个的出处都非常精准,只有《形势莫如德》一文,苏轼误认为出自《诸侯王表》。苏辙知道其出自《吴起传》,但并没有记录它出自《吴起传》赞文的末句。一般都认为是苏辙忘记了。《信礼义以成德》出自《论语》"樊迟请学稼"下面的注解。苏轼因为老兵往铜质的蟾蜍外形的砚中滴水过多而恼怒地说:"真是小人啊!"苏辙于是开悟。虽然一般来讲,六个策论的题目是上面所说的这六个,但这个说法也不一定就是正确无误的。这与后世所流传的管子的事迹是一样的道理。《刑赏忠厚之至》是在省试时所作策论的题目,而不是制科考试时的题目。

[宋] 佚名《历代名贤确论》卷二十六

樊迟学稼圃①

　　颖滨曰:"樊迟之学为农圃,盖将与民并耕而食欤?此孟子所谓许行之学也。"孟子曰:"有大人之事,有小人之事。尧以不得舜为己忧,舜以不得禹、皋陶为己忧。以百亩之不易为己忧者,农夫也。"此孔子所谓樊迟小人也。

---

① 清《文渊阁四库全书》本。

诠解

颖滨说:"樊迟想要学习种耕稼和种菜,大概是想要与百姓共同耕种养活自己吗?这就是孟子所驳斥的许行的学说。"孟子说:"有大人做的事,有小人做的事。尧因为没有得到舜的辅佐而担忧,舜因为没有得到皋陶的辅佐而担忧。因为耕种百亩田地不容易而担忧的人是农夫。"这就是孔子说樊迟是小人的原因。

[宋] 尹焞《和靖集》卷五

师说上[①]

先生曰:孔孟门第,更无隐情,有疑便问。且如短丧学稼,樊迟、宰我岂不知是小人不仁之事?盖心有疑,不得不问,若不问,则终于自信矣。又如公孙丑问孟子,"夫子当路于齐,管仲、晏子之功,可复许乎?"孟子乃所愿则学孔子,丑岂不知,亦见管、晏之功大,故举而比之。得孟子一言之后,方知孟子之志在于道,而不在于功。后之人有所进益,亦公孙丑之力也。

诠解

先生说:孔孟的门下没有什么可隐瞒的,只要有问题就能问,而且像缩短丧期,学习耕稼这样的提问,樊迟和宰我难道不知道这是小人做的不讲仁德、道义的事吗?大概是心中有疑问,所以不得不问,如果不问的话,所疑惑的事情最终会变成自己相信的事情。又如公孙丑问孟子:"如果您在齐国掌权,管仲、晏子那样的功业,

---

① 清《文渊阁四库全书》本。

能再次建立起来吗?"孟子毕生的志愿是学习孔子,公孙丑难道不知道吗?不过也可见管仲、晏子的功业之大,所以公孙丑以他们为例来与孟子比较。公孙丑得到了孟子的回答之后,方知孟子的志向在于施行大道,而不在于成就功业。后世的人于此有所长进、收获的话,也是公孙丑的功劳。

[宋] 张栻《癸巳论语解》卷七①

樊迟请学稼圃之意,以为在上者当厎力以先民也。夫子答以不如老农、老圃,谓非君子所当事者也。樊迟既出,而复申言之者,迟无以复,而义有未尽也。小人云者,为其所见者,小人之事也。孟子所谓有大人之事,有小人之事,正本此意。夫上之所好,下之所从也,而有弗从者,好之未至焉耳。上好礼,则笃于恭让,故民视之,而莫不尊敬焉;上好义,则动而得其宜,故民心为之厌服焉;上好信,则诚意下孚,故民亦用其情而无敢欺焉。感应之机,固不远也。是非徒有以得其国之民,四方之人莫不愿为之氓矣。区区欲下从农圃之事以得民者,其亦小矣。

诠解

樊迟请求学习稼穑、种菜的意思,是认为统治者应该勤勤恳恳务农,做人民的表率。孔子回答说自己不如老农民、老园圃,是说这不是君子应该做的事。樊迟离开后,孔子却又再次解释刚说过的话,是因为樊迟对他的话没有回应,他想阐发的道义还没有说完。说他是小人,是因为樊迟所看见的都是小人该做的事。孟子所说的"有大人做的事,有小人做的事",正是这个意思。统治者所崇尚

---

① 清《文渊阁四库全书》本。

的东西，就是百姓会跟从学习的东西。如果有不跟从的，还是因为统治者崇尚的程度不够深。统治者崇尚礼仪，他就会恭敬谦让。百姓看到了，就没有不尊敬他的。统治者崇尚道义，那么一举一动都会合乎道义，民心就没有不服从他的。统治者崇尚诚信，那么诚意传达到下面，百姓也会真诚以待，而没有敢欺骗他的。如此则上下沟通感应的时机就不会远了。所以不仅仅是得到本国民心，各地的人民也没有不愿意做他的臣民的。单纯想要以从事耕稼、种菜这样的事情来换取民心的人，格局还是太小了。

[宋] 张栻《孟子说》卷三[①]

有为神农之言者许行，自楚之滕，踵门而告文公曰："远方之人闻君行仁政，愿受一廛而为氓。"文公与之处。其徒数十人，皆衣褐，以毳织之。或曰草衣也。捆屦。捆，犹叩椓也。叩椓，使屦坚也。织席以为食。陈良之徒陈相与其弟辛，负耒耜而自宋之滕，曰："闻君行圣人之政，是亦圣人也，愿为圣人氓。"陈相见许行而大悦，尽弃其学而学焉。陈相见孟子，道许行之言曰："滕君则诚贤君也。虽然，未闻道也。贤者与民并耕而食，饔飧而治。今也滕有仓廪府库，则是厉民而以自养也。厉，病也。恶得贤？"孟子曰："许子必种粟而后食乎？"曰："然。""许子必织布而后衣乎？"曰："否。许子衣褐。""许子冠乎？"曰："冠。"曰："奚冠？"曰："冠素。"曰："自织之与？"曰："否，以粟易之。"曰："许子奚为不自织？"曰："害于耕。"曰："许子以釜甑爨，以铁耕乎？"曰："然。""自为之与？"曰："否，以粟易之。""以粟易械器者，不为厉陶冶，陶冶亦以其械器易粟者，

---

① 清《文渊阁四库全书》本。

岂为厉农夫哉？且许子何不为陶冶，舍 舍，止也。皆取诸其宫中而用之，何为纷纷然与百工交易？何许子之不惮烦？"曰："百工之事，固不可耕且为也。然则治天下独可耕且为与。"

许行之说，初若浅近，而乃盛行于时，从之者数十人。以滕文公之贤，一入其语，惑而不可解。陈相师周公、仲尼之道，一旦尽弃其学以从之，其所以能动人者，果何故哉？盖其人亦清苦高介之士，远慕古初而烛理不明见，世有神农之说，不知其为后世传习之谬，则从而祖述之。以谓农者天下之本，善为治者必使斯民尽力于农，而人君必力耕以先之，不当使民劳而已逸，以为是乃以道治天下，而非后世所及。此其说若高而有以惑于人者也。樊迟请学稼，微夫子救之，盖亦几陷于此矣。嗟乎！帝王之道如长江、大逵，无往而不达者，以其述天之理故耳。异端之说如断港荒蹊，卒归于不可行者，以其私意之所为故耳。愚每读至此章，未尝不为滕文公惜之。夫文公一闻孟子性善之论，而不忘于心，闻丧纪之隆而知是诚在我，以至于问为国，讲井地，而使远方之人或执耒耜以愿为之氓，亦可谓贤君矣。而不克终用孟子之说，寂然无闻于后。意者许行之言有以夺之也，曰文公与之处，则知文公盖亲而信之矣。文公虽警省于孟子之论，而初未有得于中也。惟其未有得于中，故他人得而移之。原文公之惑许行，盖亦志于为治者，惟其烛理不明而不自知其非也。许行之论以谓贤者当与民并耕而食，饔飧而治，以有仓廪府库为厉民以自养。孟子因陈相之论而明辨之，非特以祛陈相之惑，抑庶几文公闻之，而有以悟其失耳。则问之以必种粟而后食乎？则应之曰："然。"问之以必织布而后衣乎？犹有以遁也。曰："许子衣褐。"问之以冠乎，曰："冠。"问之以奚冠，曰："冠素。"曰："自织之与？"又问之田，许子奚为不自织？而其说固穷矣。盖许子岂但食粟而已乎？其不可无衣冠明矣。许子之衣冠，独不资诸人乎？则又就其食粟而问之。许子之粟，亦必种而后可成，炊而后可食也,则其种与炊之具,又岂得不资诸人乎?以粟易械器,不为厉陶冶,而以械器易粟者,岂得为厉农夫乎?盖百工各以其事而通有无者,天下之常也。许子若但欲专以种粟为事,则何不陶冶以自治其具,使凡所以为粟者,皆取足于己之家而用之,而至于纷纷交易,又何其烦与?至此理之不可行者,不复更可迁就,故陈相但曰:"百工之事,固不可耕且为也。"而其情无所遁矣。于是明义以喻之曰:治天下独可耕且为与?夫以百工之事,犹不可耕且为,则治天下之不可以耕且为亦明矣。至此而许行之说将安所措乎?

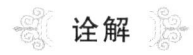

诠解

有个奉行神农学说的人叫许行,从楚国来到滕国,上门对文公说:"我这个大老远来的人听说您正在实行仁政,希望能得到一个住所,成为居民。"文公给了他房屋。他的门徒有几十个,都穿着麻衣,以编草鞋、织席子为生。陈良的门徒陈相和他的弟弟陈辛,背着耒耜从宋国来到滕国,对文公说:"听说您正在实行圣人的政治,这也是圣人了,我希望做圣人的侨民。"陈相见了许行,十分高兴,完全抛弃以前的学问而向许行学习。陈相见了孟子,引述许行的话说:"滕君确实是个贤明的君主,尽管如此,他却不真懂得道理。贤人是和老百姓一同耕作才吃饭,自己做饭,又治国理政。现在滕国有粮仓,有库房,这是残害人民来养活自己,这又怎能称得上贤明?"孟子说:"许子一定自己种庄稼才吃饭吗?"陈相说:"对。""许子一定自己织布才穿衣吗?"陈相说:"不。许子穿麻衣。""许子戴帽子吗?"陈相说:"戴。"孟子说:"戴什么帽子?"陈相说:"戴白帽子。"孟子说:"是自己织的吗?"陈相说:"不。是用粮食换来的。"孟子说:"许子为什么不自己织呢?"陈相说:"那会耽误耕种。"孟子说:"许子用釜甑做饭,用铁器耕田吗?"陈相说:"对。""是自己造的吗?"陈相说:

"不。是用粮食换来的。""农夫拿粮食交换（生活、生产所需的）器具，不算是侵害陶工和冶匠；陶工和冶匠也拿他们的器具交换粮食，难道就是侵害了农夫的利益了吗？再说，许子为什么不自己制陶、冶铁，停止样样东西都从自家屋里取来用？为什么要忙忙碌碌同各种工匠交换呢？为什么许子这样不怕麻烦呢？"陈相说："各种工匠，本来就不可能一边耕种一边又干别的事情。"

许行的学说，刚开始看起来容易理解或执行，所以盛行一时，跟从他学习的有数十人。以滕文公那样贤明的人也被他的话蛊惑，而一时没能明白过来。陈相一开始学习周公、孔子的大道，他能迅速完全放弃之前所学，去跟从许行学习。许行的学说如此诱惑人的真正原因是什么呢？大概是因为他自己本来也是清苦高洁的士人，仰慕古代学说，但对其事理却没有真正搞明白。世上有神农的学说，但是他却不知道后世传承下来的有一定的谬误，而去盲目地效法。于是就说农业是天下之本，善于治理天下的人必然会使百姓尽力从事农业，但人君必须亲自耕种为天下做表率，不应当使人民劳累而自己舒适。自以为这就是用大道来治理天下，但后世不可能做到。这就是许多学说看似高明而能够迷惑到人的地方。樊迟请求学习稼穑，如果不是夫子救助他，他也会陷入这种学说的误区了。唉！帝王的大道就像长江和大地，没有到达不了的地方。这是因为它说的是天理。异端学说就像水流不相通的港汊和小路，终究是不可以推行广大的，这是因为它是以私心揣度而施行的。我每次读到这一章，总是为滕文公感到惋惜。文公听闻了孟子的性善论后，始终牢记在心，听闻儒家对丧事的敬重，就明白办丧礼最重要的是自己诚意的问题。以至于还问到如何治理国家和井田的问题，使远方的人民背着农具甘愿来做他的臣民，也可以说是贤明的君主了。但因他没有将孟子的学说推行下去，所以在后世寂寂无闻。大概许行的学说夺走了孟子学说在他心中的地位。据说，看滕文公与许行的相处，就知道他是亲近并且信任许行的。文公虽然被孟子的言论警醒，但刚开始并没有了解其中的精髓。正因为没有理解到精髓，所以被他人动摇了。本来文公被许行蛊惑也只是因为他一心想治理好国家。只因他没有明辨事理，才不自知误入歧途。许行的学说主张贤明的君主应该与百姓一同耕种、吃饭来治理天下，认为设置众多粮仓、财库是剥削人民来养活自己。孟子因为陈相的言论而明辨其非，并不是要特意去除陈相的迷惑，大概也是想让滕文公听闻自己所说，进而有所醒悟。孟子问陈相，"许行一定要亲自耕种之后才吃饭吗？"陈相说："是的"。问："一定会织布之后才穿衣吗？"此时陈相已经有所回避，说："许行穿褐衣。"问："他束冠吗？"陈相说："束冠。"又问："戴什么帽子？"回答说："白帽子。"孟子又问："是自己织的吗？"接着又问到耕地的问题，问许行为什么不自己织帽子。陈相至此已经词穷。就算许行只吃粟米，但他不可以没有衣冠穿戴，这件事已经明了了。许行的衣冠难道不是别人做的吗？于是孟子又问许行吃粟米的事情。许行所吃的粟米也必然是要先种植之后才能成熟，烹饪后才能吃，那他的种植的工具和炊具难道不是别人做的吗？用粟米交换工具，不是在侵害陶工和冶匠的利益吗？用工具交换粟米的人，难道不是在侵害农夫的利益吗？各行各业的工匠以他们所从事的事和他人互通有无，这是天下的常理。许行要是想专门种植粟米，为什么不自己制陶、冶铁，停止样样东西都从自家屋里取来用呢？为什么要忙忙碌碌同各种工匠交换呢？为什么许行这样不怕麻烦呢？话讲到这里，许行的道理行不通已经很明白了，所以陈相说："各种工匠本来就不可能一边耕种一边又干别的事情。"至此，事情的情理已经到了没办法再继续辩论下去的地步了。于是孟子把道理明白地告诉他说："难道唯独治理天下可以一边耕种，一边干别的事情吗？各种工匠尚且都不可能一边耕种一边又干别的事情，那么治理天下的人从事耕稼也是很明白的事情了。"至此，许行的学说又该放在哪里安置呢？

[宋] 赵顺孙《四书纂疏·论语纂疏》卷七[①]

樊迟请学稼,子曰:"吾不如老农。"请学为圃,曰:"吾不如老圃。"种五谷曰稼,种蔬菜曰圃。樊迟出,子曰:"小人哉,樊须也。"小人谓细民,孟子所谓小人之事者也。"上好礼,则民莫敢不敬;上好义,则民莫敢不服;上好信,则民莫敢不用情。夫如是,则四方之民襁负其子而至矣,焉用稼?"好,去声。夫,音扶。襁,居丈反。焉,于虔反。

礼义信,大人之事也。好义则事合宜。情,诚实也。敬服用情,盖各以其类而应也。辅氏曰:"在己者皆尽其道,在下者各以其所类应之。谓正己而物正者,非有大人之德,其孰能之。"襁,织缕为之,以约小儿于背者。〇杨氏曰:"樊须游圣人之门,而问稼圃,志则陋矣,辞而辟之可也。待其出而后言其非,何也?盖于其问也,自谓农圃之不如,则拒之者至矣。须之学,疑不及此,而不能问,不能以三隅反矣,故不复。及其既出,则惧其终不喻也,求老农老圃而学焉,则其失愈远矣。故复言之,使知前所言者,意有在也。"

诠解

樊迟请求学习耕稼,孔子说:"我不如老农民。"又请求学种蔬菜,孔子说:"我不如老菜农。"种五谷叫稼,种蔬菜叫圃。樊迟出去,孔子说:"樊迟真是个没有远大志向的人啊。小人就是小民,就是孟子所说的做小人之事的人。统治者崇尚礼仪,百姓就没有不尊敬他的;统治者崇尚道义,百姓就没有不服从他的;统治者讲究诚信,百姓就没有对他真诚以待的。如果能做到这样的话,那么各地的百姓都会用襁褓背着自己的儿女前来投奔,哪里还需要自

---

① 清《文渊阁四库全书》本。

己种庄稼呢？"妇，玄声。夫，读作扶。襁，居丈反。焉，于虔反。

礼义信是大人需做的事。辅氏说：统治者崇尚道义，那么事情就能处理得合乎情理。情即真情实意。尊敬、服从、真诚相待，大概是对大人好礼、义、信的回应。辅氏说："统治者自己要尽自己最大的努力去推行大道，普通百姓各自根据自己所属的类型或种类而回应之。端正自己的思想、言行，天下万物便随之端正的人，要不是有圣贤之人的德性，谁又能做到呢？"襁褓是用布织成的，用来把小孩背在背上的器具。〇杨氏说："樊迟拜在圣人门下，却想学习耕稼、种菜之事，志向鄙陋。孔子拒绝并驳斥他是可以的，但是为什么要在他出去之后说他的不是呢？对于他所问的问题，孔子说自己不如老农民、老菜农就已经是拒绝的极致了。樊迟的学问恐怕难以到达这个层次，又不能举一反三，所以就不再回答他了。等到他已经出去，又怕他始终不明白其中的真谛，真的去找老农民、老菜农学习，那错得就更离谱了。所以再说几句，使人们知道前面的话是意有所指的。"

[宋] 赵善括《应斋杂著》卷六①

虎啸风生，龙跃云飞，时不再来。试凭高望远，长淮清浅，伤今怀古，故国氛埃。壮志求申，嫖姚未老，早以家为何谓哉。多应是，待着鞭事了，税驾方回。

稼轩聊尔名斋，笑学请樊迟心未开，似南阳高卧，莘郊自乐，磻磎韬略，傅野盐梅。植杖亭前，集山楼下，五桂三槐次第栽。功名遂，向急流勇退，肯恁徘徊。

---

① 《豫章丛书》本。

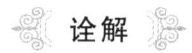

猛虎长鸣,威风四起,龙在云层间腾飞,这样的时机不会再来一次。站在高处望远方,淮河水清澈见底,感叹今日怀念过去,曾经的家国已是尘埃。想要实现远大的志向,霍去病还没有老去,早早地置办家业做什么呢?应该等到战胜了外敌,再解驾停车回来。

你称自己的居所为稼轩,可叹你要像樊迟一样学习耕稼,却没有真正领悟其中的真谛。你要像诸葛亮一样躬耕南阳,像伊尹一样在莘野自得其乐,像姜太公钓鱼得遇成王,像傅说一样被武丁拔擢。在亭前挂着拐杖,站在集山楼下,把桂树、槐树次第栽好。等到功成名就就会急流勇退,怎肯多徘徊一下。

[宋] 真德秀《四书集编·论语集编》卷七①

樊迟请学稼,子曰:"吾不如老农。"请学为圃,子曰:"吾不如老圃。"种五谷曰稼,种蔬菜曰圃。樊迟出,子曰:"小人哉,樊须也。小人,谓细民。孟子所谓小人之事者也。上好礼,则民莫敢不敬;上好义,则民莫敢不服;上好信,则民莫敢不用情。夫如是,则四方之民襁负其子而至矣,焉用稼?"好,去声。夫,音扶。○礼义信,大人之事也。好义则事合宜。情,诚实也。敬服用情,盖各以其类而应也。襁,纤缕为之,以约小儿于背者。○杨氏曰:"樊须游圣人之门而问稼圃,志则陋矣。辞而辟之可也,待其出而后言其非,何也?盖于其问也,自谓农圃之不如,则拒之者至矣。须之学,疑不及此,而不能问,不能以三隅反矣,故不复。及其既出,则惧其终不喻也,求老农老圃而学

---

① 清《文渊阁四库全书》本。

焉，则其失愈远矣。故复言之，使知前所言者，意有在也。"○南轩曰："小人云者，为其所见者，小人之事耳。夫上之所好，下之所从也。上好礼，则笃于恭让，故民视之而莫不尊敬焉。上好义，则劲而得其宜，故民心为之厌服焉；上好信，则诚意交孚，故民亦用其情而无敢数焉。感应之机，固不远也。盖好德者，人之公心，视迟之欲下从农圃之事，以得民者，其亦远矣。"

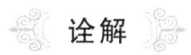

诠解

樊迟请求学习耕稼，孔子说："我不如老农民。"又请求学种蔬菜，孔子说："我不如老菜农。"种五谷叫稼，种蔬菜叫圃。樊迟出去，孔子说："樊迟真是个没有远大志向的人啊。小人就是小民，也就是孟子所说的做普通的事情的人。统治者崇尚礼仪，百姓就没有不尊敬他的；统治者崇尚道义，百姓就没有不服从他的；统治者讲究诚信，百姓就没有不真诚待他的。如果能做到这样的话，各地的百姓都会用襁褓背着儿女来投奔，哪里还需要自己种庄稼呢？"好，去声。夫读作扶。○崇尚礼、义、信是大人做的事情。崇尚道义那么事情能处理得合乎情理。情即真情实意。百姓尊敬、服从、真诚相待，大概是对统治者好礼、义、信的回应。襁是用布制成的，用来将小孩背在背上的器具。杨氏说："樊迟拜在圣人门下，却想学习耕稼、种菜之事，志向鄙陋。拒绝并驳斥他是可以的，但是为什么要在他出去之后说他的不是呢？对于他所问的问题，孔子说我不如老农民、老菜农就已经是拒绝的极致了。樊迟的学问恐怕难以到达这个层次，又不能举一反三，所以就不再回答他了。等到他已经出去，又怕他始终不明白其中的真谛，真的去找老农民、老菜农学习，那错得就更离谱了。所以再说几句，使人们知道前面的话是意有所指的。"张南轩（张栻）说："小人能看见的就是小人能做的事情。统治者所崇尚的东西，就是百姓会跟从学习的东西。如果有不跟从的，还是因为统治者崇尚的程度不够深。统治者崇尚礼仪，他就会恭敬谦让，所以百姓看到了，就没有不尊敬他的。统治者崇尚道义，那么一举一动都会合乎道义，民心就没有不服从他的。统治者崇尚诚信，那么诚意传达到下面,所以百姓也会真诚以待,而没有敢欺骗他的。如此则上下沟通感应的时机就不会远了。喜好德性是人的公正之心,从樊迟想要就下学习耕稼以求获得民心的事来看,离得民心还很远。"

[宋] 真德秀《四书集编·孟子集编》卷五①

曰:"夫物之不齐,物之情也。或相倍蓰,或相什佰,或相千万。子比而同之,是乱天下也。巨屦小屦同贾,人岂为之哉?从许子之道,相率而为伪者也,恶能治国家?"夫,音扶。蓰,音师,又山绮反。比,必二反。恶,平声。○倍,一倍也。蓰,五倍也。什佰千万,皆倍数也。比,次也。孟子言物之不齐,乃其自然之理,其有精粗,犹其有大小也。若大屦小屦同价,则人岂肯为其大者哉?今不论精粗,使之同价,是使天下之人皆不肯为其精者,而竞为滥恶之物以相欺耳。○南轩曰:"许行之说,初若浅近,而乃盛行于时。其所以能动人者,果何故哉?盖其人亦清苦高介之士,远慕古初,而烛理不明见,世有神农之说,不知其为后世传习之谬,则从而祖述之。以为农者天下之本,善为治者,必使斯民尽力于农,而人君必力耕以先之,不当使民劳而己逸,以为是乃以道治天下,而非后世所及。此其说若高而有以惑于人者也。樊迟请学稼,微夫子救之,盖亦几陷于此矣。夫帝王之道如长江、大逵,无往而不达者,以其达天之理故耳。异端之说,如断港荒蹊,卒归于不可行者,以其私意之所为故耳。"又曰:"陈相言许行之说,以谓使其说行,其效可使天下反于淳朴,凡天下之物皆可齐也。嗟乎!岂有此理哉?有天地则有万物,其巨细多寡、高下美恶之不齐,乃物之情,而实天之理也。物各付物,止于其所,吾何加损于其间哉?故庄周之齐物,强欲以理齐之,犹为贼夫道。况乎许子遂欲一天下之物,而泯其一定之分,其蔽岂不甚矣哉!孟子曰:'夫物之不齐,物之情也。'斯两言也,足以发明天下之大,不但可以辟许行,而庄周之说并可坐见其偏矣。故曰:'从许子之道,相率而为伪者

---

① 清《文渊阁四库全书》本。

也。强巨者细,多者寡,高者下,美者恶,岂非相率而为伪乎?'"

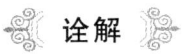

孟子说:"货物的品相质量各不相同,这是自然的。有的相差一倍五倍,有的相差十倍百倍,有的相差千倍万倍。你要只以大小轻重相比而使它们价格相同,这是扰乱天下。做工粗糙的鞋与做工精细的鞋同一个价钱,人们难道还肯做(做工好的鞋)吗?听从许子的主张,就是带着大家做假,哪还能够治理好国家?"夫,音同扶。屦,读作师,又山绮反。比,必二反。恶,平声。○倍是一倍,蓰是五倍,什伯千万都是倍数。比就是次。孟子说货物的品相质量各不相同,这是自然的。物品有精致的粗糙的,就像它有大有小一样,如果大鞋小鞋都是一样的价格,哪里还有人愿意去做大鞋呢?现在不管精致还是粗糙的物品,都使它统一价格,这是使天下的人都不肯做精致的物品,而争相做粗制滥造的物品来互相欺骗。张南轩说:"许行的学说,刚开始看起来容易理解或执行,所以盛行一时。他去的学说如此诱惑人大概是因为他自己本来也是清苦高洁的士人,仰慕古代学说,但对其事理却没有真正明白。世上有神农的学说,但是他却不知道后世传承下来的有一定的谬误,而去盲从效法之。于是就说农业是天下之本,善于治理天下的人必然会使人民尽力从事农业,但人君必须亲自耕种为天下做表率,不应当使人民劳累而自己舒适,自以为这就是用大道来治理天下,但后世不可能做到。这就是许多学说看似高明而能够迷惑到人的地方。樊迟请求学习稼穑,如果不是夫子救助他,也会陷入这种学说的误区了。唉!帝王的大道就像长江和大地,没有到达不了的地方,这是因为它说的是天理。异端学说就像水流不相通的港汊和小路,终究是不可以推行广大的,这是因为它是以私心揣度而施行的。"又说:"陈相陈述许行的学说,说如果他的学说能够施行于天下,可使天下返归淳朴,天下所有的物品其品相质量都可以相同。唉!哪里有这样的道理呢?有天地就有万物,这些物是粗糙还是精美,多还是少,好还是不好,美还是丑都是不一样的,这是物品的本性。实际上也是天理。按照事物的本来面目去认识对待它,应该让它们停留在他们该待的地方，我何必去增加、减损它呢？所以庄周的《齐物论》也是要强行使物品等同，这是盗贼的道理。更何况许行想要将天下的物品都等同，泯灭它们的区别，其害处难道还不明显吗？孟子说：'物品的品相质量各不相同，是物品的天性。'这两句话足以说明天理的正确性，不但可以驳斥许行，庄周的学说也可见其错处。所以说：'按照许行的办法去做是带领大家去弄虚作假。强行使粗糙的和精美的，少的和多的，好的和坏的，美的和丑的等同起来，难道不是率领大家去做弄虚作假吗？'"

[宋] 真德秀《读书记》卷十

礼义信①

樊迟请学稼，子曰："吾不如老农。"请学为圃，曰："吾不如老圃。"樊迟出，子曰："小人哉，樊须也。上好礼，则民莫敢不敬；上好义，则民莫敢不服；上好信，则民莫敢不用情。夫如是，则四方之民襁负其子而至矣，焉用稼？"

朱子曰："礼、义、信，大人之事也。情，实也。敬服用情，盖皆以其类而应。"○南轩曰："小人云者，为其所见者，小人之事耳。夫上之所好，下之所从也。上好礼，则笃于恭让，故民视之而莫不尊敬焉；上好义则动而得宜，故民心为之厌服焉；上好信，则诚意所孚，故民亦用其情而无敢欺焉，感应之机，固不远也。盖好德者人之公心，视迟之欲下从农圃之事，以得民者，其亦远矣。"

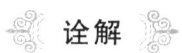 诠解

樊迟请求学习耕稼，孔子说："我不如老农民。"又请求学种

---

① 清《文渊阁四库全书》本。

菜，孔子说："我不如老菜农。"樊迟出去，孔子说："樊迟真是个没有远大志向的人啊。统治者崇尚礼节，百姓就没有不尊敬他的；统治者崇尚道义，百姓就没有不服从他的；统治者崇尚诚信，百姓就没有对他真诚以待的。如果能做到这样的话，各地的百姓都会用襁褓背着儿女来投奔，哪里还需要亲自耕稼呢？"

朱熹说："崇尚礼、义、信是大人做的事。情即真情实意。百姓尊敬、服从、真诚相待，大概是对大人好礼、义、信的回应。"

张南轩说："小人能看见的就是小人能做的事情。统治者所崇尚的东西，就是百姓会跟从学习的东西，如果有不跟从的，还是因为统治者崇尚的程度不够深。统治者崇尚礼仪，他就会恭敬谦让，所以百姓看到了，就没有不尊敬他的。统治者崇尚道义，那么一举一动都会合乎道义，民心就没有不服从他的。统治者崇尚诚信，那么诚意传达到下面，所以百姓也会真诚以待，而没有敢欺骗他的。如此则上下沟通感应的时机就不会远了。喜好德性是人的公正之心，从樊迟想要就下学习耕稼以求获得民心的事来看，离得民心还很远。"

[宋] 真德秀《读书记》卷三十五

吾道异端之辨上

今也，南蛮鴃舌之人，非先王之道，子倍子之师而学之，亦异于曾子矣。吾闻出于幽谷，迁于乔木者，未闻下乔木而入于幽谷者。《鲁颂》曰："戎狄是膺，荆舒是惩。"周公方且膺之，子是之学，亦为不善变矣。从许子之道，则市贾不贰，国中无伪。虽使五尺之童适市，莫之或欺。布帛长短同，则贾相若；麻缕丝絮轻重同，则贾相若；五谷多寡同，则贾相若；屦大小同，则贾相若。曰："夫物之不齐，物之情也。或相倍蓰，或相什伯，或相千万。子比而同之，是乱天下也。巨屦小屦同贾，人岂为之哉？从许子之道，相率而为伪者也。恶能治国家?"

南轩曰:"许行之说,初若浅近,而乃盛行于时,其所以能动人者,盖其人亦清苦高介之士,远慕古初,而烛理不明见。世有神农之说,不知其为后世传习之谬,则从而祖述之,以谓农者天下之本,善为治者,必使斯民尽力于农,而人君必力耕以先之,不当使民劳而己逸,以为是乃以道治天下,而非后世所及。此其说若高而有以惑人者也。樊迟请学稼,微夫子救之,盖亦几陷于此矣。夫帝王之道如长江大迳,无往而不达者,以其述天之理故耳。异端之说,如断港荒蹊,卒归于不可行者,以其私意之所为故耳。"又曰:"陈相言许行之说,以谓使其说行其效,可使天下反于淳朴。凡天下之物,皆可齐也。嗟乎!岂有此理哉!有天地,则有万物,其巨细、多寡、高下、美恶之不齐,乃物之情,而实天之理也。物各付物,止于其所,吾何加损于其间哉?故庄周之齐物,强欲以理齐之,犹为贼夫道。况乎许子遂欲一天下之物,而泯其一定之分,其蔽岂不甚矣哉?孟子曰:'夫物之不齐,物之情也。'斯两言也,足以发明天理之大,不但可以辟许行,而庄周之说并可坐见其偏矣。故曰:'从许子之道,相率而为伪者也。强使巨者细、多者寡、高者下、美者恶,岂非相率而为伪乎?'"

诠解

现在南蛮讲话难懂的人诽谤先王的大道,你却背离自己的老师而向他学习,这和曾子的态度也恰恰相反。我只听说过鸟飞出幽深的山谷,迁徙到高大的树上,从没听说过从高大的树木飞下来迁往幽暗的山谷的。《鲁颂》上说:"鲁僖公痛击了西北的边族戎和狄,讨伐了楚地舒国小小边城。"周公都要打败他们,你却要向他们学习,你是很不善于变通啊!如果追随许行的学说,市场上就会买卖公道,王城之内就没有人欺诈。即使让身高五尺的小孩去买卖东西,也没有人欺骗他。布匹和丝织品长短相同，价格就相同；麻线和丝絮轻重相同，价格就相同；五谷粮食数量相同，价格就相同；鞋子大小相同，价格就相同。孟子说："货物的品相质量各不相同，这是自然的。有的相差一倍五倍，有的相差十倍百倍，有的相差千倍万倍。你要只以大小轻重相比而使它们价格相同，这是扰乱天下。做工粗糙的鞋与做工精细的鞋同一个价钱，人们难道还肯做（做工好的鞋）吗？听从许子的主张，就是带着大家做假，哪还能够治理好国家？"

张南轩说："许行的学说，刚开始看起来容易理解或执行，所以盛行一时。他学说如此诱惑人的真正原因大概是他自己本来也是清苦高洁的士人，仰慕古代学说，但对其事理却没有真正明白。世上有神农的学说，但是他却不知道后世传承下来的有一定的谬误，而去盲目地效法之。于是就说农业是天下之本，善于治理天下的人必然会使人民尽力从事农业，但人君必须亲自耕种为天下做表率，不应当使人民劳累而自己舒适，自以为这就是用大道来治理天下，但后世不可能做到。这就是许多学说看似高明而能够迷惑到人的地方。樊迟请求学习稼穑，如果不是夫子救助他，也会陷入这种学说的误区了。唉！帝王的大道就像长江和大地，没有到达不了的地方，这是因为它说的是天理。异端学说就像水流不相通的港汊和小路，终究是不可以推行广大的，这是因为它是以私心揣度而施行的。"又说："陈相陈述许行的学说，说根如果他的学说能够施行于天下，其效果是可以使天下返归淳朴，天下的所有的物品其品相质量都可以相同。唉，哪里有这样的道理呢？有天地就有万物，这些物是粗糙还是精美，多还是少，好还是不好，美还是丑都是不一样的，这是物品的本性，实际上也是天理。按照事物的本来面目去认识对待它，应该让它们停留在他们该待的地方，我何必去增加减损它呢？所以庄周的齐物论也是要强行使物品等同，这是盗贼的道理。更何况许行想要将天下的物品都等同,泯灭它们的区别,其害处难道还不明显吗?孟子说:'物品的品相质量各不相同,是物品的天性。'这两句话足以说明天理的正确,不但可以驳斥许行,庄周的学说也可见其错处。所以说:'按照许行的办法去做是带领大家去弄虚作假。强行使粗糙的和精美的,少的和多的,好的和坏的,美的和丑的等同起来,难道不是率领大家去做弄虚作假吗?'"

[宋] 郑樵《通志》卷八十八①

樊须,字子迟,少孔子三十六岁。樊迟请学稼,孔子曰:"吾不如老农。"请学圃,曰:"吾不如老圃。"樊迟出,孔子曰:"小人哉,樊须也!上好礼,则民莫敢不敬;上好义,则民莫敢不服;上好信,则民莫敢不用情。夫如是,则四方之民襁负其子而至矣,焉用稼?"樊迟问仁,子曰:"爱人。"问智,曰:"知人。"有若少孔子四十三岁。有若曰:"礼之用,和为贵,先王之道斯为美。小大由之,有所不行;知和而和,不以礼节之,亦不可行也。""信近于义,言可复也;恭近于礼,远耻辱也;因不失其亲,亦可宗也。"孔子既没,弟子思慕,有若状似孔子,弟子相与共立为师,师之如夫子时也。他日,弟子进问曰:"昔夫子当行,使弟子持雨具,已而果雨。弟子问之曰:'夫子何以知之?'夫子曰:'《诗》不云乎,月离于毕,俾滂沱矣。昨暮月不宿毕乎。'他日,月宿毕,竟不雨。商瞿年长无子,其母为取室。孔子使之齐,瞿母请之。孔子曰:'无忧,瞿年四十后当有五丈夫子。'已而果然。敢问夫子何以知之?"有若默然无以应。弟子起曰:"有子避之,此非子之座也!"

---

① 清《文渊阁四库全书》本。

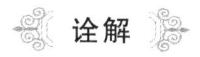

诠解

樊须,字子迟,比孔子小三十六岁。樊迟请求学习耕稼,孔子说:"我不如老农民。"又请求学种菜,孔子说:"我不如老菜农。"樊迟出去,孔子说:"樊迟真是个无远大志向的人啊!统治者崇尚礼仪,百姓就没有敢不尊敬他的;统治者崇尚道义,百姓就没有敢不服从他的;统治者崇尚诚信,百姓就没有不真诚对待他的。如果能做到这样的话,各地的百姓都会用襁褓背着儿女来投奔,哪里还需要亲自种庄稼呢?"樊迟问孔子什么是仁,孔子说:"懂得如何爱人便是仁。"樊迟又问孔子什么是智,孔子说:"懂得如何透过人的言行,真正了解其内心就是智。"有若比孔子小四十三岁。有若说:"礼的应用以为恰到好处为可贵。过去圣明的君主治理国家的办法,最高明的地方就在这里。小事大事都按照这一原则去理,有时就行不通;但是只知道和的重要而一味地追求和,而不用礼去节制它,也是不可行的。"有若又说:"所守的信约要符合道义,这信约就能经得起实践的检验。恭敬要符合道义,就能避免耻辱。依傍那些不失为亲近的人,也就可靠了。"孔子逝世以后,学生们都很怀念他。有若长得很像孔子,学生们共同拥戴他当老师,就像当年侍奉孔子一样对待他。有一天,学生进来问他:"从前先生正要出行,就叫同学们带好雨具,不久,果真下起雨来。同学们请教说:'先生怎么知道要下雨呢?'先生回答说:'《诗经》里不是说了吗?月亮依附于毕星的位置上,接着就会下大雨。昨天夜里月亮不是宿在毕星的位子上吗?'有一天月亮又宿在毕星的位子上,却没有下雨。商瞿年纪大了还没有儿子,他的母亲要给他另外娶妻。孔子派他到齐国,商瞿的母亲请求不要派他。孔子说:'不要担忧,商瞿四十岁以后会五个男孩子。'过后,果真是这样的。请问先生当年是怎么能够预先知道是这样的呢?"有若沉默无以回答。学生们站起来说:"先生,你离开这儿吧,这个位置不是您能坐的。"

[宋] 郑汝谐《论语意原》卷三[①]

樊迟请学稼,子曰:"吾不如老农。"请学为圃,曰:"吾不如老圃。"樊迟出,子曰:"小人哉,樊须也。上好礼,则民莫敢不敬;上好义,则民莫敢不服;上好信,则民莫敢不用情。夫如是,则四方之民襁负其子而至矣,焉用稼?"

异端之学,必有源流。樊迟请学稼圃,即许行君民并耕之学也。行之学,自谓出于神农夫子之时,其说虽未炽,樊迟得之,亦以为神农之学,故欲学稼、学圃而不厉民以自养也。不然,则士而不仕,欲躬稼圃之事,亦未为过。圣人不应深斥之,而亦不必及于上好信好义好礼也。孟子得信义礼之说而推明之曰"劳心治人"。又曰:"尧舜之治天下,岂无所用其心哉?亦不用于耕耳。小人哉,樊迟也!即孟子所谓有大人之事,有小人之事也。"

诠解

樊须,字子迟,比孔子小三十六岁。樊迟请求学习耕稼,孔子说:"我不如老农民。"又请求学种菜,孔子说:"我不如老菜农。"樊迟出去,孔子说:"樊迟真是个无远大志向的人啊!统治者崇尚礼仪,百姓就没有敢不尊敬他的;统治者崇尚道义,百姓就没有敢不服从他的;统治者崇尚诚信,百姓就没有不真诚对待他的。如果能做到这样的话,各地的百姓都会用襁褓背着儿女来投奔,哪里还需要亲自种庄稼呢?"

异端学说一定有其源流。樊迟请求学习耕稼、种菜,也就是许

---

① 清武英殿《聚珍版丛书》本。

行的君民共同耕种学说。许行自称自己的学说源于神农。孔子的时代，他的学说虽然还没有发展兴盛，但樊迟听闻了，也认为其说源自神农，所以想要学习耕稼、园圃，不剥削百姓来养活自身。退一步讲，如果士人不愿意入仕，想要亲自从事耕稼和园圃之事，也不是什么过错。孔子不应该过分斥责他，也不需要引申至统治者崇尚礼、义、信的问题。孟子接纳了礼、义、信的说法，进而推广为劳累心智的人治理别人。又说："尧舜治理天下，难道不是用心智吗？也是不用亲自耕稼来治理的。"樊迟真是没有远大志向的人啊！"这也就是孟子所说的"有大人做的事，有小人做的事"。

[宋] 周行己《浮沚集》卷六

从弟成己、审己、直己、存己、用己字说①

周氏积德远矣，居温州者及其辈才五世，由温州任起家者为江阴。江阴生四十七年，官司封员外郎，职集贤校理而卒。某尝恨其寿不充德，位不登才，意其后必有大兴起者，不在于诸父氏，必在于尔伯仲间也。成己于江阴为适长孙，审己其次，直己又其次，存己又其次，用己又其次。既皆以其父命得名于余，又欲以成人之礼待之而字之。于是因推其说，而语其所以大兴起其家之道，曰：尔亦闻有所谓君子之学乎？夫古之君子，为己而学，为人而仕；今之君子，为己而仕，为人而学。何谓为己之学？以吾有孝悌也则学，以吾有忠信也则学。学乎内者也，养其德者也。故为己而学者，必有为人之仕矣。何谓为人之学？人以我为多闻也则学，人以我为多能也则学。学乎外者也，利其闻者也。故为人而学者，必有为己之

---
① 清《文渊阁四库全书》本。

仕矣。然则今之所谓君子者,古之所谓小人乎。尔于此焉,亦将何择?吾尝观夫孔氏之门,其所以教人者多术矣。至于樊迟学稼则不与,子贡货殖则不与,子张干禄则不与,是何也?漆雕开不愿仕则与之,曾点浴乎沂则与之,颜渊在陋巷则与之,是何也?呜呼!昔者孟子盖尝推其本而言之矣,以为舜与跖之分,在于利与善之间。夫天下之人何莫为善,不必皆舜也,而曰舜焉,谓是心也无以异乎舜之心也,不谓舜可乎?天下之人何莫为利,不必皆跖也,而曰跖焉,谓是心也无以异于跖之心也,不谓跖可乎?然则士之于此,不可以不思也。

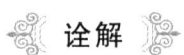

诠解

周氏积累德行的历史很久远,居住在温州的周氏一族至此才五代。在温州任职起家的人是江阴。江阴享年四十七岁,官拜司封员外郎,贴职为集贤校理。我曾经为他寿数不能与其德性相配,官职比不上其才华而遗憾,想着他的后代一定有人能成就大事,不在各位父辈中间,就在你们兄弟中间。成己是江阴的嫡长孙,审己次于他,直己再次,存己又次,用己又次。他们兄弟几人的名是他们父亲先前命我取的,现在又想要举办成人礼,然后命我给他们取字。于是推理这一说法,说明之所以可以使家业兴起的道理。说:"你听说过有所谓的君子学说吗?古代的君子为自己而学习,为别人而入仕。现在的君子,为自己而入仕,为别人而学习。什么叫为己之学?因为想让自己有孝悌而学习,有忠信而学习,通过内在的学习来修养道德。所以为自己学习的人,一定会为别人入仕。什么叫为人之学?为了使别人觉得我博学而学习,为了使别人觉得我能力很强而学习,学习外在的东西是因为使人看到了利益,所以为别人学习的人一定会为自己入仕。然而现在所说的君子在古代被称为小人，你们在这里要怎么选择呢？"我曾经观察孔子门下，教给弟子的东西多数是谋略的路数。不赞许樊迟学习稼穑，不赞许子贡学习经商，不赞许子张学习做官，这是为什么呢？漆雕开不愿意入仕就赞许，曾点在沂水里游泳就赞许，颜渊生活在陋巷就赞许，这是为什么呢？以前孟子曾经发掘其本质而有所言语，认为舜与跖的区别只是求利和求善的不同罢了。天下的人为什么不行善事呢？不必人人都和舜一样求善，之所以说到舜就是因为这个善心与舜的心没有什么区别，所以不提到舜可以吗？天下的人为什么不追求利益呢？不用人人都像跖一样追求利益，之所以说到跖就是因为其心与跖的求利之心没有什么差别，所以不提到跖可以吗？然而士人对于这个问题不可以不深思。

[宋] 朱熹《论语精义》卷六①

杨曰："大而化之，则形色天性无二致也，无物不空矣。颜渊大而未化，而其复不远，则其空也屡而已，故止于殆庶几也。知存心养性以事天，然后能受命。未能受命，则物或累之，故有至于货殖焉。然孔门所谓货殖，岂若世之营营者耶？特于物未能忘之耳。夫君子不亿不信，一于诚而已。亿虽屡中，非所善也。言屡中则其不中亦多矣。"或问："何谓屡空？"曰：此颜子所以殆庶几也。学至于圣人，则一物不留于胸次，乃其常也。回未至此，屡空而已。谓之屡空，则有时乎不空。或问："空必谓之屡，何如？"曰：其心三月不违仁，则盖有时而违也。然而其复不远，则其空也屡矣。空也者，不以一物置其胸中也。子贡货殖，未能忘物也。孔门所谓

---

① 清《文渊阁四库全书》本。

货殖者，岂若世之营营者耶？特于物未能忘焉耳。或问："子贡货殖，诚如史迁之言否？"曰："孔门所谓货殖者，但其中未能忘利耳，岂若商贾之为哉？"曰："樊迟请学稼、学圃，如何？"曰："此亦非为利也。其所愿学，正许子并耕之意，而命之为小人者，盖稼圃乃小人之事，而非君子所当务者也。君子劳心，小人劳力。"又曰："亿则屡中，非至诚前知也，故不足取。"

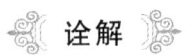

杨子说："大行其道，使天下化之，那么人的形体、容貌与天性就没有什么区别了，达到了没有什么东西不是空的境界。颜渊德行高尚却没有化行天下，但是又离化行天下的境界不远，他常常贫困，其学问道德止步于接近完善。最终止步于差不多的境地。知道保存本心，养育正性来侍奉天，然后才能接受天命。没能接受天命就可能是被外物所累，以至于去经商。但是孔子门下的经商之人哪里是俗世里汲汲营营的人呢？特指那些没能完全忘却利益的人。君子不凭空臆测别人不诚信，一出于诚罢了。尽管屡次猜测都能猜对，但也不是什么好事。屡次猜测都能猜对，其实猜不中的时候也很多。有人问："什么叫屡空？"回答说："这是颜回学问道德所达到的接近于完善的境地。学问学到了圣人的境界，没有什么东西留在胸中是正常的。颜回还没有修炼到圣人的境界，所以常常觉得贫困。说他常常觉得贫困，也就是说他有时候觉得不贫困。"有人问："空一定要叫作屡，这是为什么呢？"回答说："他的心可以长时间不离开仁德，也就说有时候会离开，但是又离化天下的境界不远，所以他多次觉得空。空就是不把任何一物置于胸中。子贡经商就是没能忘记外物。孔子门下的经商者哪里与世界上汲汲营营的人一样，他们只是没能完全忘记利益而已。"有人问："子贡经商的事情，真的像司马迁所说的那样吗?"回答说:"孔子门下的经商者只是没能完全忘记利益,哪里像商贾的行事风格?"又问:"樊迟请求学习耕稼、种菜的行为怎么样?"回答说:"这也不是为了利益,他想要学习的正是许行的君民并耕学说。而之所以称他为小人,是因为稼圃是小人做的事,不是君子应该做的事。君子劳累心智,小人劳累体力。"又说:"猜测多次都猜中,不是达到至诚的境界,人就自然可以预知事物未来的发展趋势,所以不可取。"

[宋] 朱熹《论语精义》卷七

樊迟请学稼,子曰:"吾不如老农。"请学为圃,曰:"吾不如老圃。"樊迟出,子曰:"小人哉,樊须也!上好礼,则民莫敢不敬;上好义,则民莫敢不服;上好信,则民莫敢不用情。夫如是,则四方之民襁负其子而至矣,焉用稼?"

范曰:"孟子曰:'有大人之事,有小人之事。'又曰:'或劳心,或劳力。劳心者治人,劳力者治于人;治人者食于人,治于人者食人。'君子治其本则不治其末,谋其大则不谋其小,故礼、义、信君子所务,农圃之事,非所当学也。"

谢曰:"樊迟问学稼与圃于夫子,将以为民,非役志于自殖货财也。若后世许行之学,其近之乎。以其不知大体也,故称小人。如胁弱暴寡之事,皆生于不钦服安分以服事其上,易使故也。用情不爱其情。"

杨曰:"樊迟学稼圃,盖欲为神农之言,非有利心也。岂闻先事后得、先难后获之说,误而为此乎?孟子曰:'有大人之事,有小人之事。'稼圃,小民之事也,故曰:'小人哉,樊须也!'此特对大人为言耳,故以礼、义、信发之。然樊须游圣人之门而问稼圃，志则陋矣。辞而辟之可也，待其出而后言其非，何也？盖于其问也，夫子自谓农圃之不如，则拒之者至矣。须之学疑不及此，而不能问，举一隅不以三隅反，故不复。及其既出，则惧其终弗喻也，求老农老圃而学焉，则其失远矣，故言之，使知所谓不如老农、老圃者，意有在也。"

侯曰："为国家者，患礼义之不立而民不信也。上苟好礼义而民信之矣，何患不治哉？樊迟问学稼学圃，其心欲以此为政也，故孔子曰'吾不如老农老圃'以抑之。及其出也，曰：'小人哉，樊须也！'君子先立其大者，何患小者之不治？故曰：'焉用稼？'推樊迟之学，则后世与民并耕而食，饔飧而治者，其近之乎！"

尹曰："孟子曰：'有大人之事，有小人之事。'又曰：'养其大体为大人，养其小体为小人。'樊迟舍礼义而不为，而请学农圃，故谓之小人。"

诠解

樊须，字子迟，比孔子小三十六岁。樊迟请求学习耕稼，孔子说："我不如老农民。"又请求学种菜，孔子说："我不如老菜农。"樊迟出去，孔子说："樊迟真是个无远大志向的人啊。统治者崇尚礼仪，百姓就没有敢不尊敬他的；统治者崇尚道义，百姓就没有敢不服从他的；统治者崇尚诚信，百姓就没有不真诚对待他的。如果能做到这样的话，各地的百姓都会用襁褓背着儿女来投奔，哪里还需要亲自种庄稼呢？"

范说："孟子说：'有大人做的事，有小民做的事。'又说：'要么劳累脑力，要么劳累身体。劳累脑力的人治理别人，劳累体力的人被人治理。被人治理的人养活人，治理别人的人被人养活。'君子务其本业，不务其末，图谋大事，不图谋小事。所以礼、义、信才是君子应该做的事，而不是去耕稼、种菜。"

谢曰:"樊迟向孔子问种庄稼、种菜的事情,是想要让百姓不做役使,而不是想自己囤积财物谋利。与后世许行的学说类似。因其不识大体,所以称其为小人。欺凌弱小之事都源自不安守本分、服从上级,容易被使唤的缘故。要真诚待人,但又不吝惜真诚。"

杨说:"樊迟学习耕稼、种菜是想要实践神农的学说,并不是有求利之心。难道是听闻了要先经历困难,才能有收获,有所为才能有所获的道理,才错误地做了这样的事吗?孟子说:'有大人要做的事,有小民要做的事。'耕稼、种菜是小民做的事,所以说'樊迟真是个么偶远大志向的小民啊!'这是特意对大人讲话,所以会用礼仪、道义、诚信相关的言语来启发他。樊迟拜在圣人门下,却想学习耕稼、种菜之事,志向鄙陋。拒绝并驳斥他是可以的,但是为什么要在他出去之后说他的不是呢?对于他所问的问题,孔子说我不如老农民、老菜农就已经是拒绝的极致了。樊迟的学问恐怕难以到达这个层次,又不能举一反三,所以就不再回答他了。等到他已经出去,又怕他始终不明白其中的真谛,真的去找老农民、老菜农学习,那错得就更离谱了。所以再说几句,使人们知道前面的话是意有所指的。"

侯说:"治理国家的人最担心礼仪、道义没有建立,人民对他们不真诚相待。统治者如果崇尚礼义,而百姓又对他真诚以待的话,哪里还需要担忧国家不能治理好呢?樊迟问耕稼、种菜的事情,是想要以此来治理国家,所以孔子说我不如老农民、老菜农来制止他。等到他离开了,才说:'樊迟真是无没有远大志向的人啊!'君子先建立大的方面的根基,哪里还需要为细枝末节的问题不能做好而担心呢?所以说哪里还需要亲自耕稼呢?大概樊迟想要学习的与后世流行的君民一起耕种、吃饭,治理天下的学说是相近的吧!"

尹说:"孟子说:'有大人做的事,有小民做的事。'选择去护养次要的部分是小人,选择去护养重要的部分是大人。樊迟不修行礼、义,而请求学习耕稼、种菜,所以说他是没有远大志向的人。"

[宋] 朱熹《四书章句集注·论语》卷七①

樊迟请学稼,子曰:"吾不如老农。"请学为圃,曰:"吾不如老圃。"

种五谷曰稼,种蔬菜曰圃。

樊迟出,子曰:"小人哉,樊须也。"

小人谓细民,孟子所谓小人之事者也。

"上好礼,则民莫敢不敬;上好义,则民莫敢不服;好信,则民莫敢不用情。夫如是,则四方之民襁负其子而至矣,焉用稼?"

好,去声。夫,音扶。襁,居丈反。焉,于虔反。○礼、义、信,大人之事也。好义则事合宜。情,诚实也。敬服用情,盖各以其类而应也。襁,织缕为之,以约小儿于背者。○杨氏曰:"樊须游圣人之门而问稼圃,志则陋矣。辞而辟之可也,待其出而后言其非,何也?盖于其问也,夫子自谓农圃之不如,则拒之者至矣。须之学疑不及此,而不能问,举一隅不以三隅反,故不复。及其既出,则惧其终弗喻也,求老农老圃而学焉,则其失远矣。故言之,使知所谓不如老农、老圃者,意有在也。"

诠解

樊迟请求学习稼穑,孔子说:"我不如老农民。"请求学习种菜,孔子说:"我不如老菜农。"

种五谷叫稼,种蔬菜叫圃。

樊迟离开了,孔子说:"樊迟真是个没有远大志向的人啊!"

小人就是小民,也就是孟子所说的做小人之事的人。

"统治者崇尚礼仪,百姓就没有敢不尊敬他的;统治者崇尚正义,百姓就没有敢不服从他的;统治者讲究诚信,百姓就没有不对

---

① 宋刻本。

他真诚以待的。情即实，人民发表意见以感化统治者，都以实相待。如果能做到这样的话，各地的百姓都会用襁褓背着儿女前来投奔，哪里还需要亲自耕稼呢？"

　　〇崇尚礼、义、信是大人做的事。崇尚道义那么事情能处理得合乎情理。情即真情实意。百姓尊敬、服从、真诚相待，大概是对大人好礼、义、信的回应。襁是布织成的，用来把小孩背在背上的器具。〇杨氏说："樊迟拜在圣人门下，却想学习耕稼、种菜之事，志向鄙陋。拒绝并驳斥他是可以的，但是为什么要在他出去之后说他的不是呢？对于他所问的问题，孔子说我不如老农民、老菜农就已经是拒绝的极致了。樊迟的学问恐怕难以到达这个层次，又不能举一反三，所以就不再回答他了。等到他已经出去，又怕他始终不明白其中的真谛，真的去找老农民、老菜农学习，那错得就更离谱了。所以再说几句，使人们知道前面的话是意有所指的。"

元代诠解篇

元代学者在继承宋人关于"樊迟学稼"的诠释基础上,又有新的创辟,如孔子对农业的态度,陈天祥《四书辨疑》认为:"盖樊迟在夫子之门,不问其所当问,而以农圃之事问于夫子,夫子以是责之耳,非以农为不当为也。"提醒学者注意不要因为圣人有斯言,就认为农耕不重要,不可为,而要仔细分辨孔子责备樊迟的真实原因。又前代学者有将樊迟问稼和南宫适问禹稷亲耕两事相提并论者,萧镒在《四书待问》中辨析道:"有以君子、小人对言之者,以其德言之也,此言躬稼者之所以为君子也;有以大人、小人对言之者,以其事言之也,此请学稼者之所以为小人也。"认为南宫适是问德,故孔子赞其为君子,而樊迟是在问农艺这一具体事务,故以"小人"称之。

[元] 陈天祥《四书辨疑》卷八《论语》[①]

子张第十九

虽小道，必有可观者焉，致远恐泥，是以君子不为也。

注：小道，如农圃医卜之属。

君子不为也之一，语此甚有疾恶。小道之意必是有害圣人正道，故正人君子绝之而不为也。农圃医卜，皆古今天下之所常用，不可无者，君子未尝疾恶也。况农又人人赖以为生，其尤不容恶之也。注文为见夫子尝鄙樊迟学稼之问，故以农圃为小道，此正未尝以意逆志也。盖樊迟在夫子之门，不问其所当问，而以农圃之事问于夫子，夫子以是责之耳，非以农为不当为也。古人之于农也，或在下而以身自为，或居上而率民为之。舜耕于历山，伊尹耕于莘野，后稷播时百谷，公刘教民耕稼，未闻君子不为也。又农圃医卜亦未尝见其致远则泥也。盖小道者，如今之所传诸子百家功利之说，皆其类也。取其近效，固亦有可观者。期欲致远，则泥而不通。虽有暂成，不久而坏。是故君子恶而不为也。农圃医卜不在此数。

诠解

虽然都是些小的技艺，也一定有可取之处，但要用它来达到远大的目标就行不通了，所以君子不做这样的事情。

注："小人之道就是农业、园艺、医术、占卜等事。"

其中任何一项，君子都不会去做，并且说起来都非常嫌恶。小人之道一定会有损圣人之道，所以君子绝不会做这样的事。农业、园艺、医术、占卜都是古往今来常用的技能，不可或缺，君子并没有真正憎恶之。况且

---

① 清《文渊阁四库全书》本。

农业又是人人依赖其生存的行业，尤其不应被嫌恶。从注文中可以看到，因为孔子曾经鄙夷樊迟问农之事，所以把农业、园艺归进小人之道，这正是理解错误了。樊迟在孔子门下，不问他应该问的，却拿农事、园艺去问孔子，孔子这才责备他，并不是说做农业不可行。古人对农业，有地位低下时，亲自从事之，地位尊崇时率领百姓一起从事之。舜在历山耕种，伊尹在莘野耕种，后稷播种百谷，公刘教民耕种，没有听说君子不从事农业。农业、园艺、医术、占卜行业也没有听说不能用来行大事的。如今所传习的诸子百家的与功利相关的学说都是小人之道。短期实践可能有所成效，想要长远推行就行不通，即使暂时成功，也很快就会失败，所以君子嫌恶这些而不亲自从事。农业、园艺、医术、占卜行业不在此列。

[元] 何异孙《十一经问对》卷一①

问："《子路》篇'樊迟学稼圃'，其意谓道之不行，不若田园之为乐，何孔子责之之深？"对曰："此迟务外规利，屏大就小之见，谓学稼则必有禾，学圃则必有蔬。未若正谊而利不敢谋，明道而功不敢计，夫子既答以吾不如，且俟其出，而责之以小人也。"

诠解

有人问："《论语·子路》篇中的'樊迟学稼'，其意思是说大道无法推行，不如返回田园去寻找乐趣。为什么孔子对樊迟责备得这么厉害？"回答说："樊迟谋求利益着眼外务，放弃大事从事小事的看法，认为学习种庄稼就一定会收获稻谷，学习种菜就一定会收获蔬菜。不比不上仁人唯仁义之道是行，而不以获取功利为目的。孔子已经回答我不如老农民、老菜农，等他离开后，又指斥他是小人。"

---

① 清《通志堂经解》本。

[元] 胡炳文《四书通》卷六[①]

  子曰:"回也,其庶乎,屡空。"力纵反。

  庶,近也,言近道也。屡空,数音朔至空匮也,不以贫窭郡羽反动心而求富,故屡至于空匮也。言其近道,又能安贫也。

  赐不受命,而货殖焉,亿则屡中。中,去声。

  命谓天命。货殖,货财生殖也。亿,意度。音铎也。言子贡不如颜子之安贫乐道。乐音洛,下同。然其才识之明,亦能料事而多中也。黄氏曰:夫子之论回、赐,一则言其得道之不同,二则言其处贫富之有异。盖举两事反复以言之,货殖则不如屡空,亿中则不如其庶也。其庶固不专为屡空,使不能安贫,则亦决不能其庶。不能其庶,则决不能屡空。亿中固不专为货殖,然使其不货殖,则不止于亿中;使其不止于亿中,则亦决不徇货殖。天理人欲,相为胜负也。程子曰:子贡之货殖,非若后人之丰财,但此心未忘耳。然此亦子贡少时事,至闻性与天道,则不为此矣。叶氏曰:或者不喻,乃谓子贡真好利者。夫樊迟之学稼圃,夫子犹以为小人,岂有子贡而无一言以正之乎?盖自秦汉以来失之,史不究其指,而以首货殖传,甚矣,其疏且诬也。

诠解

  孔子说:颜回的学问道德接近于完善了吧,但物质上常常十分匮乏。力纵反。

  庶是相近的意思,是说学问道德接近于完善。屡空是多次到了十分贫困的地步,是说颜回不因为穷困而改变本身的追求,所以经常处于贫困状态。是说颜回的学问道德已经近于完善了,同时又能安于贫困。

  端木赐不接受命运的安排而去经商,猜测市场行情,常常能猜中。中,去声。

---

  ① 清《文渊阁四库全书》本。

命是天命，货殖是说买卖生财。亿猜即猜测、估计。是说子贡不如颜回安于贫困追求大道，但是他有才能和见识，也能准确预测事情。黄氏说：孔子谈论颜回和端木赐，一是在说两人所得的道不一样，二是在说他们所处的贫富状态不一样。举两人之事反复来讲，是想说明从事买卖不如常常处于匮乏，测中商机不如使学问道德接近于完善。学问道德接近于完善固然不是专门为了常常处于贫困状态，但如果不能安于贫困，那么也绝不可能达到学问道德接近于完善的地步。若不能使学问道德接近于完善，则绝不可能常常处于穷困的状态。常常猜中行情并不是专门为了经商，但如果他不经商，就不会猜中行情。天理和人欲不容并立，相为消长，迭为胜负。**程子说**：子贡经商不是像后人一样为了增加财富，只是没有全然忘记求利。不过这也是子贡年轻时候的事情。等到他了解了天命与天道，就不做这件事了。叶氏说：有不明白事理解的人说子贡是真正的好利之徒。樊迟请求学习稼穑、种菜，孔子尚且都认为他是小人，怎么会对子贡没有一句匡正的话呢？大概是自秦汉以来史籍失传了很多，有些具体事迹已经不清楚了，而《货殖传》是遗失最多的，以至于疏漏与错误并存。

[元] 胡炳文《四书通》卷七

樊迟请学稼，子曰："吾不如老农。"请学为圃，曰："吾不如老圃。"

种五谷曰稼，种蔬菜曰圃。冯氏曰：《周官·闾师》：任农以耕事，任圃以树事。术业有专攻，稼圃亦各有业，不通习也。而谓圣人兼通之乎？善乎韩退之之言，曰："圣贤之能多，农马之智专，故也。"

樊迟出，子曰：小人哉，樊须也。

小人谓细民，孟子所谓小人之事者也。《语录》："役智力于农圃，内不足以成己，外不足以治人，是济甚事。"

上好礼,则民莫敢不敬。上好义,则民莫敢不服,上好信,则民莫敢不用情。夫如是,则四方之民襁负其子而至矣,焉用稼。好去声。夫,音扶。襁,居丈反。焉,于虔反。

礼义信,大人之事也。好义,则事合宜。情,诚实也,敬服用情,盖各以其类而应也。襁,织缕为之,以约小儿于背者。杨氏曰:"樊须游圣人之门而问稼圃,志则陋矣,辞而辟之可也,待其出而后言其非,何也?盖于其问也,自谓农圃之不如则拒之者至矣。须之学疑不至此,而不能问,不能以三隅反矣,故不复。及其既出,则惧其终不喻也,求老农老圃而学焉,则其失愈远矣,故复言之,使知前所言者,意有在也。"黄氏曰:夫子多能鄙事,则稼圃亦当知之。樊迟请学者,请学于夫子也,故夫子以吾不如告之。若贫而为农之事,事亦未为遇者,樊迟之志岂亦有为许行之说者而慕之欤?故夫子以大人之事告之。通曰:樊迟问仁、智者三,至于问崇德、修慝、辨惑,夫子善之。此所问稼圃,必有入以墨翟师禹稼稷之说者,此夫子所以小之。

诠解

樊迟请求学习稼穑,孔子说:"我不如老农民"。请求学习种菜,孔子说:"我不如老菜农"。种五谷是稼,种蔬菜是圃。冯氏说:《周官·闾师》记载,让农民进行耕种,让老园圃从事园艺,各行各业都有专门的人学习。耕稼、园艺也是各自不同的行业,不必都学。那么圣人能够精通多个行业吗?韩愈的话说得很好,"圣贤的技能多,而农民和马的智慧集中在一件事上。"

樊迟出去,孔子说:"樊迟真是个没有远大志向的人啊!"

小人就是小民,也就是孟子所说的从事小人之事的人。《语录》说:"把智力消耗在耕稼和园艺上,对内不足以使自己有成就,对外不足以用来治理人民,管什么用呢?"

统治者崇尚礼仪,百姓就没有敢不尊敬他的;统治者崇尚道义,百姓就没有敢不服从他的;统治者崇尚诚信,百姓就没有不对他真诚以待的。如果能做到这样的话,各地的人民都会用襁褓背着自己的儿女来投奔，哪里还需要亲自耕稼呢？好去声。夫，音扶。襁，居丈反。焉，于虔反。

　　崇尚礼、义、信是大人做的事。崇尚道义那么事情能处理得合乎情理。情即真情实意。百姓尊敬、服从、真诚相待，大概是对大人好礼、义、信的回应。襁是布织成的，用来把小孩背在背上的器具。杨氏说："樊迟拜在圣人门下，却想学习耕稼、种菜之事，志向鄙陋。拒绝并驳斥他是可以的，但是为什么要在他出去之后说他的不是呢？对于他所问的问题，孔子说我不如老农民、老菜农就已经是拒绝的极致了。樊迟的学问恐怕难以到达这个层次，又不能举一反三，所以就不再回答他了。等到他已经出去，又怕他始终不明白其中的真谛，真的去找老农民、老菜农学习，那错得就更离谱了。所以再说几句，使人们知道前面的话是意有所指的。"黄氏说："孔子曾经从事过很多粗鄙的事情，稼圃也应该是他了解的事情。樊迟请求学习是想向他学习，所以孔子以自己不如老农民、老园圃回答他。因为贫困而要从事耕稼，夫子还没有遇到类似的事情。樊迟的志向是倾慕并想要践行许行的学说吗？所以孔子告诉他大人应该做的事。"通说："樊迟几次问什么是仁，什么是智，又问如何崇尚德行，修正错误，辨明疑惑，孔子都给予了肯定。他这次询问耕稼、种菜的事情，一定是想要像墨翟一样，崇尚大禹稼穑学说，这是孔子说他是小人的原因。"

[元] 胡炳文《四书通》卷五①

　　有为神农之言者许行，自楚之滕，踵门而告文公曰："远方之人闻君行仁政，愿受一廛而为氓。"文公与之处。其徒数十人，皆

---

① 清《文渊阁四库全书》本。

衣褐，捆屦、织席以为食。衣，去声。捆，音阃。

　　神农，炎帝神农氏，始为耒耜，教民稼穑者也。为其言者，史迁所谓农家者流也。见《汉·艺文志》。许，姓；行，名也。踵门，足至门也。仁政，上章所言井地之法也。廛，民所居也。氓，野人之称。褐，毛布，贱者之服也。捆，扣。掾，竹角反之。欲其坚也。以为食，卖以供食也。程子曰：许行所谓神农之言，乃后世称述上古之事，失其义理者耳，犹阴阳、医方称黄帝之说也。或问："许行为神农之言，而有君民并耕，市不二价之说，何耶？"曰："程子之言尽矣，然以《易》考之，二者皆神农之所为也。当时民淳事简，容或有如许行之说者。及乎世变风移，至于唐虞之际，则虽神农复生，亦当随时以立政，而不容固守其旧矣。况许行之妄，乃欲以是而行于战国之时乎。"辅氏曰："阴阳、医方所称黄帝之说，如《素问》《灵枢》之类是也。使真有神农、黄帝之说传于世，孔孟岂得而不称述之哉？"

　　通曰："樊迟欲学稼，孔子斥之曰吾不如老农，且谓其所学者，小人之事，而举大人之事以答之。孟子辟许行，即此意也。但迟之志陋，不过欲自学之，许之学僻，欲以治国家，此孟子所以深辟之也。"

诠解

　　有个奉行神农氏学说的人叫许行，从楚国来到滕国，上门对文公说："我这个大老远来的人听说您正在实行仁政，希望能得到一个住所，成为侨民。"文公给了他房屋。他的门徒有几十个，都穿着麻衣，以编草鞋、织席子为生。

　　神农即炎帝神农氏，是最初制作农具教人民耕种的人。践行他学说的人是司马迁所说的"农家"一类的人，见《汉书·艺文志》。许是姓，行是名。踵门即脚到门上。仁政就是上一章所说的井田法。廛是人民居住的地方。氓是指城市之外的百姓。褐衣是用兽毛织成的布，是卑贱的人穿的衣服。捆就是敲击使之坚固。以为食是说卖掉草鞋和席子来维持温饱。程子说："许行所说的神农学说是后世所称颂上古时期，但失去了其中义理的事情，就像阴阳家、医者所称颂的黄帝学说。"有人问："许行践行神农的学说，于是就有了君主与人民一起耕种，集市上价格统一的说法，为什么？"程子说的话已经很完备了。用《易经》来考察，两者都是神农所创造的。当时民风淳朴，世事简单，或许可以容许许行的学说施行，但是等到世事、风俗发生了变化，到了唐虞时期，即使神农重生，也应当随着时代不同而建立政事，不容许固守旧俗。何况许行是妄想要将其学说在战国时期施行呢。辅氏说："阴阳家、医者所称颂的黄帝学说就如《素问》《灵枢》之类的学说，假使真的有神农、黄帝的学说流传在世上，孔孟难道不会对之加以论说吗？"

通说："樊迟想要学习稼穑，孔子斥责他说'不如老农民'，还说他学的事情是小人的事，并举出大人做的事作为例子来回答他。孟子驳斥许行学说也是这个意思。不过樊迟志向鄙陋，只是想自己学习它，而许行学习耕稼是想用这种学说来治理国家，这是孟子为什么大加驳斥之的缘由。"

[元] 胡祗遹《紫山大全集》卷二十二①

论司农司

樊迟请学稼，子曰："吾不如老农。"盖学业有专攻，苟以不通无用之虚言乱人耳目，则不若不论之为愈也。老子亦曰："我无事而民自富。"唐柳子厚见当时劝农之弊，反致劳民，废夺农务，故以种树为喻，而作《郭橐驼传》，诚万世不刊之名言也。诚使外无兵事，内无土功，租赋轻薄，官吏省事，蚕而得一丝，为农者曰："此吾箧笥中物也。"耕而获一粟，则曰："此吾囷仓中物也。"如此则父诏其子，兄勖其弟，姑训其妇，唯恐耕蚕之后时，菑获缫织之不尽善，何待劝谕而后勉焉？

---

① 民国12年（1923年）刻本。

诠解

樊迟请求学习稼穑，孔子说我不如老农民。大概是技能学术各有研究方向，与其用无用的空话来扰乱人的耳目，不如不说更好。老子也说："我不作为，人民自然会富起来。"唐代柳宗元发现当时劝农政策的弊端，导致人民劳累，农业有所废弛，于是以种树作比，写出了《郭橐驼传》。这真是流传千秋万世都难以修改的至理名言。如果对外不用兵，对内不兴作，轻徭薄赋，官吏减少事务，那么养蚕得到一根丝，务农的人会说："这是我匣子中的东西。"耕种得到一粒米，务农的人会说："这是我仓库里的东西。"这样的话，父亲教育儿子，哥哥帮助弟弟，婆婆教诲儿媳，唯恐耕种、缫丝错过时节，不能完美，还哪里需要劝告、晓谕才会勤勉于事呢？

[元] 胡祗遹《紫山大全集》卷二十四

樊迟请学稼圃，圣人以好礼、义、信答之。富哉言乎！上好礼，使臣以礼，御众以礼，以贵下贱，大得民心，上和下睦。人非禽犊，安得不以敬爱报上？上好义，举措合宜，小大无过举，允惬众望，安得不悦服。上好信，上下贵贱，诚实交孚，信如天地四时，下安得不以情实事上？四海之民，敬爱如父母，悦服如神明，孚信如天地，将见如兽走圹，如蚁慕膻，如鱼聚渊，如鸟归林。有人此有土，有土此有财。仓廪府库，充实富藏，天子尊居民上，咸知礼义，而王道大人之事备矣。何必区区以百亩不易为忧哉？

诠解

樊迟请求学习耕稼、种菜，孔子以崇尚礼、义、信来回答他。

这话说得多么深刻呀！统治者崇尚礼仪，用礼差使臣下，用礼统治人民，以高贵的身份而谦恭下士，向那些地位比自己低的人请教，如此必能大得民心，上下和睦。人并非禽兽，怎么会不用敬重、真诚来报答统治者。统治者崇尚道义，做任何事都得当，大小事都没有过错，符合人民的期望，百姓怎么会不心悦诚服？统治者崇尚诚信，统治阶级和普通百姓都诚信往来，就像天地四时一样诚信，百姓怎么会不用真情实意对待统治者呢？各地的百姓将会像敬爱父母一样敬爱统治者，像臣服神明一样臣服统治者，像对待天地一样对统治者讲诚信，就像野兽奔向旷野，虫蚁趋附羊肉，鱼儿聚在深渊，鸟儿归往山林一样自然。有了民众才会有国土，有了国土才会有财富。仓库充实，天子尊贵地居于民众之上，上下皆懂得礼仪、道义，这样大人要做的事情——王道就完成了，哪里需要为区区百亩地难以耕种而担忧呢？

[元] 史伯璇《四书管窥》卷三①

《君子儒》章考证谓《集注》程、谢二说，恐子夏不至此云云。文公尝言子夏太细密谨严，又云其促狭于子游。叶贺孙之问，亦言其太紧小。如此，则君子、小人只是以度量规模言。若樊须小人之类，盖对大人、君子言之，特有小大之分耳，非言善否之殊也。至为学者切己省察，则《集注》在所深省。

儒是学者之称，樊迟以学稼圃而见斥为小人，岂可援以为例？考证不欲贬了子夏，意固忠厚，但异日夫子答其问政之言，亦以无见小利戒之。考证恐子夏不至此，夫子岂诬子夏者哉！然则程、谢之说自无可疑者。

---

① 清《文渊阁四库全书》本。

诠解

《君子儒》一章考证说《集注》中程、谢二人的说法,说恐怕子夏不至于这样什么的。文公曾经说子夏太过细密谨慎,又说他比子游更狭隘。叶贺孙向朱熹请教时,也说子夏太狭隘小心。如果是这样的话,那么君子和小人只是以宽容度、才具气概来说了。像樊迟这类小人,是相对于大人君子来说的,故有小和大的区别,并不是说善与恶的差别。至于做学问的人将所学道理亲自体验,躬行实践,则《集注》的说法更有深意。

儒是对学者的称呼,樊迟因想要学习稼穑而被孔子斥责为小人,怎么可以援此作为范例呢?考证所论不想贬斥子夏,其意固然忠厚,但从前孔子回答他问政的问题时,也因为他只看见眼前小利而警戒他。考证认为子夏恐怕不至于到如此地步,但是孔子难道会诬陷子夏吗?那么程、谢二人的说法自然没有可疑之处了。

[元] 王义山《稼村类稿》卷七①

学稼斋记

余旧居富水之槎溪,匾其所曰"稼村"。何居,杜句也。揭来东湖,丞相杭山先生宠以"稼村"二大字。余扁于所居之室,不忘旧也。或曰:"莲可也,稼可乎?昔村今湖,子非故我。"余曰:"余之稼不在田也。《礼记》者论人情之田曰:'修礼以耕之,陈义以种之,讲学以耨之,本仁以聚之,播乐以安之',厥田上上也。

---

① 清《文渊阁四库全书》补配《文津阁四库全书》本。

余稼于此久矣，不为水旱不耕也。且谓惟肖曰：'汝父本农家子，将教汝耕，且匾汝读书之室曰学稼。余闻农服先畴之畎亩，《书》曰："'厥父菑，厥子乃弗肯播，矧肯获'，汝毋忘乃父之训。"或者又曰："樊迟请学稼，夫子以小人目之。学稼，小人事也。"余曰："晦翁不云乎？'小人者，细民之事。'南轩亦云：'小人者，事之小也。'余因是而证以周公之说，《无逸》之书曰：'相小人，厥父母勤劳稼穑，厥子乃不知稼穑之艰难。'周公以勤劳稼穑之人为小人，即夫子以问稼之樊迟为小人。夫子所谓小人者，非对君子小人，并言之小人也。况余之稼乃稼于书，非稼于田也。稼其托也，村其寓也。种学绩文，无往非稼；存心养性，何适非村？汝而稼于书则肖余矣。夫子岂以稼穑为细民之事而小之哉？人而有子能耕，不啻足秋风稻黄，鸡肥酒香。余犹记畴昔与田夫野老相追逐，酒后耳热，仰天拊缶而呼乌乌，其乐讵可量哉。此乐也，公卿大夫不博也。唐人有诗云：'去年生子名添丁，要今为国共耘耔。'诚斋亦谓世有农其子，农其孙，农其曾孙者矣。厥父农，厥子农，孙与曾孙又农，此余之心也。东坡《稼说》有曰：'博学而约取，厚积而薄发。'迂斋谓坡翁此作，其与朋友兄弟之相切磋如此。吾以是教吾子，望吾子之学吾稼也。吾老矣，得如老农幸矣。"

诠解

我住在富水的槎溪镇，给自己的居所取名为稼村。有东湖丞相杭山先生送给我由他题写的"稼村"两个大字。我做成匾额挂在我居住的房间，以示自己不忘故旧。有人说："爱莲可以，爱稼可以吗？昔日的村子，今日是湖，已经不是原来的样子了。"我说："我的稼不在田里。《礼记》里论述以人情为田的教化思路时，说人情就像是田地，圣王就像是地主，圣王用礼来耕耘，用陈说义理当作下种，用讲解教导当作除草，用施行仁爱当作收获，用备乐置酒当作农夫的犒劳，这样耕耘出来的田就是上上之田。我在这里耕稼很久了，不会因为水旱灾害而不耕种，而且对孩子说：'你的父亲本来就是农民的儿子，将教你耕种，而且还在你的书房里挂上学稼的匾额。'我曾听说农民耕种先人留下的田地。《尚书》记载：'父亲已经耕好了田地，他的儿子连播种的事都不肯干，更何况去收获庄稼呢？'你不要忘记你父亲的训导。"还有的人说："樊迟请求学习稼穑，孔子称他为小人。学习稼穑是小人的事。"我说："朱熹不是也说过吗？小人是说小民做的事。南轩也说小人是指他做的是小民做的事。我因此引用周公的学说来做证明。《尚书·无逸》说：'看看那些无知的小民，他们的父母辛勤地耕耘收割，儿子们却不明了耕种的艰苦。'周公认为勤于稼穑的人是小人，孔子同样把樊迟这样请求学习稼穑的人看作小人。孔子所说的小人，并不单指君子中的小人，也指真正的小人。何况我耕稼是在书里耕稼，并不是在田里耕稼。稼只是所托之物，村只是个借喻。播种以收获文辞没有什么能够比得上耕稼；修身养性，还有什么地方比村更合适呢？你要是也在书中耕稼，就像我了。孔子哪里是因为稼穑是百姓做的事而看不起呢？人要是有儿子能够耕稼，就如同在秋天看到稻谷变黄，鸡儿肥壮，酒气飘香。我仍然记得过去与农民追逐打闹，酒酣耳热之时朝着天击打缶高呼，这快乐哪里是能够计量的呢？这样的快乐，就算是公卿大夫也是比不上的。唐诗说：'去年生了儿子添丁，今年就能一起为国家耕种了。'诚斋也说世上有农民，他的儿子做农民，孙子做农民，曾孙也做农民。父亲耕稼、儿子耕稼、孙子和曾孙也耕稼，这就是我的心愿。苏东坡在《稼说》里写道：'博学约取，厚积薄发。'迂斋说苏东坡的这篇文章，是东坡和朋友、兄弟相互商讨切磋的结果。我用这来教育我的儿子，希望他学习我从事稼穑。我老了，像老农民一样幸福。"

[元] 萧镒《四书待问》卷十一①

樊迟请学稼圃，志则陋矣。然大舜、伊尹犹躬耕田亩，夫子何独深斥樊须？过此时，则为此事，游圣人之门，所学何事？

南宫适言："禹、稷躬稼而有天下。"子曰："君子哉！若人。"樊迟请学稼，子曰："小人哉！樊须也。"

有以君子、小人对言之者，以其德言之也，此言躬稼者之所以为君子也；有以大人、小人对言之者，以其事言之也，此请学稼者之所以为小人也。

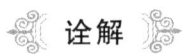

樊迟请求学习稼穑、种菜，志向鄙陋，但是舜、伊尹也在亲自耕稼过，孔子为什么独独斥责樊迟呢？在什么时间和什么场合就学该学的学问，作为圣人门徒，应该学习的是什么呢？

南宫适说："大禹、后稷亲自耕稼而得到了天下。"孔子说："此人真是君子啊！"樊迟请求学习稼穑，孔子说："樊迟真是小人啊。"

以君子、小人来回答问题，是针对德行而言的，这就是说亲自耕稼的人是君子的原因。以大人、小人来回答问题，是针对所做的事而言的，这就是说请求学习稼穑的人是小人的原因。

---

① 清嘉庆影元钞本。

[元] 姚燧《牧庵集》卷九①

学稼亭记

孔子之言，不可执一求；学者由之，不可执一居。樊迟请学稼，出，则曰："小人哉！樊须也。"南宫适问禹、稷躬稼而有天下，出，则曰："君子哉！若人。"夫君子小人所以概终身没世，善恶义利，极致为言。或曰："小人，细人也。"其不相及亦不啻什百而千万，而乃进适退须如此，进而君子亦可已矣，犹以为未然，继又曰："尚德哉，若人！"岂于稼也，学于今者为非，而躬于古者为是乎？岂须之问也，以己小而私，适之问也，以圣人大而公乎？呜呼！圣人之生德，天也！知不知之人也。盖当其时，虽不尤桓魋、匡人之莫我知，亦未尝不与仪封人、太宰之知我。况须、适日亲而月炙，宜时化而岁迁者，其知我益非仪封人、太宰之可与。其莫我知，又益非桓魋、匡人之漠然不足尤也。使须闻吾不如老农之拒，有禹、稷躬稼之对，意在于知圣人，亦可得君子尚德之称。顾请学圃为问愈下，殆于适什百千万而不啻矣。虽然，须事圣人，犹子之事父母无隐。苟其心所未安，必将辩而求义理之真是，不惮见拒于声音颜色而止。故能自拔于三千之徒，终厕七十二子之列，与适也并，其困知勉行而后有至者欤！吾故曰：言不可执一求，其学者由之，不可执一居者，官使然也。且官以农为名，而曰吾学稼之是羞教督之不先也，艺树之不勤也，铚获之失有秋也。使千耦之夫环视其授法如此旷怠而窳，岂惟大农？他日随以不恪之殿，就曰无之，

---

① 清《武英殿聚珍版丛书》本。

亦非臣职可一朝安也。盖君仲修为丞，屯田南阳之东穰，明年市牛课僮，垦莱畴盈数百亩，视日晨昕以为作止，候时寒暑以趣发敛，以一身为千耦之倡，故岁入增多。诸屯即墅为亭，余榜以学稼，所以着夫善其职也。虽然，视有若可易，而事实关世道之大。盖天下之民去南亩而游食，择金玉之易持，逐于贩夫贩妇之末，罔利相攘于市路，而较锥刀者为日已久。是以钱益轻，物益重，廊庙恒低估改币以救之，其势莫之能止也。今守令之近民者，孰不兼官训农？使闻其风者，人人如斯人之善其职，亦不可以少复本富而衰浇风乎？仲修由尝受学今太子赞善刘君梦吉，是以始政知所先务。

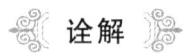

看待孔子的话不应该过分钻牛角尖。学者可以从不同角度理解，但不能太固执于一端。樊迟请求学习稼穑，等他离开了，孔子说："樊须真是个小人啊！"南宫适问大禹、后稷亲自躬稼而能拥有天下的事。等他出去后，孔子说他真是个君子啊！君子小人一生生存于世间，对待善恶、义利，最高也就这么说了。有的人说："小人就是平民。"二者的差距不是十百，而是千万。孔子表扬南宫适，斥责樊迟到如此地步。表扬他是君子也就罢了，还觉得不尽兴，又说："南宫适真是崇尚德行的人啊！"难道学习耕稼在今天学就是错的，在古代学就是对的吗？难道樊迟因为问的内容是关于自己的就是自私的，南公适因为问的内容是关于圣人这样的大人就是有公心吗？唉！圣人尊崇德性是上天赋予的，能了解不自知的人。大概在当时，他们虽然不像桓魋、匡人对孔子无所知晓，却也未尝像仪封人、太宰那样对孔子非常理解。况且樊迟和南宫适与孔子朝夕相处，常常受到感化，与仪封人和太宰对孔子的理解简直不可同日而语，但是事实上他们对孔子的了解比之桓魋、匡人还要少。孔子让樊迟知道"我不如老农民"的拒斥和对于大禹、后稷躬耕的赞誉是想让他了解自己（孔子），同时，也可以让他得到君子崇尚德性的名声。请求学习种菜的问题又等而下之，比南宫适的问题差十百千万倍都不止。即使如此，樊迟侍奉孔子就像孩子侍奉父母一样，坦白而毫无隐藏。如果他心中还有疑问，就一定要进一步辩论以求得义理的真谛，不害怕被疾言厉色地拒绝而退却，所以他能在孔子三千门徒中脱颖而出，成为七十二子之一，与南宫适并列。他遇困求知，勉力而行，然后有所成。所以我说：看待孔子的话不应该过分钻牛角尖。学习他学问的人可从不同角度理解他的言论，但不能太固执于一端，这是由其所任官职决定的。官职以农事命名，却说："我学习稼穑是因为我对自己之前教授、督促农业不力而感到羞愧，没有勤劳种植树木，以致秋天的收获不好。"假如使农夫看到他如此教授农务，如此旷殆、懈惰，何止是大农这个官，他日若在殿堂上不敬，就连我也难以安宁。仲修做丞的时候，在南阳东边屯田，第二年买牛买僮仆，开垦菜地几百亩，从早到晚地劳作，据农时播种、收获，为天下农夫以身作则，年收入增多。在这些屯田边修筑亭子，我为其题名"学稼"，是为了让官员谨守其职。尽管这看起来是件容易的事，但事实上其与人世间兴衰变迁关联甚大。天下百姓都离开农田，不劳而食，成为小商贩追逐利润，长期在市集、道路上争夺微小的利益，于是造成钱愈贱物愈贵。朝廷通过币制改革来救弊，却不能挽狂澜于既倒了。今天的守、令，谁不兼职训练农事？假使听闻他事迹的每个官员都能像他一样谨守其职，也可以稍稍做到以经营农业致富，进而抑制浮薄的社会风气。仲修因曾受学于今天的太子赞善大夫刘梦吉，所以一做官就知道什么事情应该先做。

[元] 袁俊翁《四书疑节》卷二①

夫子答樊迟、宰予、南宫适之问，或抑，或扬，皆待其出而后言之，何欤？

甚哉！圣人教人之心为无已也。有问于我，竭其两端，此圣人之本心也。奈何彼无愤悱之机，则吾不得以施其启发之力，由是而有不复者焉，然于不复之中，又有不能已于言者，于此可见圣人教人之心为无已也。且如樊迟有稼圃之请，夫子尝拒之以吾不如老农，又拒之以吾不如老圃。彼竟不悟，不问而出。夫子惟恐其诚谓农圃之不如，锐然从之而无愧，则其失甚矣。由是于其出也，发而为"小人哉"之论，乃历历然申以好礼、好义、好信之辞，使迟得所闻，庶可觊其知自正也。宰予有短丧之问，夫子尝警之以"于女安乎"，又绝之以"女安则为之。"彼竟不悟，不问而出。夫子惟恐其诚以稻锦之可安，恬然为之而不怪，则其罪深矣。由是于其出也，发而为"不仁也"之论，乃谆谆然申以三年天下通丧之说，使予得所闻，或可望其知自反也。以至南宫适尝有羿、奡、禹、稷之问，所言初非不正，特其意将以禹、稷比夫子，夫子不敢当之，故不答。适乃不能再问而出，安知其默识圣人所以不答之意否耶？夫子惟恐其有所未悟，将谓其言之未善，故不答，则适以沮其慕善之心。由是于其出也，发而为"君子哉"之论，而复申以"尚德哉"之称，使适得所闻，正欲其知所自信也。然则夫子之于三子，皆为其不能再问，故不得以面命之。既出，又有不能已于言焉。后之论者往往以是致疑于圣人，圣人岂有所避忌而然邪。曾不思樊、宰二子之可责者，犹或不欲面斥其非。若南宫之可许者，何亦待其退而后言哉？大抵圣人之于门弟子，见其有毫发之美者，惟患未得以进夫善；见其有

---
① 清《文渊阁四库全书》本。

纤芥之失者，惟恐适所以遂其非，故虽不再问，亦自不能已于言。向使当时三子问之弗措，则必不待其出而后言矣。嗟乎！圣人责樊、宰于既出之后者，犹未足见其教人无己之心。至于称南宫于既出之后者，深足以见其教人之心为无己也。不特此也，孟懿子问孝，答以"无违"。懿子不能再问，恐其体认之误，则又特举以告樊迟而启其问。甚矣哉！圣人教人之心为无己也。不然，圣人何以曰"吾无隐乎尔"。

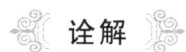

诠解

孔子回答樊迟、宰予、南宫适的问题，有贬抑的、有赞扬的，但都是等他们离开后才说的，为什么呢？

孔子教育人的理念是无私。有人问我问题，我从他所提问题的正反两面去求根问底，尽力把问题搞清楚，这是孔子的天性。奈何对方没有想要解决问题的意愿，所以我没有机会启发教授他，由此而有不回答的情况。然而在不回答的情况中，又有不能停止教诲的情况。由此可见孔子教育人的理念是无私。就像樊迟有学习耕稼、种菜圃的请求，孔子已经用我不如老农民拒绝了，又用我不如老菜农拒绝，他竟然还不醒悟，不问个究竟就离开了。孔子害怕他把自己说的话当真，理解成自己不如老农民、老菜农，果真毫无愧疚地去向老农民、老园圃学习了，这样就错得更离谱了。所以等他离开，又发出樊迟真是个小人的论断，又清楚明白地引申出崇尚礼、义、信的话，就是为了使樊迟听说了，可以据此来改正自己。宰予有能不能减短丧期的提问，孔子用"你心安吗"来警示他，又用"你如果心安就去做吧"来拒绝他。但他却不醒悟，不问个究竟就离开了。孔子担忧他真的认为吃稻谷、穿棉衣可以心安，满不在乎地去做了却不觉得有问题，那么罪孽就深重了。于是等他离开了，孔子发出宰予真是不仁德的论断，又反复告诫三年丧期是天下共同的习俗，就是为了使宰予听到这些话，进而可以用来自我反省。南宫适问到羿、奡、禹、稷的问题，当初提问并不是错误的，只是他是把大禹、后稷与孔子相提并论，孔子觉得不敢当，所以不回答。南宫适不再问，转而离开了，但是怎么知道他是否真的懂了孔子不回答的深意呢？孔子担忧他没有领悟，认为自己的提问是错误的，挫伤他向善的心。所以等他离开了，孔子发出了他是君子的论断，又说他崇尚德性，是为了让南宫适听到这些话，可以更加自信。孔子对这三个学生，都是因为他们不再发问，所以不能当面告诫。等到他们出去了，又不能不说这番话，所以才进行一番议论。后面的议论者往往因此质疑孔子，认为孔子是有所避讳才会这样。他们没有想过，樊迟、宰予两位有可斥责之处的学生，孔子不愿当面斥责之，但像南宫适这样有可赞之处，为什么也要等他离开之后才说呢？大概孔子对门下的弟子，见到他们有小小的优秀的地方，就担心不能再有所进益，有小小的错误的地方，就担心这样的错误扩大，所以即使他们不再发问，也不能不进行教诲。假使当时这三个人都继续发问，孔子就不会等他们离开之后才进行议论。唉！如果说孔子等到樊迟和宰予离开之后斥责他们，可能还不足以看出他教育人的无私之心，那么等南宫适离开之后才赞扬他，则足以见到孔子教育人的无私之心了。孟懿子问什么是孝，孔子回答说："不会要违背礼仪。"孟懿子之后不再发问。孔子害怕他有体察认识的错误，又特地把这个事告诉樊迟，启发他提问。孔子教育人的理念是无私，这一点很明显了。如果不是这样的话，孔子为什么要说"我没有什么隐藏呢"？

[元] 詹道传《四书纂笺·论语纂笺》卷七①

樊迟请学稼，子曰："吾不如老农。"请学为圃，曰："吾不如老圃。"种五谷曰稼，种蔬菜曰圃。樊迟出，子曰："小人哉，樊须也。小人谓细民，孟子所谓小人之事者也。上好礼，则民莫敢不敬；上好义，则民莫敢不服；上好信，则民莫敢不用情。夫如是，则四方之民襁负其子而至矣，焉用稼。"好，去声。夫，音扶。襁，居丈反。焉，于虔反。

礼、义、信，大人之事也。好义则事合宜。情，诚实也，敬服用情，盖各以其类而应也。襁，织缕为之，以约小儿于背者。《博物志》：织缕为之，广八寸，长丈二，以约小儿于背。杨氏曰：樊须游圣人之门而问稼圃，志则陋矣。辞而辟之可也，待其出而后言其非，何也？盖于其问也，自谓农圃之不如，则拒之者至矣。须之学疑不及此，而不能问，不能以三隅反矣，故不复。扶又反，下同。及其既出，则惧其终不喻也，求老农老圃而学焉，则其失愈远矣。故复言之，使知前所言者，意有在也。

诠解

樊迟请求学习稼穑，孔子说："我不如老农民。"请求学习种菜，孔子说："我不如老菜农。"种五谷叫稼，种蔬菜叫圃。樊迟出去，孔子说："樊迟真是个没有远大志向的人啊！小人就是平民，也就是孟子所说的从事小人之事的人。统治者崇尚礼仪，百姓就没有敢不尊敬他的；统治者崇尚道义，百姓就没有敢不服从他的；统治者崇尚诚信，百姓就没有不真诚待他的。如果能做到这样的话，各地

---

① 清《文渊阁四库全书》本。

的人民都会用襁褓背着自己的儿女来投奔，哪里还需要亲自种庄稼呢？"好，去声。夫，音扶。襁，居丈反。焉，于虔反。

崇尚礼、义、信是大人做的事。崇尚道义就能把事情处理得合乎情理。情即真情实意。百姓尊敬、服从、真诚相待，大概是对大人好礼、义、信的回应。襁是用布织成的，用来把小孩背在背上的器具。《博物志》说："襁褓是布织成的，长一丈二，宽八寸，用来把小孩背在背上。"杨氏说："樊迟拜在圣人门下，却想学习耕稼、种菜之事，志向鄙陋。拒绝并驳斥他是可以的，但是为什么要在他出去之后说他的不是呢？对于他所问的问题，孔子说我不如老农民、老菜农就已经是拒绝的极致了。樊迟的学问恐怕难以到达这个层次，又不能举一反三，所以就不再回答他了。等到他已经出去，又怕他始终不明白其中的真谛，真的去找老农民、老菜农学习，那错得就更离谱了。所以再说几句，使人们知道前面的话是意有所指的。"

[元] 朱公迁《四书通旨》卷三①

哀公问："弟子孰为好学？"孔子对曰："有颜回者好学，不迁怒，不贰过，不幸短命死矣。今也则亡，未闻好学者也。"《雍也》。季康子问："弟子孰为好学？"孔子对曰："有颜回者好学，不幸短命死矣。今也则亡。《先进》。惜乎吾见其进也，未见其止也。"《子罕》。

右以学言，已上皆伤叹之辞。

余如颜渊之死，伯牛之疾，夫子皆有伤叹之辞。然于颜渊则归之于天，于伯牛则归之于命。莫之为而为，莫之致而致，盖亦末如之何也已。

① 清《文渊阁四库全书》本。

又有圣人责之之辞见于《论语》者凡十章，如子路使门人为臣，求也为季氏聚敛，冉有、季路欲佐季氏伐颛臾，此是因其行事之失而责之。宰我之问丧，樊迟之问稼圃，则因其请问之失而责之。宰我言使民战栗，子路言有是哉，子之迂，则因其言辞之失而责之。至于子贡方人而疏于自治，冉求之画，宰予之昼寝而甘于自弃，亦皆有责之之辞。盖圣人欲人有过则改之，责之之深者，所以为爱之之至也。

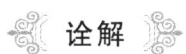 诠解

鲁哀公问："你的学生中谁最爱好学习？"孔子回答说："有个叫颜回的最爱学习。他从不迁怒于别人，也不犯同样的过错。只是他不幸短命死了。现在没有这样的人了，再也没听到谁爱好学习的了。"季康子问："你的学生中那个好学用功呢？"孔子回答说："有个叫颜回的学生好学用功，不幸短命早逝了。现在没有这样的人了。可惜啊！我只见过他前进，没见过他停止。"

以上都是感叹伤感的说辞。

就像颜渊的死亡，伯牛的生病，孔子都有伤感感叹的言辞。然而颜渊的死亡被孔子归结于天，伯牛的疾病他归结于命。不做而成，不求而至，却也没有什么办法。

孔子责备人的话语在《论语》中有十章，如子路让孔门弟子去做孔子的家臣，冉求为季氏聚敛财富，冉有、季路想要辅佐季氏讨伐颛臾，这都是因为他们做事有错误而责备他们。宰我问丧期，樊迟请学稼穑，是因为他们提问题出发点有错而责备他们。宰我说："要使百姓战战兢兢"，子路说："有这样做的吗？您太不合时宜了。"这些是因为他们言语有误而责备之。至于子贡议论别人，却没有管理好自我，冉求停止前进，宰予白天睡觉，甘愿放弃自己，也有责备的话语。大概是因为孔子想要人有过错就改正，责备得厉害，爱也相应很深。

[元] 朱公迁《四书通旨》卷四[①]

樊迟请学稼,子曰:"吾不如老农。"请学为圃,曰:"吾不如老圃。"樊迟出,子曰:"小人哉!樊须也。上好礼,则民莫敢不敬;上好义,则民莫敢不服;上好信,则民莫敢不用情。夫如是,则四方之民襁负其子而至矣,焉用稼?"《子路》。

右圣贤辟之以义。

愚谓孟子之时,杨、墨二家最为害道,其次则有兵家、农家、纵横家及货殖之徒。各专一业,以聋瞽天下。大抵惑人心者,莫如兼爱;为我快君心者,莫如强兵富国。而皆足以重斯世之祸也,故深辟之。

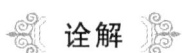

樊迟请求学习稼穑,孔子说:"我不如老农民。"请求学习种菜,孔子说:"我不如老菜农。"樊迟出去,孔子说:"樊迟真是个没有远大志向的人啊。统治者崇尚礼仪,百姓就没有敢不尊敬他的;统治者崇尚道义,百姓就没有敢不服从他的;统治者崇尚诚信,百姓就没有不真诚待他的。如果能做到这样的话,各地的人民都会用襁褓背着自己的儿女来投奔,哪里还需要亲自种庄稼呢?"

右边是诸位圣贤之人以义驳斥异端的论述。

我认为孟子生活的时代,杨、墨两家的学说对大道的危害最深,其次是兵家、农家、纵横家以及商人。各自精通一个方面,宣讲学说蒙蔽天下人。最蛊惑人心的是兼爱学说。最得君主欢心的是富国强兵之说。这些都会加重当世的灾祸,所以要严厉地驳斥它们。

① 清《文渊阁四库全书》本。

明代诠解篇

明代经学家在诠释"樊迟学稼"一节时多秉承《孟子》学说和宋人注解,以君子当以礼、义、信三大端为务并藉此治世,不应以亲事农圃以累君子之心。同时,明代的耕读文化内涵丰富,众多文学作品中均有以"樊迟学稼"展开的讨论,如李濂《学稼堂记》认为樊迟学稼而孔子以"小人"斥责,是因为"方迟之未仕也,以学稼为请,仲尼陋其志而斥之,乃进之以礼、义、信大人之事以为役。役于农圃,内弗足以修己,外弗足以治人,非所谓圣贤大学之道正己而物正者,故拒之"。并解释自己学稼的原因是"吾弃人也,瓠落无所用于世,苟禄四方,靡有树立。兹倦游而归,讲明农事,终岁勤动谋八口之食。顺天之时,因地之利,尽己之力,以求免于饥馁",并以此为愿:"所愿时和岁丰,为太平一闲人。俾乡里后生咸称之曰'学稼丈人',志愿毕矣。"无独有偶,孙承恩的《阅耕楼记》也表达了同样的意愿。此外,明代尚有张居正《学农园记》、程敏政《耕读记》、乌斯道《农庄记》、尹襄《继耕记》等名篇。在明人的文笔之下,似乎君子的身份与从事农耕并不矛盾,且耕且读的诠释在一定程度上缓解了经学家们关于君子务大道与亲农耕不可并行之间的矛盾。

[明] 蔡清《四书蒙引》卷七[①]

樊迟请学稼章

蔬菜，凡草菜可食者，通名为蔬，菜其一耳。今相对言，则菜之外，如茄、如蒜诸荤之类皆是蔬。樊迟为人粗鄙近利，圣贤大学之道未之闻也，故一旦请学稼。稼者，种五谷也。请学者，欲夫子教之也。夫子答之，我却不如老农。稼之事，惟老农精于此，子欲学稼，须从老农而请之。学圃亦然。夫子两言不如，虽不显辟之，已婉拒之矣。迟之学疑不及此，而不能问。及其既出，夫子恐其终不喻，而或至于求老农老圃而学也，则其失愈远矣。故讥之曰云云。夫子以樊迟所请学者，皆小人之事，而不知有大人之事在所当为，而于此自有所不必为者，故讥之曰："小人哉，樊须也。"学者自有所当为之事，若能为之，虽不必学稼圃，而自有为之稼圃者矣。何必身亲其事，而屑屑然留心哉？君子、小人皆以位言。上好礼，礼者敬而已矣。好礼则能自处以敬矣，民以类应，孰敢不敬乎？上好义，则事合宜，事既合宜，民焉敢不服乎？凡民之所以不服者，都是在上之人有不得其宜处，致得他心不服。故举措得宜，则人心服，上无失政，则下无私议。又云特以处置得宜，能服其心故耳。上好信，有孚惠心，而吾之情输于下矣。民独无人心者耶？故莫敢不用情。用情，犹云以实也，谓致其诚于我也。此好礼只就本身说，与上好礼则民易使不同，彼礼字阔兼好义了。按：礼、义、信，五性举其三，不及仁、智者。礼、义、信皆仁者之事，智则知斯三者弗去是也。自"上好礼"至"焉用稼"都是前云"吾不如老农"句

[①] 清《文渊阁四库全书》本。

内之意。才说吾不如老农，便有许多云云意了，故拒之。惟杨氏善看书，曰："故复言之，使知前所言者，意有在也。"极妙！四方之民襁负其子而至，不可说营东、邠西、越南、冀北，只是大概说与天下归仁同类。焉用稼，非惟不屑为，自不用为矣。孔子是说个不用为道理，故曰焉用。此章是教以学大人之事，是未仕时说话。若说迟已仕，又请稼圃，似不近情。

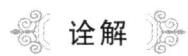

诠解

　　蔬菜，凡是草菜中可以食用的都统称为蔬，菜只是其中之一。今天相对应来说，菜之外的茄子、蒜之类的荤，都叫作蔬。樊迟这个人粗鄙贪利，圣贤的大学问、大道理没有学会，所以才在某日请求学习稼穑。稼就是种五谷。请求学习稼穑是希望孔子教他种庄稼。孔子回答："我不如老农民。"种庄稼的事只有老农民精通。你要是想学，必须去求教于老农民。学习种菜的事情也是如此。孔子两次说不如，虽然没有明确拒绝他，但已是在婉拒了。樊迟的学问恐怕没有到明白这个道理的程度，他没有继续问下去。等他离开了，孔子又担心他没有明白自己的言外之意，而真的去找老农民、老菜农学习，那么就错得更离谱了，所以讥他是小人等等。孔子认为樊迟所问的都是小人才做的事，他不知道世上还有大人应当做的事，而对于这些小事，自然有不需要做的道理，所以讥讽他是小人。学者自然有应当从事的大人之事去做。如果能做这些事的话，即使没有亲自去耕种，也会有人来替他耕种。何必要亲自耕稼，劳累地做这些事呢？君子、小人都是就所处的位置来说的。统治者崇尚礼。礼就是尊敬。若统治者崇尚礼仪，他就能以尊敬他人，百姓就会对他有所回应，哪里敢不尊敬他呢？统治者崇尚道义，那么事情就能处理得合乎情理。事情既然处理得宜，人民怎么会不服从呢？凡是有民心不服的，都是因为统治者有事情处理得不得当，导致民心不服。所以举措得当，就能降服民心。统治者在政事上没有失误，百姓就不会私下议论他。统治者崇尚诚信，有惠及所有百姓之心，那么统治者的情意就会传达给百姓，百姓岂是没有心的？所以没有敢不真诚待他的。用情也就是实，是说诚实地对待别人。这里的崇尚礼仪是就礼本身来说，与"统治者崇尚礼，则人民易于驱使"不同。那个礼字兼有崇尚义的意思。礼、义、信只是五性之三，没有提及仁、智。事实上礼、义、信都是仁者要做的事，而智就是理解这三者离不开的东西。从"上好礼"到"焉用稼"都是前面说的"我不如老农"这句话的进一步解释。只有杨氏善于看书，明白了其中的深意，他说："所以再说几句，使人知道前面的话是意有所指的。"这句解释真是妙极了。四方之民用襁背着孩子来投奔，不说是具体指营东、邠西、越南、冀北四个方向，只是大概与天下归仁意思相似。焉用稼，并不是不屑于去耕稼的意思，而是根本不需要自己亲自去做。孔子是在说不需要做的道理，所以用"焉用"二字。这一章是教人学习大人应该做的事情，是没有入仕时说的话。如果樊迟已经入仕了，再求问稼穑，孔子还这样说，好似有些不近情理了。

[明] 陈镐《阙里志》卷五[①]

门弟子

樊须字子迟，少孔子三十六岁。樊迟请学稼，孔子曰："吾不如老农。"请学圃，曰："吾不如老圃。"樊迟出，孔子曰："小人哉，樊须也。上好礼，则民莫敢不敬；上好义，则民莫敢不服；上好信，则民莫敢不用情。夫如是，则四方之民襁负其子而至矣，

---

① 明嘉靖刻本。

焉用稼。"樊迟问仁，子曰："爱人"。问智，曰："知人"。

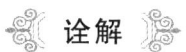诠解

　　樊须，字子迟，比孔子小三十六岁。樊迟请求学习耕稼，孔子说："我不如老农民。"又请求学种菜，孔子说："我不如老菜农。"樊迟出去，孔子说："樊迟真是个无远大志向的人啊！统治者崇尚礼仪，百姓就没有敢不尊敬他的；统治者崇尚道义，百姓就没有敢不服从他的；统治者崇尚诚信，百姓就没有不真诚对待他的。如果能做到这样的话，各地的百姓都会用襁褓背着儿女来投奔，哪里还需要亲自种庄稼呢？"樊迟问孔子什么是仁，孔子说："懂得如何爱人便是仁。"樊迟又问孔子什么是智，孔子说："懂得如何透过人的言行，真正了解其内心就是智。"

[明] 陈士元《论语类考》卷四①

田则考·稼圃

　　马融氏曰："五谷曰稼，菜疏曰圃。"

　　元按《周礼·太宰》：九职任万民，曰三农，生九谷，曰园圃，毓草木。司徒辨十有二壤之物，而知其种稼、树艺。载师以场园任园地，场人掌国之场圃，间师任农以耕事贡九谷，任圃以树事贡草木，而又有遂人教稼穑，遂师巡稼穑，遂大夫修稼政。至于邻长、里宰、县正司稼之官，各以趋稼事、相土地、辨稼种为职。盖成周以农开国，故其重农如此，而官与民日周旋于田亩，而情无所闲，故所谓"饁彼南亩，田畯至喜，"其风可想矣。今樊迟问稼圃，而

---

① 清《文渊阁四库全书》本。

孔子拒之，何也？盖《周礼》所云稼穑既《无逸》《豳风》之旨，周公道君以重农也。樊迟请学稼圃，是欲亲为小人之事，将以倡率乎四方之民，而不知其势不可也。故孔子拒樊迟，与孟子辟许行之意无异焉。戴埴氏《鼠璞》云："古者，人各有业，一事一物必有传授，如农事本末源流，稍见于《生民》《七月》。"《周礼》任农任圃之赋，老农老圃盖习闻其业。今所传《齐民要术》可推其概。《管子·地员》一篇载土地所宜，比《禹贡》为详，而《亢仓子》说农道比《管子》尤详。《汉·艺文志》："《神农》二十篇，《野老》十七篇，《宰氏》十七篇，《董安国》十六篇，《尹都尉》十四篇，《赵氏》五篇，《氾胜之》十八篇，《王氏》六篇，《蔡癸》一篇，凡九家百十四篇。"要之各有传授，不可例以夫子鄙须，遂谓无此学也。

诠解

马融说："种五谷叫稼，种蔬菜叫圃。"陈士元说：《周礼·太宰》篇将人民分为九个职业，三农种植九种谷物，园圃培育草木。大司徒能分辨各种土壤里的作物，这样就可以教稼穑和种树。载师掌管场原，场人掌管国家的场圃，闾师命农民耕种、供奉九种谷物，命菜农种树供奉草木。又有遂人教稼穑，遂师巡视稼穑，遂大夫修订稼政。而邻长、里宰、县正和管理耕稼的官员各自都以管理农事，观察土地，辨别种植的种子作为职业。大概成周是以农业开国，所以非常重视农业。而官员与百姓都围绕田地工作，没有什么闲暇，所以才有"把饭菜亲自送到南亩旁，田官见了格外高兴"的诗歌，由此可推知当时的民风。现在樊迟请求学习稼穑，而孔子拒绝他，为什么呢？大概《周礼》所说的稼穑就是《无逸》《豳风》的主旨，周公说君主应该重视农业。樊迟请求学习稼穑，是想要亲自从事小人做的事情，进而倡导、率领各地的人民也这样做，但他却不知道这样做的害处。所以孔子拒绝樊迟，与孟子驳斥许行学说的用意是一样的。戴埴在《鼠璞》一书中说："古代的百姓各有各的职业，每一事物都有人传授，如农事的本末源流记载在《生民》《七月》里。"《周礼》任用老农民、老菜农担任农圃的职业，就是因为他们熟悉这种事业。由传至今天的《齐民要术》一书可推其概要。《管子·地员》中记载了各种土地适合种的作物，比《禹贡》介绍得更加详细。而《亢仓子》记载的农事比《管子》更加详细。《汉书·艺文志》记载："《神农》二十篇，《野老》十七篇，《宰氏》十七篇，《董安国》十六篇，《尹都尉》十四篇，《赵氏》五篇，《氾胜之》十八篇，《王氏》六篇，《蔡葵》一篇，共九家一百十四篇。"各自都有所传授，不能因为孔子鄙视樊迟就当做农学不存在。

[明] 程敏政《篁墩集》卷二①

樊迟请学稼，子曰："吾不如老农。"请学为圃，曰："吾不如老圃。"

稼是种五谷，老农是种田的老者；圃是种蔬菜，老圃是种菜的老者。樊迟一日请学种五谷之事，孔子说我不如那老农之人晓得。樊迟又请学种蔬菜之事，孔子说我不如那老圃之人晓得。樊迟游圣人之门，不学礼义，却要去学这两件事，其志卑陋，故孔子说吾不如老农老圃以拒之。

樊迟出，子曰："小人哉，樊须也！"

小人是细民，须是樊迟的名。樊迟既问了出外面去，孔子怕樊迟不晓得拒他的意思，反去求学于老农老圃，越差得远了。故又呼其名以小人哉警之。

"上好礼，则民莫敢不敬。"

---

① 明正德二年刻本。

上是指在上有位的人，礼义信这三者是大人之事。孔子说在上的人若能好礼，使上下大小都有个定分，则下面百姓谁敢不恭敬。

"上好义，则民莫敢不服。"

在上的人若能好义，使所行的政事件件都合宜，则下面百姓谁敢不畏服。

"上好信，则民莫敢不用情。"

在上的人若能好信，发言行事都诚实，无一些虚假，则下面百姓谁敢不以诚实应在上的人。

"夫如是，则四方之民襁负其子而至矣，焉用稼？"

襁是织缕为之，以约小儿于背者。孔子又说在上的人果然好礼好义好信，能尽大人之事，如此则四方的百姓闻风慕义，襁负其子都来归服，种田纳税不可胜用，又何必自为耕稼。

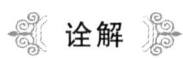 诠解

樊迟请求学习种庄稼，孔子说："我不如老农民。"又请求学习种菜，孔子说："我不如老菜农。"

稼是种植五谷，老农是种田的老人；圃是种蔬菜，老圃是种菜的老人。樊迟有一天请求学习种五谷的事情，孔子说我不如老农民了解，樊迟又请求学习种菜的事情，孔子说我不如老菜农了解。樊迟拜在孔子门下，不学习礼义，却要去学种地，志向非常卑贱，所以孔子用我不如老农民、老菜农来拒绝他。

樊迟离开了，孔子说："樊迟真是个小人啊！"

小人是说平民百姓，须是樊迟的名。樊迟问完后离去，孔子怕樊迟不明白他拒绝的意思，反而真的去向老农民、老菜农求教，就越离大道远了，所以又叫他小人来警示他。

"统治者崇尚礼仪，百姓就没有敢不尊敬他的。"

上是指有地位的人，礼、义、信是大人做的事情，孔子说地位高的人要是能够崇尚礼仪，使地位高下有所区分，那么下面的百姓没有谁敢不恭敬。

"统治者崇尚道义，百姓就没有敢不服从他的。"

地位在上的人如果能崇尚道义，使做的每件政事都合乎时宜，那么下面的百姓没有敢不为敬畏臣服的。

"统治者崇尚诚信，百姓就没有敢不真诚对待他的。"

地位在上的人如果能崇尚诚信，说话做事都诚实没有虚假，那么下面的百姓没有敢不用诚实在回应在上的人。

"如果能做到这样的话，各地的百姓都会用襁褓背着自己的小孩来投奔，哪里还需要自己亲自耕稼呢？"

襁是用布织成的，用来把小孩背在背上。孔子又说地位在上的人如果崇尚礼、义、信能够做好大人的事，那么各地的百姓听说了都会感慕大义，背着小孩来归顺，种田纳税都不能用完，又何必自己亲自耕稼呢？

[明] 程敏政《篁墩集》卷十八

耕读记

宋硕儒竹洲先生吴文肃公，家休宁商山，其子孙率能守故业，而藏其遗编，至于今弗坠。若雷亨君，则亦一人焉。君间以耕读自名，其婿曰："苏田程陆来请一言记其事。"予谢再三，曰："耕读之说古矣。乡先达若秋崖、师山二公，所以为吾人发其义者尽矣，余复何言哉？"陆请之不置，则告之曰："夫凡世之以耕而读者，为士之常乎，则因有偃然以孰为夫子讥之者矣，有毅然以不如老农拒之者矣。夫若是，则将恶乎从而后为得哉？是或一道也，荷蓧丈人有激之词，而夫子所以答樊迟者，陋其志也，岂谓稼之真不可学哉？岂谓后稷、阿衡之不足法哉？所处之地，其所值之时有宜不宜尔。君以诗礼之胄而生治世，获与《击壤》《载芟》之人诵先王之诗书礼乐，有生于畎亩，以耕读自名，宜哉！"陆又进曰："君少涉江湖，今老矣，伉俪无恙，子孙有成。且年皆六十矣，仆将以是寿之，何如？"曰："可也。耕读之乐，又何间乎？若郤缺之相敬，庞公之遗安，率见录于古之人为美谈，则吴君夫妇联德偕老，而以是寿之，不亦善乎？或以为郤与庞公皆贫而耕读者。君富人也，不得拟之。然予闻君虽富，而尚义秉礼，思自好以副文献之后，君子人也。夫若是，安知其追而与之同耶？然则君之置意于耕读者，固将兢兢然杜其侈靡之习，警其非僻之念，不特勤其身，又将以示法子孙尔。岂必服袯襫如东皋之农，而后谓之耕乎？事铅椠如兔园之士，而后谓之读哉？"陆起拜曰："是诚得吴君之所以自名者，且如先达之说，未始不有发也。请识于堂，使后来者有考焉。"

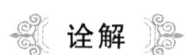诠解

　　宋代大儒竹洲先生吴文肃公，家在休宁商山。他的子孙能守成过去的基业，且珍藏他的遗作一直到今天。吴雷亨就是其后人之一。他的女婿程陆来请我作文记叙他的事迹。我推辞再三说："耕读学说由来已久，乡贤秋崖、师山两位已经为我们诠释尽了其中的含义。我还能再说什么呢？"程陆还是请求不已。我告诉他："当下半耕半读对士人来说是常事，有不在乎被夫子讥笑而泰然自若的人，也有毅然以不如老农民而拒绝耕稼的人。如果是这样，那后世谁还愿意从事这样的事情呢？这可能是一样的道理。荷蓧丈人说过更严厉的话。而孔子对樊迟学稼圃的回答是斥责樊迟志向鄙陋，难道是说稼穑真的不值得学吗？是说后稷、阿衡（伊尹）不值得效仿吗？所处的地方、时间不同，故而有适宜不适宜的问题。他生于世代读书讲究礼教的人家，又生逢治世，与有素养的人一起吟诵先王的诗书礼乐，在田间过生活，称自己是半耕半读，非常适宜啊！"程陆又说："他年少的时候就在俗世间沉浮，现在老了，夫妻都安好，子孙也事业有成，而且现在年满六十了，我以这些给他祝寿，您觉得

怎么样？"回答说："可以。耕读的快乐，为什么要用别的来间杂呢？像郤缺夫妇相敬如宾，庞德公遗留给子孙安定，都是古人的美谈，像德行高尚的吴公夫妇一样相携到老，以此给他们祝寿不也很好吗？有人认为郤缺和庞公都是因贫困才半耕半读的。吴公是富人，不能与他们相比较。但我听说吴公虽然富裕，但很崇尚道义，重视礼仪，想着自爱以留名后世，是君子呀！如果是这样的话，怎么能说他的追求和郤缺、庞公一样呢？但是吴公着意于耕读，当然是要杜绝奢靡之风，警惕邪恶的念头。不仅仅是约束自己，还想给后世子孙做榜样。难道一定要穿着像东皋农民的蓑衣一样才是耕种吗？难道一定要像知识浅陋之人一样勤谨地侍奉铅椠才叫读书吗？"程陆站起来拜了一拜说："你是深得吴公命名含义的人啊，而且你所说的就像过去贤人讲的言论一样，句句都很有启发，请写到房屋上，使后世学者有考据的依据。"

[明] 程敏政《白云文稿》卷十九①

稼友轩记

同里吴彦冲，好学能诗，卜居潭水之上。潭深可数百尺，渊渟清洌，亘石为底，以故乐之而不厌，署其轩曰"稼友"。两年客授棠樾，常所往来，诘旦治行，敢以记为托。且曰："广大甫幼侍先君走东南，年壮气锐，谓功名可戾契致。初不自知其何如也。二亲弃背，干戈峥嵘，生意益落，度无可努力，遂薙田数十亩，手足皲瘃，甘于困苦而不振。若今虽廪粟亟馈，以舒朝夕忧，然念子姓遨嬉，将坠于学，辞之决而去之果矣。子无吝一言。"予曰："田已

---

① 明正德十三年张芹刻本。

井授，家无阻饥。六经既作，人无异说。井田废，常产失；六经熄，常心亏。此三代之所以不可及也。呜呼！彦冲，儒者也，当以儒道告之。樊迟请学稼，夫子胡为非之？陈相负耒耜，孟子胡为辟之？圣贤扶世立教，士之志大，农之业专，惟恐其沦于卑近，而昧其远且大者。吾愿以心为田，仁为谷种。忠信为根株，树而立之；礼义为枝叶，沃而茂之；物欲为稂莠，又从而爬梳之。不须耰锄以丰登，不假雨露以秀实。奚翅富人之稼，少秕不腐，而君子所以异者如是。"于是彦冲释犁披袯襫以谢，曰："稼乎，稼乎，吾尚友古之人。"

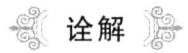

同乡吴彦冲好学且擅长作诗，居住在潭水边。潭水深达数百尺，水质清冽，石头做底，因此吴彦冲生活快乐，毫无厌烦之情。他为自己的轩起名为"稼友"。两年来，我都在棠樾讲学，常常与彦冲往来交谈治学，所以他将"记"托付给我写作。而且说："我年少的时候随着父亲上任东南，当时我正值壮年，一身锐气，说功名利禄唾手可得，当初自己也不知道功名是怎么回事。后来双亲去世，战争又起，蓬勃向上之气也日益衰落，揣测没有什么可以为之努力的了，所以置田数十亩。因为劳作，手足都皲裂了。从此甘于困苦、一蹶不振。现在虽然能够勉强果腹，不需要朝夕忧虑，但是想到子孙后代嬉嬉笑笑不专心学习，于是毅然放弃从事耕稼。请您不要吝啬笔墨去记述这件事。"我说："井田已经接受了，家里也没有饥馑了。既然有了六经，也不会再有异端学说。井田废除，人们失去恒定的产业。六经衰落，这是为什么三代不可再现的原因。唉！彦冲是个儒者呀，应该将儒家的大道告诉他。樊迟请求学习稼穑，孔子为什么要驳斥他？陈相背着耒耜，孟子为什么要驳斥他？圣贤之人有匡扶世事、教育士人的志向。士人的志向很大，农业技术却非常专业，孔孟是怕他们沦落到从事卑贱、近利的事业，失去了追求远大志向的抱负。我愿意以心当作田地，以仁作为谷物种子，以忠信为树苗，种植并且立起来，以礼义作为枝叶，使它长势繁茂，以物欲作为杂草，时时爬梳。不需要去锄草开垦而使它丰收，不需要雨露滋养而使它茂盛。何止富人的庄稼往往颗粒饱满，且不容易腐烂，君子与常人的不同也是如此。"彦冲于是放下锄犁，披着蓑衣向我道谢说："耕稼啊，耕稼啊，我如同古人一般崇尚朋友您。"

[明] 储巏《柴墟文集》卷十一[①]

宝稼堂记

稼之切于民生，不可一日而无者也。不可一日而无，则不可一日而不宝焉。采珠于渊，求金玉于山，取象犀之齿牙于绝人之域。售之者高价，致之者夸奇，人莫不以为宝也。然与务本知道者论之，则将恶而远之矣。孔子耻樊迟学稼，非恶稼也，恶其未闻乎道，不知所以致稼也。盖稼之切于民生，与与纪彝伦实相为用。今夫数口之家，仰足以事父母，俯足以畜妻子，惟稼焉是赖，否则驱而之善也，难矣。非惟有家者当宝也，虽有位者亦当宝之。尔之禄，民之力也。非惟有位者当宝也，虽有国者，亦当宝之。百姓足，君孰与不足？百姓不足，君孰与足？然则自天子达于庶人，皆当惟稼焉为之宝。视珠若金玉与犀象之属，其为所宝之轻重缓急何如哉？然人之情，弃忽者多狃于故常，宝重者常出于不足。今民之生，自壮至老，朝饔夕飧，舍之不可一日者，莫非稼也。然惟由之而不知，故不知宝，乃若凶年饥岁，至于一箪食，一豆羹，得之则生，弗得则死。视昔之所宝者，皆无益于性命之重，则稼之为可宝也，其信然

---

① 明嘉靖四年刻本。

乎。朝廷取赋，大率出江南，民力亦告竭矣。予见近年温饱之家、子弟浸入豪靡，其于稼也，岂徒不知□七而已哉？锡山赵氏，累世从事耕读，至广渊艺□□□□昌其家于鸿山之麓，治堂三楹，榜曰"宝稼"。其□本知道者欤。是可以谕其子弟，风其乡人矣。因郁景□，请余为记其事云。

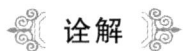

稼穑对于百姓的生活来说，是不可一日没有的。不可一日没有，就不可一日不重视它。在深渊里采珠，在山里寻找金玉，在无人地区取大象、犀牛的牙齿。售卖的人售出高价，得到的人夸它少见，没有人不把它当成宝。然而与务农的人说到这些，他们就避之唯恐不及。孔子嫌恶樊迟学习稼穑，并不是厌恶稼穑，而是厌恶他还没懂得大道，不知道如何不亲自耕稼，而有粮食自来的道理。稼穑对于民生的重要性，是与纲常伦理相互为用的。今天的数口之家，上足以养活父母，下足以养活妻子、儿女，只有依赖耕稼才能如此。否则让他们向善恐怕很难。不仅仅是有家的人要重视农业，有一定地位的人也要重视农业。你的俸禄是百姓的劳力得来的。不止有地位的人应当重视农业，一国的统治者也要重视农业。百姓富足，统治者怎么会不富足呢？百姓不富足，统治者又怎么会富足呢？所以从天子到平民都应该重视农业，珍珠、金玉、象牙、犀牛角这类宝物与稼穑相比，被视若珍宝的轻重缓急是什么样的呢？然而人之常情，被舍弃、忽视的多是因为它平常，被珍视的常常是因为它稀少。当今百姓的生活，从壮年到老年，早上到晚上，不可以有一天缺少的就是稼穑。然而只是因为习以为常，就忽略了他的重要性。到了凶年饥岁，得到一箪食、一豆羹就可以活下去。没有就会饿死，得到了就活下来。再看曾经珍视的宝贝，都是对生存没有什么意义的东西，那么庄稼是值得珍视的，让人信服。国家收取赋税多取自江南,百姓的力气也因此而枯竭了。我发现近年来能温饱之家的子弟大多都过着奢靡的生活,对于农业岂止是……有锡山赵氏家族,累世耕读传家,到……将家族发扬光大,并在鸿山山麓修建房子,盖房三间,堂前匾额大书"宝稼"二字。这是懂得大道之家。不仅可以教育家族子弟,也可以化一乡之民俗。因缘际会,请我作文一篇记录此事。

[明] 戴冠《濯缨亭笔记》卷三[①]

大学之道,明德新民,止至善而已。明德中之,事物固多;新民中之,事物尤多。且如修身,则视听言动,或失其正,爱憎好恶,或陷于偏。如平天下,则老老幼幼,推己及人。理财用人,好善恶恶。其间节目皆多不可数,能悉心讲究,则穷理之功不外此矣。何必格天下之物邪?是故,虽圣如大舜,不过明于庶物而已。今必欲因其已知之理而益穷之,以求至乎其极,几何其不流于玩物丧志之归乎?尝观樊迟请学稼,孔子答之则曰:"吾不如老农。"又曰:"焉用稼。"孟子论大人之事曰:"劳心者治人。"亦不与小人并耕而食也。夫天下养民之物,其重且急,孰有过于耕稼者哉?然孔、孟之论皆略焉,以为道之远者、大者不在是尔,况他物哉?朱子乃于大学始,教欲学者即凡天下之物而格之,无乃与孔、孟之旨戾乎?且天下之物各有主者,如锻者必知铁之理,琢者必知玉之理,舆人必知造车之理,匠人必知营室之理。其它皆然,可一问而知矣,亦何待于格哉?今曰:"即凡天下之物而格之",诚后学所未谕也。

---

① 明嘉靖二十六年华察刻本。

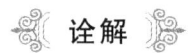 诠解

　　大学的宗旨在于弘扬高尚的德行和教民向善，在于达到最高境界的善。在弘扬高尚的德行之中，就有很多事物。在教民向善中更是有很多事物在其中。就拿修身来说，看、闻、说、动等都有可能会失去正道，爱恨好恶都有可能会陷于偏执。再如治理天下，要考虑到从老至幼都要由自己推及他人。处理财政、任用人才都要向善弃恶。其间的事情都不可计数。能悉心研究，深究事物道理的功夫超不出这些，何必还要探究天下万物的规律呢？所以即便是像舜这样的大圣人，也不过是懂得一些普通事物。现在一定要根据已知的道理进一步深入探究，以穷尽极致，难道不是玩物丧志吗？曾经研究樊迟请学稼，孔子说："我不如老农民"，又说："哪里需要学种庄稼呢？"孟子说到大人之事时，说："劳累心智的人治理别人。"也都是主张君子不应该和小民一同耕种吃饭。普天之下，能够养活百姓的物品中，有比耕稼还重要和紧迫的吗？但是孔子、孟子的相关言论都很简略，认为施行大道的关键不在于耕稼，更何况是其他物品？朱熹于是从教《大学》开始就告诉想学习其理论的人，要探究天下万物的规律，这不是和孔孟的宗旨相悖了吗？况且天下的事物都有其主宰者，如锻造者自然知道铁的原理，雕刻工自然知道玉的性质，赶车的人自然知道造车的原理，工匠自然知道造宫殿的道理，其他也是一样，一问就可以知道了，又何必去探究呢？今人说："要探究天下万事万物的道理"，这实在是后世学者没有明白其中的道理。

[明] 方弘静《千一录》卷三[1]

经　解

樊迟学稼，非害于学也。以农圃之事而问圣人，则其失非止不善门[2]而已。游于圣人之门者，不有礼义信，可请事乎？夫子是以小之也。若曰："士与农异处，而不为稼，则伊尹有莘之野非乎？"颜氏子亦曰："负郭之田五十亩，以供饘粥，岂其舍之而不耘也？"则又泥其辞而失其旨者也。

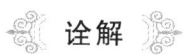

樊迟学习稼穑并不是对学问有害，他问孔子耕稼、种菜的事情，他的失误并不止是不善于问问题。在孔子门下学习的人，心中没有礼义信，可以问问题吗？孔子因此而说他是小人。若说："士人与农民分开，士人不耕稼，那伊尹在莘野耕种难道是错的吗？"颜氏子也说："有五十亩靠近城郭边的田可以养活自己，难道要舍弃它不去耕种吗？"如果是这样，就只拘泥于言辞而没有理解其主旨。

[明] 方弘静《千一录》卷四

樊迟问稼，子曰："小人哉！"以其不志大人之学而问小人之事也。若因以为近利，疑非夫子之旨。迟虽不善问，当不至谋利于洙泗之堂也。"稼穑艰难，小人之依"，周公以陈于王。南宫适称

---

[1] 明万历刻本。
[2] "门"为"问"之误。

禹稷躬稼,夫子曰:"君子哉。"夫稼者,殆非以利言欤。

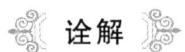 诠解

樊迟询问稼穑的事情,孔子说:"樊迟真是个小人啊!"因为他的志向不在于大人的学问,而去问小人做的事情。如果说孔子斥责他是因为他求利,我怀疑恐怕这不是孔子的意思。樊迟虽然不善于问问题,但不至于去孔子门下求利。"稼穑非常艰难,是小人生存的依傍",这也是周公对君主陈述的内容。南宫适谈到大禹、后稷亲自从事稼穑,孔子说:"南宫适真是君子啊!"从事稼穑大概不是为了求利。

[明] 费宏《费文宪公摘稿》卷十一①

赠医师夏君孟厚序

所谓医贵乎老者,岂非以其阅历多而有定见,试验屡而有定守耶?凡初学书者纸费,学制者锦费,学医者人费。人不可以多费,则医非阅历多而试验屡者,尚足贵哉。昔齐桓公伐中山,夜迷失道,管仲请择老骥而从之。樊迟问稼,孔子以谓不如老农。夫农之与骥,无大损益于人,而犹以老为贵。况医乃天下之仁术,群人之司命,乌可不贵于老哉?夏君孟厚于艺术无所不学,而尤以医名。医于诸科,无所不学,而尤以外科名。春秋已七十矣,鬓髭皤然,谈论亹亹不倦,盖所谓老于医者也。顷家君得痈疾,甚危,诸医皆束手无策。举家惶惑忧惕,食不能下咽。予日夜吁天,请以身代,独君与朱铨者以为无恐,而君主之尤力。每平旦就榻诊脉已,怡然而退。

---

① 明嘉靖刻本。

至其处剂，则据古方内补之法，不敢少置增损于其间。旬且浃，病势未杀，君持前说不少变。傍人皆笑，为非愚则诬，其强者，至面嗤之。既又数日，家君之疾果少差。阅月，起居如平时。盖方疾势危急之秋，譬则乘舟于重湖钜海之中，惊风骇浪，倾樯摧楫。舟中之人皆骇愕，人虔委身鱼腹，犹赖长年三老持于不废阽危之众，以所于静定之余，君于是有奇功矣。问之，则曰："吾阅是者数四，苟攻通合宜，无弗愈者。惟医多而药杂，则非徒无益，而反□之。"然则医之贵于老，不于是而尤可信耶？予载笔玉堂，以文学为职业，然性颇疏懒，于人之请，辄以故谢，是之独以家君即安之故，德君不能忘念。惟赠君以言，庶几可以张君之功，而道予之意。且以君亦知重文辞者也，于是乎书。

诠解

所谓医生贵在有经验的老者，难道不是因为他们阅历丰富有定见，试验多次而产生定论的吗？刚开始学书法的人费纸，刚开始学制衣的人费布匹，刚开始学医的人费病人。病人难以多费，所以医生并不是阅历多，经常做试验的才比较珍贵。过去齐桓公讨伐中山国，夜晚迷路了。管仲请求放开一匹老马跟着他。樊迟询问稼穑的事情，孔子说我不如老农民。农民与老马对人没有什么害处，尚且以老者为贵，更何况医学是天下的仁德之术，掌握着人的生命，难道不是更要宝贵老者吗？夏孟厚对各种技艺无所不学，而尤以精于医学知名。他对医学各科无所不学，尤以擅长外科知名。他已经七十岁了，须发皆白，讲话连绵不倦，是所谓经验丰富的医生。之前我的父亲患痈疾，病情十分危急。当时各个医生都束手无策，我们全家都非常惶恐，以致食不下咽。我日夜向天祈祷，愿意以我代替父亲的病，只有夏孟厚和朱铨认为没事。夏孟厚尤其觉得没事。每天在榻上诊脉结束，就愉悦地退下去。至于他所开的处方、药剂都是根据古方内补的法子,对药量没有丝毫增加和减少。十天后病势却没有止住,夏君还是坚持过去的说法没有改变。人们都嘲笑说他不是愚蠢就是骗子,甚至到他面前嗤笑他。又过了几日,父亲的病果然好起来了。过了一月,起居就能像平时一样了。当病势严重的时候,就像在大湖海中坐船,惊涛骇浪,桅杆倒下,船桨折断,船里的人都十分惊骇,以为要葬身鱼腹。多亏夏君在面临危险的境况下,为我们镇定局面。您在这里有奇功啊!问他这是什么原因,他说:"我看过许多这样的病人,不管怎么治都不能痊愈。其实是因为医得太多,用的药太杂,那样非但没有好处,反而会有害。"医生贵在有经验的老者,难道不是更可信了吗?我在朝廷做官,一生以文学为职业,但是性情有些惫懒,对于别人的请求一般都会谢绝。是因为父亲痊愈安康的缘故,夏君的高尚德行不能忘记,所以赠送夏君几句言辞,希望可以扩大夏君的功德,并且表达我的谢意。而且因为夏君也是重视文辞之人,所以我写下这篇文章。

[明] 冯从吾《少墟集》卷三[①]

语录

问:"学稼圃章大意,曰:士君子,为天地立心,生民立命,只有此礼义信这道理。若人人都学稼圃,则这个道理莫人承当。由是无礼无义,相诈相欺,风俗日坏,人心日偷,便不成世界矣。当斯时也,彼学稼圃者,虽欲优游于畎亩,得乎?"《大学》说古人之学直欲明明德于天下,《中庸》说致中和,便天地位、万物育。可见士君子一身关系最重,如何置天地生民于度外,而徒

---

① 清《文渊阁四库全书》本。

为一身一家计也？学稼学圃，樊迟意思品格尽高，但不免为一身一家计，遂堕洁身乱伦荷蓧丈人窠臼，所以小了。"小人哉，樊须也。"不可与世俗小人并论。

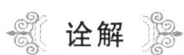 诠解

有人问：樊迟请学稼圃一章的大意是说："君子要为天地确立起生生之心，为百姓指明一条共同遵行的大道，只能够行礼仪、道义、诚信之道。如果人人都去学种庄稼、种菜，那么这个大道就无人担当。那么就会礼、义不行，人民互相欺诈，风俗变坏，人心不古，这个世界便不成样子了。在那时，那些想要学习耕稼、种菜的人选择在田地间耕种，可以吗？"《大学》告诉我们要向天下弘扬正大的道德，《中庸》说达到了中和，天地便各归其位，万物便生长发育了。可见君子是最重要的，怎么能够置天地、百姓于不顾，只关注自己一人一家的事情呢？樊迟学种庄稼、种菜，品格是高尚的，但只是为一人一身谋划，于是就像是荷蓧丈人一样，失去了清白的品格，乱了伦理，所以格局是小了。孔子所说的"樊须真是个小人啊"这句话中的"小人"，不能与世俗意义的小人相提并论。

[明] 葛寅亮《四书湖南讲·论语湖南讲》卷三[①]

樊迟请学稼，子曰："吾不如老农。"请学为圃，曰："吾不如老圃。"樊迟出，子曰："小人哉！樊须也。上好礼，则民莫敢不敬；上好义，则民莫敢不服；上好信，则民莫敢不用情。夫如是，则四方之民襁负其子而至矣，焉用稼？"邢《疏》曰：《周礼注》：

---

① 明崇祯刻本。

种谷曰稼,如嫁女之有所生也。树果蓏曰圃。《博物志》云:襁,织缕为之,以约小儿于背。

【测】请学稼圃,或因当世儒者五谷不分,有自食其力之意。不如老农、老圃,大人小人事不相代。若止论稼圃,夫子诚不如矣。礼、义、信必言好者,盖世亦有虚袭其迹,如晋文大蒐以示之礼,出定襄王以示之义,伐原以示之信,不本诸心而徒饰于事,如何转移得人?故惟好礼、好义、好信,民乃始敬服悦耳。三个"莫敢不"及"四方之民",极言大人规模安远,俯视稼圃,相去不啻霄坏,又何足为孺者道哉?故曰"焉用稼",非以代耕,有人,故不必用也。

【演】樊迟请问学为稼稿,夫子说稼是老农会得,我不如老农。又请问学为蔬圃,夫子说圃是老圃会得,我不如老圃。樊迟不悟,竟出。夫子复说鄙琐的小人哉,乃樊须也。这岂是上人做的事,上若好那端庄的礼,民那个敢不恭敬;上若好那合宜的义,民那个敢不输服;上若好那真诚的信,民那个敢不用情实。是这样敬服用情,四方的民难多,必都襁负其子来归了。有此大事业好做,怎用去为稼。

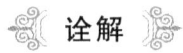诠解

樊迟请求学习种庄稼,孔子说:"我不如老农民。"又请求学种蔬菜,孔子说:"我不如老菜农。"樊迟离开了,孔子说:"樊迟真是个没有远大志向的人啊。统治者崇尚礼仪,百姓就没有敢不尊敬他的;统治者崇尚道义,百姓就没有敢不服从他的;统治者崇尚诚信,百姓就没有不真诚待他的。如果是这样的话,各地的人民都会用襁褓背着自己的儿女来投奔,哪里还需要亲自种庄稼呢?"
邢昺《论语注疏》引《周礼注》:"种谷叫作稼,就像嫁女儿之后有生育。种植果蔬叫圃。"《博物志》说:"襁是用布织成的,用来把小孩背在背上。"

【测】请求学习耕稼、种菜可能是因为当时的儒家学者不辨五谷,有想要自食其力的意思。孔子说自己不如老农民、老菜农是因为大人做的事和小人做的事不能互相代替。如果只说稼圃,孔子确实不如老农民、老菜农。要说崇尚礼、义、信,世上也有用此虚假伪饰之人,就像晋文公举办大搜来展示礼,去安定周襄王的君位来展示义,讨伐原国以展示信。不依据本心而只是从表面上做事,怎么能够真正地得民心。所以只有崇尚礼、义、信,人民才能对统治者尊敬、臣服、诚心诚意。三个"莫敢不"及"四方之民",极力说大人的志向宏大,从高处往下看耕稼、种菜,差距甚远,又怎么值得被儒家学者称道呢?所以说"哪里需要亲自从事稼穑",不是说有人代替自己耕种,而是说因为有人去做这件事,所以不用自己亲自去做。

【演】樊迟请求学习耕稼,孔子说耕稼是老农民会的,我不如老农民。又请求学习种菜,孔子说种菜是老菜农会的,我不如老菜农。樊迟竟然没有领悟孔子的话就离开了。孔子才又说樊迟真是小人啊。这哪里是在上位之人做的事?统治者如果崇尚端庄的礼,百姓哪里敢不尊敬?统治者如果崇尚合宜的义,百姓哪个敢不臣服?统治者如果崇尚真诚的信,人民哪个敢不用真心应对。这样尊敬、服从、真诚,各地的百姓虽然很多,但都会用襁褓背着小孩来投奔。有这样的大事业需要做,怎么会去学习稼穑。

[明] 顾梦麟《四书说约·论语》[①]

樊迟请学稼,子曰:"吾不如老农。"请学为圃,子曰:"吾不如老圃。"

---

① 明崇祯十三年织帘居刻本。

邢《疏》：五谷者，黍、稷、麻、麦、豆也。《周礼》注云：种谷曰稼，如嫁女以有所生也。《周礼·大宰职》云：园圃毓草木。注云：树果蓏曰圃，园其樊也，然则园者外畔，藩篱之名，其内之地种树菜果，则谓之圃。蔬则菜也。郑玄《周礼注》云：百草，根实可食者。《释文》云：蔬不熟为馑。郭璞曰：凡草菜可食者，通名为蔬。

樊迟出，子曰："小人哉！樊须也。"

《大全》新安陈氏曰："此小人是以位而言者。"下文《集注》云："礼、义、信，大人之事也，是自此小人上推广而对言之。"南轩曰："孟子所谓有大人之事，有小人之事，正本此意。"

愚按：《大戴礼》："樊须，鲁人，字子迟。"

"上好礼，则民莫敢不敬；上好义，则民莫敢不服；上好信，则民莫敢不用情。夫如是，则四方之民襁负其子而至矣，焉用稼。"

邢《疏》：《博物志》云：襁，纤缕为之，广八尺，长丈二，以约小儿于背。

《大全》双峰饶氏曰：居大人之位，有大人之德，四方之民，自归之而为之耕稼。岂必自耕稼哉？

蒙引用情，犹云以实也，谓致其诚于我。上好礼，是能自重矣，民孰敢不敬。此好礼只就本身说，与"上好礼则民易使"不同，彼礼字阔。自"上好礼"至"焉用稼"都是前云"吾不如老农"句内之意。才说"吾不如老农"，便有许多意了，故拒之。惟杨氏善看书，曰：故复言之，使知前所言者，意有在也，极妙。

愚按：稼圃之问，只主粗鄙近利为确，无隐逸忘世意。大小注俱引孟子"大人之事，小人之事"足也，则民云者，言上如此，即如此也。不甚重感化，大段要起襁负而至，不消用稼意，语气一直趋下。《杨龟山语录》：问："子夏货殖，诚如史迁之言否？"曰："孔门所谓货殖者，但其中未能忘利耳，岂若商贾之为哉。"曰："樊迟请学稼、学圃如何？"曰："此亦非为利也。其所顾学，正许子并耕之意。而命之为小人者，盖稼圃乃小人之事，而非君子之所当务也。君子劳心，小人劳力。"鄱阳朱氏曰："此章责弟子务为小道之失。"

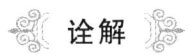 诠解

樊迟请求学习种庄稼,孔子说:"我不如老农民。"又请求学种蔬菜,孔子说:"我不如老菜农。"

刑昺《论语注疏》:"五谷是黍、稷、麻、麦、豆五种。"《周礼》注:"种谷叫作稼,就像嫁女之后有所生育。"《周礼·大宰职》:"园圃是种植草木的。"注:"种果蔬叫圃,园是它的藩篱,园的外部叫作藩篱,内部种植蔬菜瓜果叫作圃。蔬就是菜。"郑玄《周礼》注:"百草的根实可以吃。"《释文》说:"蔬不熟的叫作馑。"郭璞说:"凡是可以吃的草菜都叫作蔬。"

樊迟离开了,孔子说:"樊迟真是没有远大志向的人啊!"

《大全》新安陈氏说:"这里的小人是以所处位置来说的。"下文的《集注》说:"礼、义、信是大人做的事,这是从小人向上推演而相对来说的。"南轩说:"孟子所说的有大人做的事,有小人做的事,就是从这个层面上说的。"

我说:按照《大戴礼》记载,樊迟,鲁国人,字子迟。

"统治者崇尚礼仪,百姓就没有敢不尊敬他的;统治者崇尚道义,百姓就没有敢不服从他的;统治者崇尚诚信,百姓就没有敢不对他真诚的。如果能做到这样的话,各地的人民都会用襁褓背着自己的儿女来投奔,哪里还需要亲自种庄稼呢?"

刑昺《论语注疏》:"《博物志》说:'襁是用布织成的,宽八尺、长一丈二,用来把小孩绑在背上。'"《大全》双峰饶氏说:"身处大人的位置就要有大人的道德,各地的百姓自然会前来为他耕稼,哪里需要他亲自耕种呢?"

情就是实,也就是说诚心诚意地对待我。统治者若崇尚礼仪,就能自重,百姓哪里敢不尊敬他?这个崇尚礼仪是针对其本身来说的,与"上好礼,则民易使"的含义是不同的,那个礼的含义更广大。从"上好礼"到"焉用稼"都是前面说的"我不如老农民"这句话的具体阐释。说"我不

如老农民"就有许多内涵了,是在拒绝樊迟。只有杨氏看书仔细,深得其意,他说:"孔子再讲一些话,是因为前面讲的话里还有未尽的含义。"妙极了!

我认为樊迟询问耕稼、种菜的事情,只是志向粗鄙、追求利益,并没有要隐居的意思。大小注都引用孟子的大人做的事,小人做的事这句话就足够了,百姓说了什么,统治者做了什么,就达到效果了。不太重视感化,从"襁负而至""不必亲自耕稼"之后,语气急转直下。《杨龟山语录》:"问:'子贡经商的事是否真如司马迁所说的那样?'答:'孔子门下的所谓商人,只是其中没有能完全忘掉追求利益的人,哪里像真正的商贾所做的事呢?'问:'樊迟请求学习耕稼、种菜,又是怎么回事呢?'答:'这也不是为了追逐利益,他想要学习的正是许行的君民并耕学说。说他是小人,是因为耕稼、种菜是小人该做的事,而不是君子该做的事。君子劳累心智,小人劳累体力。'"鄱阳朱氏说:"这一章是在责备弟子从事小道的失误。"

[明] 郭子章《圣门人物志》卷五①

先贤上·樊子

樊子,名须,字子迟,齐人。《家语》云:"鲁人。"樊皮之后也。少孔子三十六岁。樊迟请学稼,孔子曰:"吾不如老农。"请学圃,曰:"吾不如老圃。"樊迟出,孔子曰:"小人哉,樊须也。上好礼,则民莫敢不敬;上好义,则民莫敢不服;上好信,则民莫敢不用情。夫如是,则四方之民襁负其子而至矣,焉用稼?"弱仕于季氏,齐伐鲁,及清,武叔搜乘,冉求帅左师,樊迟为右。季孙曰:"须也弱。"冉有曰:"年虽少,能用命焉。"师及齐师

---

① 明万历二十二年赵彦刻本。

战于郊，齐师自稷曲，师不逾沟。樊迟曰："非不能也，不信子也。请三刻而逾之。"如之，众从之。尝从夫子游于舞雩之下，问崇德、修慝、辨惑，子曰："善哉问！先事后得，非崇德与？攻其恶，无攻人之恶，非修慝与？一朝之忿，忘其身，以及其亲，非惑与？"问知，子曰："务民之义，敬鬼神而远之，可谓知矣。"问仁，曰："仁者，先难而后获，可谓仁矣。"唐赠郫伯，宋封益都侯，今祀称先贤。

赞曰："始问农圃，勤事稼穑。已游舞雩，修慝辨惑。稷曲之役，不逾三刻。勇哉须也，孰云其弱。"

诠解

樊子，名须，字子迟，齐国人。《家语》说他是鲁人。樊皮的后人，比孔子小三十六岁。樊迟请求学习耕稼，孔子说："我不如老农民。"又请求学种菜，孔子说："我不如老菜农。"樊迟离开了，孔子说："樊迟真是个没有远大志向的人啊！统治者崇尚礼仪，百姓就没有敢不尊敬他的；统治者崇尚道义，百姓就没有敢不服从他的；统治者崇尚诚信，百姓就没有敢不真诚待他的。如果能做到这样的话，各地的人民都会用襁褓背着自己的儿女来投奔，哪里还需要自己亲自耕稼呢？"樊迟还很年轻时，就在鲁国季氏手下做官。齐国讨伐鲁国，到达清地，武叔检阅兵车，冉求率领左师，樊迟率领右师。季孙说："樊迟太年轻了。"冉求说："他虽然年轻，但能听从命令。"鲁国军队和齐国军队在郊野战斗，齐军从稷曲攻击鲁军，鲁军不敢过沟迎战。樊迟说："不是不能，是不信任您，请您把号令申明三次，然后带头过沟。"冉求照他的话办，众人就跟着他过沟。樊迟陪着孔子在舞雩台下散步，问道："请问如何提高自己的品德修养，改正过失，辨别是非？"孔子说："问得好啊！辛劳在先，享乐在后，这不就可以提高自己的品德修养吗？检查自己的错误，不去指责别人的缺点，这不就消除潜在的怨恨了吗？因为一时气愤，而不顾自身和自己的双亲，这不就是迷惑吗？"樊迟问什么是智慧，孔子说："专心致力于（提倡）老百姓应该遵从的道德，尊敬鬼神但要远离它，就可以说是智了。"樊迟又问怎样才是仁，孔子说："仁人对难做的事，做在人前面，有收获的结果，他得在人后，这可以说是仁了。"唐朝追赠樊迟为郜伯，宋朝追封为益都侯，今天以先贤祭祀他。

赞说：樊迟一开始问稼圃之事，在耕稼上用力甚勤。他在舞雩台下问如何提高品德、辨明疑惑。稷曲一战中提出三申号令，带头越沟。樊迟是非常勇敢的，谁说他弱呢？

[明] 郝敬《论语详解》卷六

樊迟问知，子曰："务民之义，敬鬼神而远之，可谓知矣。"问仁，曰："仁者先难而后获，可谓仁矣。"

民犹人也。民义，人道也。人鬼幽明，同此太虚。人者，鬼神之会。人道尽，则鬼神不能违。不疑于昭昭，即不愧于冥冥。俗人惑于祸福，眩于耳目所不及，如祈祷卜筮之类，全仗鬼神徼福，不务人道所当行。夫鬼神杳冥，人道明白，而舍此觑彼，弃明投暗，是天下之至愚也。苟能破除此惑，操心行事，循理守分，常如鬼神临之在上，岂曰不敬？至于吉凶休咎，人行人道，鬼神行鬼神道，有何干涉？故曰远也，此光明洞达之君子可不谓智乎？仁智同心，而仁者惟其无私之心也。苟于民义所当务者，不敢畏难，见义必为。至于行义，虽有后效，而其心本无所为而为，即此无所为而为之心。大公无私，纯理忘欲，可谓仁矣。盖智仁非二，昏则多欲，欲则智昏，相因也。故知者专务民义，去其求福之心；仁者先其所难，去其计利之心，一也。樊迟学圃学稼，志在近利，故夫子药其心病，而以行义为本。难，即指务民义，仁本□难而近利者，以行义为难。获，如耕者所获之获，先难后获。所谓三年学，不至于谷者也，可谓知，可谓仁，皆即事见心也。圣人言仁、智，往往合一，解者往往二之。

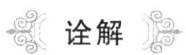
诠解

樊迟问什么是智慧，孔子说："专心致力于（提倡）百姓应该遵从的道德，尊敬鬼神但要远离它，就可以说是智了。"樊迟又问怎样才是仁，孔子说："仁人对难做的事，做在人前面，有收获的结果，他得在人后，这可以说是仁了。"

民就是人，民义就是人道。人和鬼分别处于明处和暗处，同时存在太虚里。人就是鬼神聚合的产物。人道如果做好了，那么鬼神也不会违背其旨意。人不在明处被疑，就不会在暗处有愧疚。世俗的人被灾祸、福气迷惑，被耳目看不到、听不到的地方所迷乱，如祈祷、占卜之类的事情，认为人的祸福全仗鬼神赐福，进而不从事人道应该从事的事情。鬼神缥缈，不可捉摸，但人道很清晰。如果舍弃这一项，去从事那一项，弃明投暗，是天下最愚蠢的人。如果能看破这点迷惑，平时用心行事，遵循道理安守本分，常常觉得像鬼神悬于头上一样，哪里还会生发出不敬呢？至于吉凶祸福，人施行人道，鬼神施行鬼神道，互相之间有什么干系呢？所以说：离它远些，像这样光明磊落的君子，难道不是智者吗？仁和智的内核是一样的，但只有仁者才有无私之心。如果对于民义上当做之事能不畏艰难，看到正义的事情就去做。至于做正义之事，虽然之后会看到效果，但当时内心是本着无所求而为去做的，此即无所为而为之心。大公无私，纯净天理，忘记人欲，可以说是仁了。智和仁没有什么差别，神志不清就会私欲太多，私欲太多就失去理智，是有前后相承关系的。所以智者应当一心为民做事，祛除求福之心；而仁者应当先人一步，从事艰难的事情，祛除求利之心。这两者是一样的。樊迟学习农事，其志在于求利，所以孔子医治他的心病，叫他以义为本。"难"是指为民做事。仁本来……其中做正义之事最难。"获"，就像耕田的人收获劳动成果，是要先劳累耕种之后才有收获。所谓读书三年，没想过去做官得俸禄，就是智慧，就是仁，这都通过事实见人心。孔子说仁和智，往往合在一起谈论，但后世解释二者的人却常常将其分开来谈。

[明] 郝敬《论语详解》卷十三①

樊迟请学稼。子曰："吾不如老农。"请学为圃，曰："吾不如老圃。"樊迟出，子曰："小人哉！樊须也。上好礼，则民莫敢不敬；上好义，则民莫敢不服；上好信，则民莫敢不用情。夫如是，则四方之民襁负其子而至矣，焉用稼？"

此章见圣贤学术，帝王经纶。孟子辟并耕，渊源于此。樊迟学稼圃，即诗人稼穑维宝之意。种五谷曰稼，种果蓏、裸蔬菜曰圃。《周礼·太宰》："九职任万民，一曰三农，生九谷，二曰园圃，毓草木。"《汉志》："农家之书，百十有四篇。"秦焚书所不去者，医卜与种植之书。古有是学，而樊迟因夫子道不行，惑于沮溺丈人之讥，故请躬耕自食云尔。天生君子，民物付托，而自局为农圃，将流为墨翟之纤啬，许行之并耕，佛老之平等，世教何赖焉？夫子自言吾不如者，有大人之事，有小人之事，道不同不相为谋也。不如，犹言不同。小人，细民。须，樊迟名。农圃粗野不知礼，计利

---

① 明《九部经解》本。

不知义。耕也，馁在其中，丰歉难测，不必信。三者，反小人而为康济之大道也。小道致远孔泥，大道达诸天下。三好不言仁，仁主统同，则无别礼、义、信。王方严，则小大攸分，方严者难为好。大人以此宰制天下，其精神全在好自处。敬则民安敢不敬？自己作事不宜，安望民服？自先不信，民谁肯输情？凡出乎身，加乎民，无一念一事非礼、义、信之流行，则德盛化神，人心向附矣。昔晋重耳谲而不正，传称其以大搜示礼，以定襄王示义，以伐原示信。假之之事，正与好相反。"襁负"，谓以布一幅，约小儿于背负。子见其用情惟悦服，故父子同来。"焉用稼"，即孟子云"百亩之不易为忧者，农夫也"。圃亦可知矣。或曰："民生之本，莫重于农。"《诗》《书》谆谆，言农民事不可缓。大人勤劳天下之心，非必身亲其事也。故曰："劳心者治人，劳力者治于人。稼非不用，而自有用稼之人也。"或问："三好先礼，何也？"礼有品节，君子小人所以分。帝王纲纪天下惟礼，人生视听言动亦惟礼，无礼则怠惰放肆，故化民成俗莫如礼，克己为仁莫如礼。礼，严敬之物，非学而不厌者不能好。以夫子之圣而学礼、问礼，孜孜不倦。其设教以礼为本。二十篇于礼，数数然也。必俟樊迟出而后言，何也？圣人晓人，每于去后。南宫适、伯玉使者，皆俟其出而称之。樊迟、宰我，皆俟其出而非之。从容不迫，故人深有味于去后也。

诠解

樊迟请求学习种庄稼，孔子说："我不如老农民。"又请求学种蔬菜，孔子说："我不如老菜农。"樊迟离开了，孔子说："樊迟真是个没有远大志向的人啊。统治者崇尚礼仪，百姓就没有敢不尊敬他的；统治者崇尚道义，百姓就没有敢不服从他的；统治者崇尚诚信，百姓就没有不真诚待他的。如果是这样的话，各地的人民都会用襁褓背着自己的儿女来投奔，哪里还需要种庄稼呢？"

这一章有圣贤的学术，帝王的宏图大略。孟子驳斥许行并耕学说就来源于此。樊迟学习耕稼，就是《诗经》里说的"耕种、收获国之宝"的意思。种五谷叫稼，种瓜果蔬菜叫圃。《周礼·太宰》说："人有九种职业，三农种植九种谷物，园圃培育草木。"《汉书·艺文志》说："农学类文章有一百一十四篇。"秦朝焚书的时候没烧掉的就是医卜和种植类的书籍。古时候就有这门学问。樊迟因孔子的大道不得施行，又为长沮、桀溺的讥讽所困惑，所以请求学习稼穑来养活自己。原本是天生的君子，人民的责任托付给他，但他却将自己局限在耕稼、种菜之事中，即将沦为如墨翟的重农，许行的并耕学说，佛老的平等思想一类，当世的正统思想又该依赖谁呢？孔子说自己不如老农民、老菜农，是因为有大人要做的事，有小人要做的事，道不同不相为谋。不如就是不同。小人就是小民。须是樊迟的名。农民、菜农粗鄙不懂礼仪，计较利益不懂得道义。耕种，饥饿在其中，难以预测丰歉，不必信奉它。礼、义、信这三者是一反小人之道，而推行济世的大人之道。小人之道想要做成大事是行不通的，只有大人之道可以兼济天下。三个崇尚都没有说到仁，是因为仁主要的作用是统合这几者，他其实与礼、义、信没有什么区别。统治者端正严肃就能区分大人、小人之道，端正严肃则难以真正崇尚。大人以此来统治天下，精神内核都在于有所崇尚。统治者尊敬人，人民怎么敢不尊敬他？自己处理事情不合理，人民怎么会服从？自己都不诚信，人民怎么会诚心诚意？凡是端正自身，加诸百姓的，没有一个念头一件事不是践行礼、义、信的。这样就会道德隆盛，民心归顺。从前晋文公为人诡谲不正。传说他以大搜来展示礼，以安定周襄王来展示义，以伐原国来展示信。所凭借的事情正好与崇尚的相反。"襁负"是说用布把小孩背在背上。看见统治者讲究诚信，所以父子一同前来。"焉用稼"就是孟子所说的"为百亩田而忧虑的人是农夫"。种蔬菜也是一样的。有人说："民生之本，没有比农业更重要的。"《诗经》《尚书》不厌其烦地说不可不重视农事。大人有为天下之事服务的心，但不必定要亲自去做某件事，所以说劳累心智的人治理别人，劳累身体的人被别人治理。并不是不务农，而是自然有务农之人。有人问："三个崇尚中，以礼为先，为什么呢？"礼体现品德、节操，这是区分君子小人的根据。帝王统治天下要用礼，人的看、听、言、行也要用礼。没有礼，人就会怠惰放肆，所以教化百姓，移风易俗，必须靠礼。克制自己，变得仁爱，必须靠礼。礼是严肃敬重之事，非学习它而不厌烦的人不能崇尚之。以孔子的圣贤程度也还要孜孜不倦地学习礼、请教礼。他教育别人也是以礼为本，有二十篇文章是讲礼的，可见其急迫程度。为什么要等到樊迟离开之后才说那番话呢？孔子教育人的话总是在对方离开之后才说。南宫适和伯玉使者，孔子都是在他们离开之后才称赞他们。樊迟和宰予，孔子都是在他们离开之后才责斥他们。从容不迫，所以有所感悟都是在他们离开之后。

[明] 何良俊《四友斋丛说》卷二十[①]

世有神农书，盖孔门如樊迟请学稼，孟子时则许行为神农之言，或者是此辈假托为之耳。元魏贾氏有《农桑要术》，后有《东鲁王氏农书》，大率皆农家者流也。

诠解

世上有神农学说，孔子门下的樊迟请求学习稼穑，孟子时代许行践行神农学说，可能是假借神农的旗号来做这件事。北魏时期贾氏有《农桑要术》这本书，后世还有《东鲁王氏农书》，大概这些都是农家之书。

[①]明万历七年张仲颐刻本。

[明] 胡广《四书大全·论语集注大全》卷十一[①]

赐不受命，而货殖焉，亿则屡中。去声。

命谓天命。天所赋贫富贵贱之命。**货殖，货财生殖也**。《史记》言子贡好废举，与时转货赀。注云：废举，停贮也。与时，逐时也。物贱则买而停贮，贵则逐时转易货卖。亿，意度音铎。也。言子贡不如颜子之安贫乐音洛，下同。道，新安陈氏曰："货殖是不如其安贫。不受命是不如其乐道。"然其才识之明，亦能料事而多中也。程子曰："子贡之货殖，非若后人之丰财，但此心未忘耳，然此亦子贡少去声。时事，至闻性与天道，则不为此矣。"程子曰："货殖便生计较，才计较便是不受命。不受命者，不能顺受正命也。"叶氏曰："或者不喻，乃谓子贡真好利者。夫樊迟学稼圃，夫子犹以为小人，岂有子贡而无一言以正之乎？"

诠解

端木赐不听天由命，而去做生意，猜测市场行情往往很准。去声。

命是指天命。天所给予的贫富贵贱命运。**货殖是指买卖货物获取利益**。《史记》说子贡喜欢囤积货物，看准时机进行买卖。注说："废举"是指停止售卖。"与时"即选择时机。货物便宜的时候就停止售卖，贵的时候就看准时机卖出。"亿"即猜测，读音同"铎"，是说子贡不像颜回般能安于贫困。乐读音同"洛"，后面也一样。于坚持所信仰的道德准则。新安陈氏说：子贡"做生意是不如颜回般安于贫困，不接受命运安排是不如颜回般享受追求大道。但是以其聪明才智，也往往能臆

[①] 清《文渊阁四库全书》本。

测准确市场行情。程子说:"子贡做生意的目的并不如后人一般是为了财产,只是没有完全忘记求利而已,但这也是他年少的事情了。等到他知晓性命和天道后,就不做这个了。"程子说:"做生意就要计较收入,计较就是不接受命运。不接受命运就是不能够顺从天命。"叶氏说:"有不懂的人会说子贡真是个好利之徒。樊迟请求学习稼穑、种菜,孔子尚且认为他是小人。如果子贡真是追求利益的人,孔子怎么会没有一句话来纠正他呢?"

[明] 胡广《四书大全·论语集注大全》卷十二

樊迟从游于舞雩之下,曰:"敢问崇德,修慝,辨惑。" 慝,吐得反。

子曰:"善哉问。"

善其切于为去声。己。

"先事后得,非崇德与?攻其恶,无攻人之恶,非修慝与?一朝之忿,忘其身以及其亲,非辨惑与?" 与,平声。

○范氏曰:"先事后得,上义而下利也。人惟有利欲之心,故德不崇;惟不自省悉井反。己过而知人之过,故慝不修;感物而易去声动者莫如忿,忘其身以及其亲,惑之甚者也。惑之甚者,必起于细微,能辨之于早,则不至于大惑矣。故惩忿所以辨惑也。"新安陈氏曰:"自治其恶与自惩其忿,皆崇德所当为之事,乃其目也。"○问:"子张、樊迟问同答异,何也?"朱子曰:"子张矜夸不实底人,故告以收敛着实做工夫。平日喜怒必有过当,故告以欲人生死之事。樊迟以请学稼圃及夫子答问观之,是鄙俗粗暴底人,皆是随其失而告之。"

> 诠解

樊迟陪着孔子在舞雩台下散步,说:"请问怎样提高品德修养?怎样改正自己的错误思想?怎样辨别迷惑?"孔子说:"问得好!"

这里孔子说"好",是夸他为了完善自己的德行而求学问。

"先努力做事,然后再考虑收获,不就是提高品德了吗?检讨自己的错误,不攻击别人的错误,不就是消除邪念了吗?由于一时的气愤,就忘记了自身的安危,以至于牵连自己的亲人,这不就是迷惑吗?"

范氏说:"先努力做事再考虑收获,是崇尚义而看轻利。人只要有求利的心,品德就不会崇高。不反思自己的过错,而去了解别人的过错,就不会改正自己的错误思想。为外界事物所激,以致义愤填膺,忘记自身安危,乃至牵连亲人,说明此人在迷惑的道路上已经走得很远了。迷惑一定是起源于小处,如果能早早分辨还不至于变成大迷惑,所以要克制气愤、辨明疑惑。新安陈氏说:"自己克制恶意和愤怒,都是提高品德应该做的事情,是它的纲目之事。"有人问:"子张与樊迟问一样的问题,孔子却给以不同的回答,为什么?"朱熹说:"子张是个骄傲、夸张、不诚实的人,所以告诫他收敛,脚踏实地。平时他的情绪一定有过激的时候,所以告诉他欲望会导致人的生死的事情。从樊迟请求学习稼穑、种菜以及孔子的回答来看,他是个粗鲁俗气的人。孔子的回答都是根据他们的过失来告诫他们的。"

[明] 胡广《四书大全·论语集注大全》卷十三

樊迟请学稼,子曰:"吾不如老农。"请学为圃,曰:"吾不如老圃。"

种五谷曰稼，种蔬菜曰圃。

朱子曰："役智力于农圃，内不足以成己，外不足以治人，是济甚事。"〇新安陈氏曰："两言吾不如，虽不显辟之，已婉拒之矣。"

樊迟出，子曰："小人哉，樊须也。"

小人谓细民，孟子所谓小人之事者也。

新安陈氏曰："此小人是以位而言者。下文《集注》云'礼义信大人之事'也是自此小人上推广而对言之。"南轩曰："孟子所谓有大人之事，有小人之事，正本此意。"〇问："古之圣贤若大舜、伊尹，皆躬耕畎亩习农圃事，何圣人深斥樊迟？"潜室陈氏曰："遇此时则习此事，游圣人之门，所学者何事？"

"上好礼，则民莫敢不敬；上好义，则民莫敢不服；上好信，则民莫敢不用情。夫如是，则四方之民襁负其子而至矣，焉用稼。"

好，去声。夫，音扶。襁，居丈反。焉，于虔反。

礼、义、信，大人之事也。好义则事合宜。情，诚实也。敬服用情，盖各以其类而应也。襁，织缕为之，以约小儿于背者。

庆源辅氏曰："在己者，皆尽其道。在下者，各以其类应之。所谓正己而物正者，非大人之德，其孰能之。"双峰饶氏曰："居大人之位，有大人之德，四方之民自归之，而为之耕稼，岂必自耕稼哉？"

〇杨氏曰："樊须游圣人之门而问稼圃，志则陋矣。辞而辟之可也，待其出而后言其非，何也？盖于其问也，自谓农圃之不如，则拒之者至矣。须之学疑不及此，而不能问，使其疑则必问矣。不能以三隅反矣，故不复。扶又反，下同。及其既出则惧其终不喻也，求老农老圃而学焉，则其失愈远矣，故复言之，使知前所言者二不如。意有在也。"勉斋黄氏曰："贫而为老圃之事，亦未为过者。樊迟之志，岂亦有为许行之说者而慕之欤？故夫子以大人之事告之。"

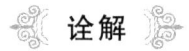 **诠解**

樊迟请求学习耕稼,孔子说:"我不如老农民。"又请求学种蔬菜,孔子说:"我不如老菜农。"

种五谷叫稼,种蔬菜叫圃。

朱熹说:"把智慧和力量用在从事农业上,对内不足以成就自己,对外不足以治理别人,有什么用呢。"〇新安陈氏说:"孔子的这两句话,我比不上他,虽然没有明显拒绝,但已在婉拒了。"

樊迟离开了,孔子说:"樊迟真是个没有远大志向的人啊。"

小人就是小民,也就是孟子所说的小人做的事。

新安陈氏说:"这个小人是以所处的位置来说的。下文《集注》中说的礼、义、信是大人做的事,也是从小人这个位置向上推广而言的。"南轩说:"孟子所说的有大人做的事,有小人做的事,就是这个意思。"问:"古代像舜、伊尹这样的圣人都是亲自在田间耕稼的,为什么孔子要严厉斥责樊迟呢?"潜室陈氏说:"所处境遇不同,所学之事也不同。作为孔门子弟,应当学习什么?"

"统治者崇尚礼仪,百姓就没有敢不尊敬他的;统治者崇尚道义,百姓就没有敢不服从他的;统治者崇尚诚信,百姓就没有敢不对他真诚以待的。如果能做到这样的话,各地的人民都会用襁褓背着自己的儿女来投奔,哪里还需要自己亲自种庄稼呢?"

礼、义、信是大人做的事。若崇尚道义,那么事情就能处理得合乎情理。情即真情实意。百姓尊敬、服从、真诚相待,大概是对大人崇尚礼、义、信的回应。襁是布织成的,用来把小孩背在背上的器具。

庆源辅氏说:"统治者要尽最大的努力去推行大道,普通百姓各自根据自己所属的类型或种类而回应之。端正自己的思想、言行,天下万物便随之端正的人,要不是有圣贤之人的德性,谁又能做到呢?"双峰饶氏说:

"居于大人的位置,有大人的德性,各地的百姓自然会归附他,为他耕稼,哪里需要亲自耕稼呢?"襁褓是用布织成的,用来把小孩背在背上的器具。

○杨氏说:樊迟拜在圣人门下,却想学习耕稼、种菜之事,志向鄙陋。拒绝并驳斥他是可以的,但是为什么要在他出去之后说他的不是呢?对于他所问的问题,孔子说我不如老农民、老菜农,就已经是拒绝的极致了。樊迟的学问恐怕难以到达这个层次,如果他有疑问,那么一定会问的,又不能举一反三,所以就不再回答他了。等到他已经出去,又怕他始终不明白其中的真谛,真的去找老农民、老菜农学习,那错得就更离谱了。所以再说几句,使人们知道前面的话是意有所指的。勉斋黄氏说:"如果因为贫穷而去从事耕稼,也不是什么大不了的事情。樊迟的志向难道不是倾慕许行的学说,想要去践行吗?所以孔子以大人之事来教导他。"

[明] 胡广《四书大全·孟子集注大全》卷五[①]

以粟易械器者,不为厉陶冶;陶冶亦以其械器易粟者,岂为厉农夫哉?且许子何不为陶冶,舍皆取诸其宫中而用之,何为纷纷然与百工交易,何许子之不惮烦?曰:"百工之事,固不可耕且为也。"舍,去声。

此孟子言而陈相对也。械,下戒反。器,釜甑之属也。陶为甑者,冶为釜铁者。新安陈氏曰:"厉陶冶、厉农夫之说,乃是因行厉民自养之言,承其厉字而明辩以辟之。"○云峰胡氏曰:"樊迟欲学稼,孔子斥之曰'吾不如老农',直谓其所学者小人之事,而举大人之事以答之。孟子辟许行即此意也。但迟之志陋,不过欲自学之。许之学僻,欲以治国

---

① 清《文渊阁四库全书》本。

家，此孟子所以深辟之也。"舍，止也，或读属，音烛。上句舍，谓作陶冶之处也。

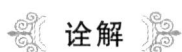

"农夫拿粮食交换（生活、生产所需的）器具，不算是侵害陶工和冶匠；陶工和冶匠也拿他们的器具交换粮食，难道就是侵害了农夫的利益了吗？再说，许子为什么不自己制陶、冶铁，停止交换，不肯样样东西都从自家屋里取来用？为什么要忙忙碌碌同各种工匠交换呢？为什么许子这样不怕麻烦呢？"回答说："各种工匠，本来就不可能一边耕种，一边又干别的事情。"

这是孟子与陈相的对话。器就是瓦罐之类的东西。陶就是制作甄的人，冶就是制作釜铁的人。新安陈氏说："侵害工匠礼仪，侵害农夫利益的说法都是来自剥削人民养活自己这句话，是从厉字来辨明、驳斥之。"〇云峰胡氏说："樊迟想要学习稼穑，孔子斥责他说'我不如老农民'，直接说他所学的是小人做的事情，并且举大人应做的事情来驳斥他。孟子驳斥许行也是这个意思。樊迟的志向鄙陋，只是想自己学习，但许行学习稼穑是要通过它来治理国家，这是孟子更严厉驳斥他的缘由。"舍就是停止，或者读作"属"。与"烛"同音。上句中的"舍"就是制作陶器、冶炼釜铁的地方。

[明] 胡直《胡子衡齐》卷三①

博辨上

弟子问于胡先生曰："孔子之亟称博学也，何哉？"胡先生曰：

---

① 明万历曾凤仪刻本。

"博乎哉，博乎哉，知博者希也。夫伏羲所谓圣，非以结罟网、立庖厨而称也。轩辕所为灵，非以教熊罴、推神策而擅也。神农所为神，非以察百药、斫耒耜而号也。夏禹所为智，非以裂橇樏、沉金匮而名也。周公所谓才，非以造指南、立土圭而推也。孔子所为至，非以对羵羊，识专车而谓也。彼其所以圣，所以灵，所以神，所以智，所以才，所以至，则有归也。孔子教人以博学明矣。他日语多能，则曰：'君子多乎哉，不多也。'语多知，则曰：'吾有知乎哉，无知也。'语人以博而不自与博，孔子非故也，彼其所以学、所以博，则有归也。今夫人性一也，故兔罝野人可与上圣同腹心。才质殊也，故岩廊上圣不得与匹夫争技能。是故大挠造甲子，苍颉立书契，力牧著兵法，羲和在日月，胡曹制衣服，奚仲作车舆，禹专水土，稷任稼穑，夔乐、夷礼、燮教、陶刑，皆终身不易其能。能者非侈，而不能者非诎也，诚以才质殊而实用颛也。其在后世，若后羿之射，王良之御，师旷之音，郢匠之斤，各不易业。非不欲易也，以之易业，则颠其艺。大夫种之治国，蠡不知也；范蠡之治兵，种不知也；子房之运筹决胜，淮阴之战胜攻取，玄龄之谋，如晦之断，各不易用。非不欲易也，以之易用，则颠其国。昔者樊迟之在圣门，请学稼，曰：'吾不如老农。'请学圃，曰：'吾不如老圃。'子入大庙，每事问。夫农圃之役，大庙之事，孔子且不能兼知，况学者乎？子思子曰：'虽圣人有不知不能。'此非独才质殊也，势力弗兼也。"

诠解

弟子问胡先生："孔子被称誉为博学，怎么样？"胡先生回答说："博学啊，博学啊，知道什么叫博学的人很少。所谓的伏羲圣明，不是因为他编织渔网、会做饭而被人称道的。黄帝灵敏，不是因为他善于驯化熊罴,推演卜算。神农神奇,不是因为能他能辨别百药,制作耒耜为号令。夏禹智慧,不是因为他以毁掉橘榉,沉没金匮而知名。所谓周公有才能,不是因为他能造指南、立土圭而推举他的。孔子靠近大道,不是因为他获得豶羊、识专车而称呼他的。他们之所以圣明,之所以灵敏,之所以神奇,之所以智慧,之所以有才,之所以靠近大道,都是有道理的。孔子博学是很明显的。某一天有人说他才能很多,他就说:'对君子来说多吗?不多。'说他有智慧,他就说:'我有智慧吗?没有的。'说别人很博学,却不这样说自己,不是孔子自身的缘故,他之所以被人誉为有学问,知识广博是有其道理的。现在,人性都是一样的,乡野农夫可以与地位高的人有同样的想法。资质、才能不一样,所以地位高的圣人是不可与小民竞争技能。所以大挠创造六十甲子,仓颉造字,力牧写兵法,羲和分辨日月,胡曹制衣服,奚仲制作车,大禹专门治理水土之患,后稷从事稼穑,夔掌管乐,夷掌管礼,契教化百姓,皋陶制定刑法等,这些人一辈子都没有改变自己的职业。能从事这些职业的人并不是因为他们有多聪明,能从事这些职业的人并不是因为他们笨拙,只是其才能资质有所不同,故而所掌握的技能不同。就像在后世,后羿善于射箭,王良善于驾驶,师旷善于音乐,郢匠擅长砍东西。他们一辈子没有改换自己的职业,并不是不想改换,而是改换之后就会降低该技艺的精湛度。大夫种善于治国,范蠡不懂治国。范蠡治理军队,大夫种也不懂如何治军。张良能运筹帷幄、决胜千里,韩信能打仗攻伐,房玄龄有谋略,杜如晦善于决断。他们都没有改换职业,并不是不愿意改换,而是改换之后就会降低国家的实力。过去,樊迟在孔子门下请求学稼穑,孔子说:'我不如老农民。'请求学种菜,孔子说:'我不如老菜农。'孔子从政,了解各种事情。农圃的事情也是政事,孔子尚且不能通晓,何况是普通学者呢？子思说：'即使是圣人，也有不知道、不会的事情。'这不仅仅是因为资质、才能不同，而是精力不足以全部兼善。"

[明] 季本《诗说解颐》卷二十[①]

或湛乐饮酒，或惨惨畏咎，或出入风议，或靡事不为。赋也。风，音讽。

风议，谓闻风则任口舌以议论人也。靡事不为，虽有咎之事亦不敢辞也。此上三章皆言役使不均之意。其间盖有可使之人，而大夫不以为意也。

经旨曰："士大夫有经营家事，而多思以累其心者。其朋友以此为小人之事，非君子所当为也，故作此诗以戒之，勿使心昏焉。盖樊迟请学稼圃，而孔子告以不如老农、老圃之意。"

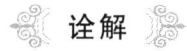 诠解

有的人饮酒取乐，有的人战战兢兢，担心被追责，有的人听风就是雨，妄加议论，有的人什么事情都得做。

风议就是听闻有点风声，就放任口舌去议论别人。靡事不为是即使是有罪过的事情也不敢推辞。这上面三章都是在说用人不均的事情，即使有可以使用的人，统治者也不在意。

经旨说："有的士大夫经营家事劳累心智，他的朋友认为这是小人做的事情，不是君子应该做的，所以写这首诗来告诫他，不要模糊了思路。大概和樊迟请求学习稼穑、种菜，孔子告诉他我不如老农民、老菜农的意思是一样的。"

---

① 清《文渊阁四库全书》本。

[明] 焦竑《焦氏四书讲录》卷六[①]

樊迟请学稼章

樊迟请学稼圃,是诗(失)夫子教之学。夫子两云吾不如,虽不显辟之,已婉拒之了。○"如"字,莫作"似"字,还作"不如"说,才见拒之之意。○问:"大舜、伊尹皆尝躬耕畎亩为稼圃之事,夫子何以拒樊迟?"曰:"圣贤遇此时便为此事,亦不是专心致志以此为学,而无远大之图者。迟游圣人之门,所学何事也?乃惓惓以稼圃为学,则是局于此而不能远大矣。病痛在一'学'字,夫子所以拒之,而且鄙之曰'小人哉'。"

稼圃是小人之事,礼、义、信是大人之事。小人所能者有限,大人所济者无穷。○上好礼,自处以敬,故民亦敬之;上好义,事皆可以服人,故民亦服之;上好信,情已孚于民,故民亦用其情,俱是以类而应者也。○"好"字不止心里好,自念虑之微,以至施为之著,自独处之地,以至莅众之时,莫不是此三者才谓之好。○四方之民至必曰"襁负其子"者,见得无大无小皆至也。民而皆至,自有为之稼圃者。上之人非惟不屑为,而亦不用为矣。○问:"樊迟是布衣之士,夫子何教以四方归之之道也?"曰:"四方之志,男子生来便已如此,故平章协和的事业,虽是有能有不能,而克明峻德的本领,则无尧、舜,无孔颜,一也。夫子所以教迟者,亦惟欲其于礼、义、信好之学之马耳。能是三者,则四方之归虽不可必,而在我,已是个天下为度的大人矣。人己一体,体用一原,圣贤合一之学自是如此。孟子亦云:'士尚志,居仁由义,大人之事备矣。'其此之谓哉。"

---

① 明万历刻本。

诠解

樊迟请求学习耕稼、种菜,是背离了孔子教他的东西。孔子两次说"我不如",虽然没有明显拒绝他,但已经是婉拒了。"如"字不作"似"字,说"不如"才能看到是拒绝的意思。○"如"字,莫作"似"字,还作"不如"的意思,这才看出拒绝的意思。○问:"舜、伊尹都曾亲自在田地里耕稼、种菜,但孔子为什么要拒绝樊迟呢?"答:"圣贤之人,处于什么境遇就做什么事,舜、伊尹也不是专心致志把耕稼当作学问研究,而无宏图远志。樊迟拜在孔子门下,要学的是什么事呢?而他诚恳地把农事作为学问,就是局限于此,没有远大的格局。关键在于'学'字。孔子之所以拒绝,且鄙视他,说他是小人,就是这个原因。"

稼圃是小人做的事情,礼、义、信是大人做的事,小人的能力有限,而大人能够无限地济世。统治者崇尚礼仪,自己就会自重,所以人们就会敬重他。统治者崇尚道义,事事都合乎情理,所以人们也会服从他。统治者崇尚诚信,真诚对待百姓,所以百姓也用真情回应,都是以相同的东西回应。崇尚不只是心里崇尚,无论是心理,还是实践,无论是独自一人,还是面对大众,都要崇尚这三者,才算是崇尚。○从各地百姓都会背着小孩来投奔,可知是大人、小孩都会来。民众都来了,自然会有从事稼穑、种菜的人。统治者不只是不屑于从事稼穑,也是他不必亲自从事稼穑。问:"樊迟是平民百姓,孔子为什么要教他治理天下的大道?"答:"治理天下的志向是男子生来就应具有的,所以虽然平定天下,使国家和谐的事业并不是所有人都能做,但彰明大德的本领,无论是尧、舜、孔子、还是颜回,都没有区别,都可以做。孔子之所以要教樊迟大人之道,也只是希望他崇尚并学习礼、义、信。能做到这三者,那么即使不一定能使天下人都归顺,而在我自己来说，已经是个以天下为己任的大人了。他人和自己一体，体和用统一，圣贤的合一学问本来就是这样的。孟子也说：'士人要有高尚的志向，住在仁的屋宇里，走在义的大路上，大人所做的事便齐备了。'他讲的就是这个道理。"

[明] 焦竑《焦氏笔乘续集》卷二[①]

支谈上

或病佛离人伦，去妻子，与儒道异。管登之曰："佛虽令比邱辞亲出家，当其说法，人天毕集，比邱特其中一类耳。夫释迦既示同比邱之迹，金粟如来复现净名身，示同居士之迹，正以表六亲之不障道也。况佛度尽众生，而反遗其眷属，必无此理。其敕比邱出家，所谓令先出生死，而后随顺众生入生死者也。人道非稼圃不生，而孔子鄙樊迟之请学；非妻子不续，而佛听比邱之出家。盖必有不学稼圃者，而后可以安天下之为稼圃者；亦必有不恋妻子者，而后可以度天下之有妻子者。今人无志于了性命，而逆忧其乏妻子，皆戏论也。"

诠解

有人诟病佛教背离人伦，抛弃妻子儿女，与儒家、道家不同。管登之说："佛教虽然让比丘辞别亲人出家，但是它的学说是天与人合一，比丘只是其中的一类而已。释迦与比丘是一样的，金粟如来重现净名身，与居士是一样的。正是要说明六亲并不阻碍大道的

---

① 明万历三十四年谢与栋刻本。

施行。况且佛教普度众生，反而遗落下了他们的眷属，必然没有这个道理。命令比丘出家，其实是让他们先走出生死，而后陪伴众生进入生死。人离开耕稼就不能生存，但孔子看不起樊迟请求学习稼穑；人离开妻子、儿女就不能延续生命，而佛教却让比丘出家。其中必然有不习农事的人可以安抚天下从事农事的人。其中也一定有不留恋妻子儿女的人，但他们之后可以度化天下有妻儿的人。现在的人没有学习性命之学的志向，却反而担心没有妻子、儿女，都是非理、无义的言论。"

[明] 来知德《来瞿唐先生日录》[①]

省事录

圣贤之言，各有所发，故各有轻重也。樊迟请学稼，子曰："吾不如老农。"若以此一章将圣人之言为定论，则《豳风》之诗，凡场圃纳稼之言，皆细民琐屑之事，非王业之根本矣，不载之经可也。

诠解

圣贤之人的言论都是各有阐述，所以各有各的侧重点。樊迟请求学习稼穑，孔子说："我不如老农民。"如果用这一句把孔子的言论定为不刊之论，那么《诗经·豳风》中凡是说到场圃、稼穑之类的东西，都是平民的小事，不是君王大业的根本。如此则经书不记载也是可以的。

---

① 明万历刻本。

[明] 黎贞《秫坡先生集》卷五[①]

西畴耕叟序

南海之南滨新会界有墟落曰"白藤壤"。地多膏腴,居民不尚浮靡,惟农务是急。处士胡景温世其业,自号曰"西畴耕叟",志适也。命其甥李善聪走邻壤征记于秫坡翁,翁曰:"予种秫于圭峰有年矣。日出而作,日入而息,乃分之宜。每见闾里有富淫自侈者,虽锦衣玉食,未足以饱其欲;有奔竞起讼者,虽屡胜快情,未足以息其锋。当其势之始奋也,吐气成虹,震威奔电。回视草莱耕叟冲烟沐雨,寄衣食于耒耜者,何霄壤之不侔哉!天道循环,恶盈好谦。未几侈者转而为饿莩矣,讼者转而为俘囚矣。而吾秫已熟,酒已香,比邻相呼,白首红颜,参错左右,迭起献酬,陶陶醉歌。亦回视向之侈者、讼者,又何霄壤之不侔哉!今子之西畴,即吾之圭峰,故以吾之所得所见者告之,愿终其业,无为他歧所夺可也。"或曰:"士当尚志,孔子以樊迟为小人者,以其志于稼也。子何屑屑是务,岂诲人远大之意乎?"予曰:"君子当善修其所为而已,遇与不遇,命也。莘野、南阳,嚣嚣自得,岂有富贵之念。"

诠解

南海的南边新会界有个村落叫作白藤,土地肥沃,人民不轻浮奢侈,十分看重农业。处士胡静温世代务农,自号"西畴耕叟",这反映了他的志趣。他命外甥李善葱到隔壁村秫坡翁那里去求一篇记文。秫坡翁说:"我在圭峰种地已经很多年了,日出而作,日落而息,十分合宜。每次见到村里有富裕奢侈的人,虽然他们锦衣玉

---

① 清光绪元年重刻本。

食，但是欲望还是没有得到满足；有奔走诉讼的人，虽然能多次胜诉，但是还没有收敛嚣张锋芒。当其势头振作之时，似能吐气成霓虹，威势像打雷。相比之下，看到农夫在风吹雨淋中勤恳劳作，把生活寄托于此，这简直就是天与地的区别啊！天道循环，好恶有所转移，过去奢侈富裕的人转而成为饥民，经常诉讼的人成为阶下囚。而我的作物已经成熟，酒已经酿成，招呼邻居，年老年轻的都围聚在一起，左右应酬，醉醺醺地歌唱。再看那些奢侈的人、诉讼的人又怎么样，其境遇也是天与地的差别啊！现在你的西畴就在我的圭峰旁边，所以将我的见闻所得告诉你，期盼你的事业不会走入歧路。"有人说："士人应该有志向，孔子说樊迟是小人，就是因为他的志向是从事稼穑。孔子为什么看不起小的事情，只教人从事远大事业呢？"我说："君子应善于把自己的事情做好，能否有好的际遇都是命。伊尹、诸葛亮亲自在田中耕作，也能怡然自得，哪里有大富大贵的想法呢？"

[明] 李材《见罗先生书》卷六①

樊迟请学稼章

樊迟之意，果诚欲学稼圃，直可问之老农、老圃，何为而问孔子？孔子之答，亦祇合教之问于老农、老圃，四方之民襁负其子而至，胡为而云乎？并耕而治，饔飧而食，有仓廪府库，则是厉民而以自养也，许行言之矣。强本力穑，食土簋，啜土硎，粝饭藜羹，劳苦以苴天下之治，墨氏倡之矣。学稼学圃，正所谓并耕而治，许、

---

① 明万历刻本。

墨之诐说，于其时所祖神农、神禹之言者是也。盖是以学术问，故夫子以学术辟。所谓"小人哉，樊须也"正孟子所谓有大人之事，小人之事，劳力者治于人是也。君子务知大者、远者，好礼则莫敢不敬矣，好义则莫敢不服矣，好信则莫敢不用情矣。恭己而理，无为而治。不动声色而可措天下于泰山之安也，焉用稼乎？遐想周末处士横议，方术多岐，人矜私智，家煽私宗，盖不知其几千百种。微夫子、尧、舜、禹、汤、文、武之道，何自而传乎？

 诠解

　　樊迟的本意要真是学种庄稼，大可以直接去问老农民、老菜农，为什么要去问孔子呢？孔子的回答也只是教他去问老农民、老菜农，为什么还要说后面用襁背着孩子那一段话呢？以君民共同耕种来治理天下，以满足吃饭的需求，粮食能把仓库都装满，这是侵夺百姓以自肥，这是许行的言论。努力耕种，粗茶淡饭，以辛苦的劳作来治理天下，这是墨子的倡导。学习种庄稼、种菜就是所谓的君民共同耕种来治理国家，也是许行、墨子的不正之论。当时他们尊崇的是神农、大禹的学说。大概樊迟是从学问的角度去问孔子，孔子也只能从学问的角度驳斥他。所谓说樊迟是个没有远大志向的人，这正是孟子所说的"有大人做的事，有小人做的事""身体劳累的人被人治理"。君子一定要有大格局，眼光要长远。统治者崇尚礼仪，百姓就没有敢不尊敬他的；统治者崇尚道义，百姓就没有敢不服从他的；统治者崇尚诚信，百姓就没有不真诚待他的。以庄重恭敬的心态来律己，什么都不用做就能治理好国家。轻松镇定地就能把天下治理得像泰山一样安定，哪里需要亲自种庄稼呢？遥想周朝末年，方术士四处横行，人们都把心思花在如何对自己好，能荣耀自己家族的狭小范围内。不知道当时这样的学说有几千几百种。孔子、尧、舜、禹、汤、文、武的圣人之道，该从何传承呢？

[明] 李濂《嵩渚文集》卷五十二[①]

学稼堂记

嘉靖丁酉,嵩渚子筑室于汴,逾年而堂成。爽垲靓深,可居可燕,然未有名也,乃默自念曰:"夫人之有生也,自少至老,弗可一日辍学。今仕而归矣,将奚学?吾其学稼乎?"因名其堂曰"学稼"。或难之曰:"稼者,小人之所有事也。昔在圣门,樊迟尝请学稼,仲尼斥之曰:'吾不如老农',且名之为小人而推明礼、义、信为大人之所有事,以着其不屑于小。圣训炳如,夫人皆知之。先生向仕诸朝为执宪大夫,兹焉致其事而归,岂它无可学而独学稼为哉?"嵩渚子澫然而笑曰:"非是之谓也。方迟之未仕也,以学稼为请,仲尼陋其志而斥之,乃进之以礼、义、信大人之事,以为役役于农圃,内弗足以修己,外弗足以治人,非所谓圣贤大学之道正已而物正者,故拒之谕之。譬诸风雨霜露之于万物,长养摧折,无非至教甄陶造育之方,于是为至。吾弃人也,瓠落无所用于世。苟禄四方,靡有树立。兹倦游而归,讲明农事,终岁勤动,谋八口之食,顺天之时,因地之利,尽己之力,以求免于饥馁。上农大且犹不敢望,矧敢言大人之事乎?是故吾几案所展阅者,惟农书、蚕谱、授时历、相牛经、田家、五行占行,坐所讴吟者,惟仲长统《乐志论》、潘岳《闲居赋》、陶渊明、储光羲、王摩诘诸田园杂诗。巷陌相邻,朝夕与往来者,惟牧犊之翁,荷锄之叟,善测晴雨之田父。所愿时和岁丰,为太平一闲人。俾乡里后生咸称之曰'学稼丈人',志愿毕矣。如弗谅某之心,鳃鳃然分别大人小人之事,非特不知鄙

---

① 明嘉靖刻本。

人，而仲尼斥迟之旨，亦难白矣哉！凡有疑于堂之名者，请以是告之。"

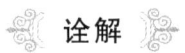 诠解

嘉靖年间丁酉岁，嵩渚子在汴梁修建房屋，一年后房子竣工。地势高，景深长，可以居住可以宴宾客，只是还没有名字。于是我暗自深思道："人生下来，从小到老，没有一天可以放弃学习。现在致仕归家，要学些什么呢？学习农事吧。"所以给堂起名叫"学稼"。有人会说："农事是小人做的事。过去孔子门下，樊迟曾请求学习稼穑，孔子斥责他说'我不如老农民'，并且称其为小人，接着又提出礼、义、信是大人之事，以此来展现他不屑做小人之事。圣人的训诫很明确，这事情人人皆知。先生曾在朝做执宪大夫，现在致仕归家，难道别的事都不能学，只有农事可学吗？"嵩渚子笑着说："不是这样的。那时候樊迟还没有入仕，请求学习农事，孔子认为他志向鄙陋，所以斥责他，并且告诉他大人应该从事礼、义、信这样的事。致力于农圃，对内不足以修身，对外不足以治理国家，不是圣贤应该学习的，可以正己正人的大学之道，所以拒绝他，教诲他。就像风霜雨露养育万物，却又摧折它们，无非是想要让其成才。我一个退休归隐之人，对世上已经没有用了。在各地做官的时候也少有成就。现在倦怠了归家，学习农事，勤勤恳恳谋求八口之家的生计。顺应天时，凭借地利，尽我所能，只求不受饥挨饿。都不敢奢望成为一个好的农夫，又怎么敢谈论大人的事情。所以我案头阅读的书，只有农书、蚕谱、授时历、相牛经、田家、五行等，坐下来所念诵的只有长统的《乐志论》、潘岳的《闲居赋》、陶渊明、储光羲、王摩诘诸人的田园杂诗。邻居和常常来往的人只有放牛的老农，扛着锄头的老叟，善于观测天气的农夫。只希望风调雨

顺，年景丰收，成为一个太平闲人。如果乡里的年轻人都能称我为'学稼丈人'，这就是我的全部志愿。如果不能谅解我的志趣，还去讨论所谓的大人之事、小人之事，不但是不了解我，而且连孔子斥责樊迟的意思也不明白。凡是对我的堂名有疑问的人，请把我在这篇文中的叙述告诉他。"

[明] 刘宗周《论语学案》卷七①

樊迟请学稼，子曰："吾不如老农。"请学为圃，曰："吾不如老圃。"樊迟出，子曰："小人哉，樊须也。上好礼，则民莫敢不敬。上好义，则民莫敢不服。上好信，则民莫敢不用情。夫如是，则四方之民襁负其子而至矣，焉用稼。"好，去声。夫，音扶。襁，居丈反。焉，于虔反。

古四民之业，皆不废学，即道即艺，而大小则有判矣。故士为四民之首，尤专责以大学之道，修己治人之方，而世道所赖以不坠者也。大人之学，礼、义、信而已，道一也。而其肃然整齐者谓礼，截然果断者谓义，肫然恳至者谓信，皆性体之流露也。以此明德，即以此亲民。敬服用情之化，有莫知其所以然者。"夫如是"者，谓果能礼以作民敬，义以作民服，信以作民情，而王道可四达而不悖矣。襁负之至，所为凡有血气，莫不尊亲是也，此学问之极功。儒者之能事，初非有待于外而得之者，视区区稼圃一身之图眇乎小矣，故曰："焉用稼。"世不乏长沮桀溺之辈，如迟者问稼圃，亦从而效之，故夫子斥之。或问："圣人言大人之道，曷不及仁？"

---

① 清《文渊阁四库全书》本。

曰："礼、义、信皆仁也。"

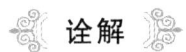 诠解

樊迟请求学习耕稼,孔子说:"我不如老农民。"又请求学种菜,孔子说:"我不如老菜农。"樊迟离开了,孔子说:"樊迟真是没有远大志向的小人啊。统治者崇尚礼仪,百姓就没有敢不尊敬他的;统治者崇尚道义,百姓就没有敢不服从他的;统治者崇尚诚信,百姓就没有敢不真诚待他的。如果能做到这样的话,各地的人民都会用襁褓背着自己的儿女来投奔,哪里还需要亲自种庄稼呢?"

古代四民所从事的职业都不废弃学问,学习大道或者技艺,但学问之大小有区别,所以士在四民中居首位,专门学习大学之道,修己治人的方法。这是世道赖以不崩塌的东西。大人的学说就是礼、义、信,道理都是一样的。使百姓肃然整齐的是礼,截然果断的是义,敦厚恳切的是信,都是性和体的流露。用这些来弘扬高尚的道德,就是以此来关爱百姓。使百姓尊敬、臣服、真诚相待,有人不知道事情为什么会这样。"夫如是"是说如果真能做到崇尚礼仪,百姓敬重自己,崇尚道义,百姓服从自己,崇尚诚信,百姓真诚以待,那么王道就可以传播到各地而不被违背。用襁褓背着小孩来投奔,是因为凡是有血气之人没有不尊敬亲人的,这是做学问的极致。儒者能做的事,最初并不是从外部得到的。所以把农事作为一生的追求的人格局很小。所以说"哪里需要亲自从事耕稼呢?"世上不缺长沮、桀溺这样的人。如樊迟询问稼穑的事情,也是想要跟从学习并效法他们,所以孔子斥责他。有人问:"圣人谈大道为什么没有涉及仁?"孔子回答:"礼、义、信都是仁。"

[明] 陆釴《（嘉靖）山东通志》卷二十四[①]

圣贤

樊须，字子迟，齐人，少孔子三十六岁。迟请学稼，孔子曰："吾不如老农。"请学圃，曰："吾不如老圃。"迟出，孔子曰："小人哉，樊须也。焉用稼。"樊迟问仁，子曰："爱仁。"问智，曰："知人。"唐赠樊伯，宋封益都侯。

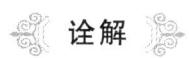 诠解

樊须，字子迟，齐国人，比孔子小三十六岁。樊迟请求学习稼穑，孔子："说我不如老农民。"请求学习种菜，孔子说："我不如老菜农。"樊迟离开了，孔子说："樊迟真是小人啊！哪里需要亲自耕稼呢？"樊迟问什么是仁，孔子说："懂得爱人。"问什么是智，孔子说："能了解人。"

[明] 鹿善继《四书说约》卷十三[②]

樊迟学稼章

稼圃之学，定上"小人"二字，当一猛省。两不如辞气甚厉，孔子原不是干这事的人。大学之道，明德新民。礼、义、信之好在我，而四方万姓总联络于一体，此是吾性体生活，放着提督宇宙的生活不做，而却问稼穑，甚小甚小。○要学孔子，须参透这性体，不是故意说大话。礼、义、信不是到临民时才有。洙泗从游，日用

---

① 明嘉靖刻本。
② 清道光二十四年刻本。

寻尝便是真境界,要他打开这门。

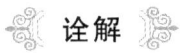 诠解

学习耕稼、种菜被冠上"小人"两个字,就需要深刻反省。孔子说的两个"不如"言辞极严厉,孔子原本不是这样的人。大学之道在于申明道德、教化百姓。我崇尚礼、义、信,四方的百姓就都会前来归顺。这是我对事情的感受和体验。放着治理天下的事不去做,反而要去询问耕稼,格局真是小。○要了解孔子,就需要懂得他的学说和体用,而不是故意说大话。礼、义、信不仅是在面对百姓时才需有。跟随孔子学习,日常的事情就是真境界。孔子是想要樊迟打开真境界的大门。

[明] 吕柟《四书因问》卷四①

颜渊篇

彝叔问:"先事后得,是德日积而不自知乎?"先生曰:"若说日积而不自知,便是有意于得了,下不得个'后'字,但有个先事后得心,便是崇德也。如汉时董仲舒亦见得此意,曰:'正其义不谋其利,明其道不计其功。'此言甚好,故程子称其度越诸子,有儒者气象。"又问:"攻其恶及一朝之忿,如何?"先生曰:"此亦因樊迟粗鄙近利之失而告之耳。若颜闵诸子,夫子则无此说矣。"渐卿问曰:"樊迟虽是粗鄙近利,然看他问词却甚切实。"先生曰:"此所以为孔门之学。观樊迟问学稼学圃,宰我问短丧,皆是切实。自家到处说,不比今人之泛滥高远也。"

---

① 清《文渊阁四库全书》本。

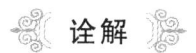 诠解

彝叔问:"'先事后得',是不是德行日益积累,而不自知?"先生回答:"如果是日益积累,而不自知,便是重点关注到'得'了,没有关注到'后'字。但凡有个'先事后得'的心,就是崇尚德性。就像汉代的董仲舒也有这个意思,他说:'匡扶正义不要计较利益,扶正大道不要计较功劳。'这话说得特别好,所以程子称他超越了其他学者,有儒学大家的风范。"又问:"攻击他不赞成的事物,并有一时的忿恨不平,怎么样?"先生回答:"这是因为樊迟志向鄙陋,有求利的过失,才教诲他。像颜回、闵损等学生,孔子就不会这样说。"渐卿问:"樊迟虽然志向鄙陋,喜欢求利,但是看他说话却非常朴实。"先生回答:"这就是孔门的学养。樊迟询问稼圃,宰我问短丧,所言都很朴实。如果自己到处夸耀,不比现在这样的说法泛滥高明许多。"

[明] 吕柟《四书因问》卷四

子路篇

樊迟学稼圃,亦人事之常,而夫子拒之甚者何?曰:"夫子设教,固欲使天下为农圃者各得其所。而迟乃自欲为农圃,则非夫子之教矣,故曰小人。"

戴光问:"上好礼、好义、好信,就身说就政说?"先生曰:"观其以上下对言,是自身而达之政说。然礼即是欲之反,义即利之反,信即伪之反。且樊迟是个粗鄙近利的,故问稼圃,夫子告之好礼、好信,有警他要志向远大的意思。好义有警他切勿近利的意思。"问:"夫子拒樊迟学稼圃,类孟子之辟许行并耕否?"曰:

"不类。许行盖欲以其并耕之术施之国家，樊迟直是欲以稼圃习之于己。"

钥问："樊迟学稼似与伊尹耕莘一样，何夫子不取之耶？"先生未答，一生曰："伊尹耕于有莘，乐尧舜之道，与樊迟之问不同。"先生曰："是固然。大抵农圃也只是小道。若圣人教人，还有个明德新民之学也。"又问："樊迟未仕时，夫子告以上好礼、好义、好信，不几于相戾乎？"先生曰："樊迟志陋，若非夫子进他，则不知有这等高明事了，故夫子曰：'小人哉'，抑之也。究而论之，稼圃之事仅利于一己。若大人以天下为度，便欲使物物各得其所者耳，何屑于稼圃？看来圣门教人，只是这个仁，不知你们有这心肠否？若无这样心肠，不惟不能视万物为一体，且将分尔我，隔形骸。虽于稼圃，亦不能通矣。"某问曰："好礼工夫甚难。"先生曰："礼无处无之。如未仕时，亦有这礼。惰慢之气，不设于身体，周旋中规，折旋中矩，皆是好礼的工夫。"

诠解

樊迟学习农事也是人之常情，为什么孔子这样拒绝呢？先生回答："孔子教育人，是想要天下从事农业的人都各得其所，而樊迟是自己想要从事农业，这不是孔子想要教的东西，所以叫他小人。"

戴光问："统治者好礼、好义、好信，是针对自己还是针对政事？"先生回答："观察他的前言后语，是从自身推及政事。然而礼仪就是欲望的反面，道义就是利益的反面，诚信就是虚伪的反面。况且樊迟是志向粗鄙，喜欢追求利益的人，所以他问农事的时候，孔子告诉他要崇尚礼和信，是在警示他要树立远大理想。告诉他崇尚道义，是在警告他切不要追求利益的意思。"问："孔子拒绝樊迟学习农事，是不是与孟子驳斥许行的并耕学说一样？"回答："不一样。许行是想要用他的并耕学说来治理国家,樊迟只是想要以农业为自己的事业。"

钥问:"樊迟学习稼穑就像伊尹在莘野耕种一样,为什么孔子不同意呢?"先生没有回答。一个学生说:"伊尹在莘野耕种是乐于奉行尧舜的大道,与樊迟的问题不一样。"先生回答:"确实是这样。但是农业大概也只是小人做的事。孔子教诲人,还有弘扬高尚德行和自新其德的学说。"又问:"樊迟还没有入仕的时候,孔子告诉他统治者好礼、好义、好信,不是不合时宜吗?"先生说:"樊迟志向鄙陋。如果不是孔子教导他,他就不会知道有这样的高明的事情,所以孔子说他是小人,来制止他。终究农事只是对他本身有益。如果从治理天下的角度来看,就要使各事各物各得其所,哪里屑于从事农事呢?看来孔子教育人的中心就是仁。不知道你们有没有这样的心思?如果没有,不仅不能使万物为一体,而且会分别你我,隔绝彼此。即使是农业,也不能通晓。"有人问:"在崇尚礼仪上做功夫是很难的。"先生说:"礼无处不在。没有入仕的时候,也有礼存在。不让懒惰怠慢的习气出现在自己身上,中规中矩地待人处事,这些都是崇尚礼仪。"

[明] 茅坤《茅鹿门文集》卷三十二[①]

顾侍御课余草题辞

予少习举子业,览国朝诸名家,大较有三言为符:始之认题,欲其透以解;次之铸辞,欲其博以雄;又次之鼓调,欲其宕以雅。

---

① 明万历刻本。

抑及以此显游学士大夫间,及晚年来,取六籍及四书之旨而折衷之,则又以炼心为本。炼心云者,所深求乎圣贤之学,而得其名理之至者也。《易》以道阴阳,《诗》以道性情,《书》以道政事,《春秋》以道名分,《礼》以道度数,其旨不同。而仲尼者,所谓圣人之言,远如天,近如地矣。其它曾子之言切以实;子思之言精以深;孟子之言昌以辩。颜渊、仲弓问仁,子路问强,子贡问政,樊迟问稼,原宪问耻,学之者各狃夫质之所近以为学,而教之者亦各因其才之所及以为教,疏其明而通其蔽,高下小大深浅之旨曲以中,繁而赜,殆不可胜数。

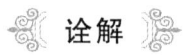

诠解

我年少之时修习科举,通览各名家的学说,认为大概有三句话符合真理。首先要读懂题意,以求窥透其答案。其次要锤炼言辞,以求文章雄达。再次要鼓荡论调,以求雅正跌宕。往昔以此来使自己在士大夫间学问昌明。晚年以来,我取六籍和四书的主旨折中之,认为学问大以锤炼心性为根本。锤炼心性所深刻要求的就是探求圣贤的学说,得到其中深意的人就能靠近大道。《易经》是讲述阴阳的,《诗经》是讲述性情的,《尚书》是讲述政事的,《春秋》是说明名分的,《礼》是说明言行举止的限度的。它们的主旨都各不相同。而孔子这样的圣人的言论,像天一样远,又像地一样近。曾子的言论非常朴实,子思的言论很精确、深刻,孟子的言论昌明思辨。颜回、仲弓问什么是仁,子路问什么是强大,子贡问政事,樊迟问稼穑,原宪问什么是可耻。学习的人各根据自身特质选择愿意学习的事物,教诲他们的人也根据他们的特质和能力来教育他们,疏通他们明了的和被蒙蔽的。这些学说的主旨的高下小大深浅,都是繁复而高深的,不可胜数。

[明] 茅坤《茅鹿门文集》卷三十二[①]

从祀议

尝闻祀者，事也，人所共严而事之之谓祀，故《易》曰："萃，有庙。"然则今学士大夫所议请从祀孔庙者纷然，甚且互为异同。大较其所首之以陈献章、王守仁者什之九，次之以吴与弼、罗伦、胡居仁、章懋、庄昶、陈真晟、贺钦、罗钦顺、蔡清、王艮、罗洪先诸辈什之二三，甚者下及吕柟、黄仲昭、周瑛、高明之徒。言人人殊，无他，人之所见不同。……大略国朝以来，献章、守仁，盖于圣门庶几中行者已。要吴与弼崛起江西，首倡心学，而陈献章首从海南师事之，已而贺钦、庄昶、王艮辈并称旷达，殆狂者之近也。薛、胡之后，又得罗伦、陈真晟、罗钦顺、章懋，近复继之蔡清、罗洪先辈，或抗疏直谏，或砥行闾里，或经学沈潜，或名理醇粹，其材器小大不同，而要之并狷者之近也。且孔门之聚敛如冉求，圃稼如樊迟，甚且欲如申枨，愬季路如公伯寮，其它子弓以下不可胜数，并得按《家语》所载名氏而祀之者何？以其尝及圣门登堂习礼，或谓其身通六艺，似足以绍明而羽翼之故也。然则诸子者，并国家累圣缉熙，天开文明之助，于圣门千年而还，庶几得其一体者，举而祀之，又何不可乎？第国莫大于祀，祀莫大于孔庙，必日久而后公。

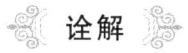 诠解

曾经听说祭祀即侍奉，人们都严肃侍奉的叫作祭祀，所以《易经》说："《萃卦》即有宗庙。"现在的士大夫所议论的应从祀孔庙者的众说纷纭，甚至各不相同。大概十分之九的人尊崇的是陈献章、王守仁。其次，有十分之二三的人尊崇吴与弼、罗伦、胡居仁、

---

① 明万历刻本。

章懋、庄昶、陈真晟、贺钦、罗钦顺、蔡清、王艮、罗洪先等人，甚至还有更向下尊崇吕柟、黄忠昭、周瑛、高明等人。每个人的说法各不相同，没有别的意思，只是见仁见智罢了。大体本朝以来，献章、守仁是圣人门中基本合乎中庸之道的人。吴与弼在江西崛起，倡导心学，而陈献章最先从海南拜他为师，之后贺钦、庄昶、王艮等人都以是放任达观而知名。他们近似于敢作敢为的狂者。薛、胡之后，又有罗伦、陈真晟、罗钦顺、章懋等人传承心学。传承其学说的近来又有蔡清、罗洪等先辈。他们有的抗击章奏、上书直谏，有的在乡间砥砺品行、修养道德，有的潜心经学，有的醉心名理。他们的材质、器用大小不同，但总体来说近似于流于退缩的狷者。孔门中善于聚敛财富的如冉求，从事稼圃的如樊迟，多欲望的如申枨，毁谤子路的如公伯寮，在子弓以下的还有很多人，为什么一并要按照《孔子家语》记载的姓名祭祀他们呢？因为他们曾在孔子门下正式修习礼仪，或者是因为他们精通六艺，似乎足以接续孔子大道，堪为孔学的羽翼的缘故。可是孔门诸子还有启发历代君主的光明德行，成为风行草偃、化成天下文明的助力。在孔门千年以来，他们基本能发扬光大其中的一个方面，祭祀他们又有什么不可以呢？一个国家中，没有比祭祀更重要的事，祭祀中没有比祭祀孔庙更重要的事。一定要时日长久，这一说法才能得到证明。

[明] 孙承恩《文简集》卷三十二[①]

阅耕楼记

孙子居宅之后，有常稔之田七十亩。既闲居，则修厥农事，斥

[①] 清《文渊阁四库全书》本。

地数丈立圃，复即其北作楼四楹以临之。楼小而虚，无障碍，可以远眺，烟蓑雨笠，农歌牧唱，日与耳目接也，因名楼曰"阅耕"。昔者樊迟请学稼，圣人斥其为小人之事而不与者也。予其为樊氏矣乎！夫耕非不善也，君子于天下，其自负重，则其平居之所问学必有远且大者，耕稼非所先矣。而迟也独欲专意以讲求焉，则是未尝有志于远大，此圣人所以深陋之，而非以耕为不善也。彼历山、莘野，何为者哉？徐孺子非其力不食，躬耕隆中者出为王者佐，朝耕暮读，韩愈氏所以称董生者，而可谓耕为不善耶？予家世本农也，幸忝禄仕二十余年，兹将倦而归休矣，则进而朝暑，退而畎亩，固予事也，而又何嫌乎樊氏之同哉？夫道无乎不在。世俗浮靡之弊极矣。予盖将敦本实，谢纷华，念生民粒食之艰，思造化发育之盛，歌《豳风》，诵《无逸》，想见三代盛时气象，岂不充然有得哉？若夫饔飧之需，资俯仰之用，所以先事而为之者，此生民之大端，而圣贤所不免，予不能废也，乃作楼记。

诠解

孙子归居田园后，有熟田七十亩。既然闲居在家，就从事农事，辟出几丈建了一个田圃。又在北边建了一座四间小楼与之相邻。虽然楼较小而空，但前面轩敞，没有遮蔽视野的障碍物，可以远眺。日日都可听到、看见烟雾中的蓑衣，雨中的斗笠，农民、牧民歌唱，所以给此楼起名叫"阅耕"。过去有樊迟请求学习耕稼，被孔子斥责为志向鄙陋而不被允许学习耕稼。我就是樊迟啊！农耕并不是不好的事。君子对天下有责任，那么他们在平时所问所学的一定有远大而深刻的道理和学问。种庄稼并不是优先考虑的事情，而樊迟是专心专意想要学习种庄稼，这是没有远大志向的表现，这是孔子不太看得起他的原因，孔子并不是认为农耕不好。如果孔子是这个意思,那舜、伊尹耕稼又怎么解释呢?徐孺子,不是他种的庄稼就不吃。诸葛亮在隆中务农,出山则能辅佐君主。韩愈所称赞的董生就是早上耕种,晚上读书。怎么可以说农耕是不好的呢?我家中本来就是务农的,有幸入仕二十多年,疲倦而退休了。进能在朝为官,退能在家务农,这本来就是我该做的事,为什么要嫌弃自己跟樊迟一样呢?道无处不在,如今世俗奢靡浮华之风很严重,而我要力主本真,摒弃浮华,考虑普通百姓种植粮食的艰辛,想到天地孕育万物的兴盛,唱《豳风》,诵《无逸》,想象三代时的盛景,难道不是很充实吗?至于说通过从事农事来满足日常开支和祭祀之用,是先从事农业而后在其他方面有所作为,这是生而为人的重要方面,圣贤都不能避免,我不能废弃这一传统,所以写作一篇楼记。

[明] 孙慎行《玄晏斋困思抄》卷二①

远人

汉疏说离道,直云善道,可离非道者,梗塞之处如邪僻难行。此说善最明。君子戒慎,慎于为善;君子恐惧,惧于为不善。所不睹、所不闻天命之善,统宗地也。即此善诚身,便是孟子可欲之善,便可独善其身,与兼善天下,而无二,故既有可离非道之戒矣,复有远人不可为道之戒。离者以其不切于身,远者以其不切于治人。治人之则不远,道不远也。道之不远,忠恕不远也。忠恕之不远,庸德庸言慥慥也。若远人为道,何名可欲之善?窃意学稼圃之樊迟,却赐之万章,当未免信、礼、义。中庸之道,民莫不至,何必离世之为善?所谓不远人也,交际中庸之道也。际可、公养可仕,何必

---

① 明崇祯刻本。

绝物之为善。所谓不远人也，不离道，从一身言，故提出中和。不远人，从人之为道言，故推到忠恕。非有中和，亦做忠恕不出。非身不离道，亦决不能不远人为道。君子读《不远人》章，即知能尽其性，则尽人之性。

诠解

汉疏说远离大道，径直说正道是不可以片刻远离的，如果可以离开，那就不是道了。若离开道，就如梗塞之地般乖谬难以行走。这一说法最是明确。君子警戒、慎重，就是要慎重地做善事；君子恐惧，就是恐惧做不善的事。没有目睹过，没有听过天命的善，所以都尊崇大地。这种善可以使人至诚立身行事，就是孟子所说的值得为人喜爱的善，这样便可以独善其身，也可以兼善天下。而如果没有这两者的话，就会先有如果可以离开，那就不是大道的戒惧，后有远离百姓的人不可以修行大道的戒惧。离开大道的人认为他不适合自己，而远离百姓的人认为他对治理天下没什么用。距离治理天下不远，离大道就不远了。距离大道不远，距忠恕就不远了。距离忠恕不远，低俗的德行和言论就不会出现了。如果远离百姓而去追求大道，还有什么值得为人喜爱的善可言呢？想要学习稼穑、种菜的樊迟，拒绝别人礼物的万章，都没有远离礼、义、信。推行中庸之道，没有百姓不来归顺的，何必一定要断绝人事交往而去做善事呢？所谓不远离百姓就是在与人交往时遵循中庸之道。如果统治者是以养贤之礼来对待士人，是可以入仕的，何必一定要断绝人事交往而去推行善呢？所谓的不远离百姓就是不远离大道，是从自身出发，故而提出中和思想。所谓不远离百姓是从人推行大道而言的，所以推及忠恕的层面。如果本身没有中和思想，也做不出忠恕的事情。如果不是身体须臾不离开大道，也绝对做不到不远离百姓追求大道。君子读了《不远人》这一章，就能懂得能充分发挥自己的天赋本性，就能充分发挥众人的天赋本性的道理。

[明] 王直《抑庵文后集》卷三十六①

书方寸地说后

予往年家居时，有田数十亩在城西郭外，为学之暇，则秉耒以耕田旁。萧道载，博识之士也，过予相告曰："昔樊迟请学稼，夫子自谓不如老农。吾老农也，敢告子，"昔吾邻有二人，皆治田，其一贾人也，而用力甚勤，当春而耕，既耕而燔之。夫当春而耕，则治田固弗豫也。既耕而燔之，则非吾土之所宜也。种而莳，莳而即耘。蜷曲其根，而提挈其本。幸而向荣也。壅之或太过，灌之或太深，反有以伤其气，而田利损矣。其一隶人也，而用力甚简，当春而耕，耕而莳，莳而一耘之，即去不复顾，曰：'吾田沃而种美，治如是足矣。'或潦焉，或涸焉，螟蜢害之，蓑稗秽之，而田益芜矣。于是二人皆咎田，以为不足治，卒皆复其业。吾治田则不然，先冬而耕，使受霜雪，既春而其土释释矣。及时而种，则其种已先择矣。莳焉而不伤其根，耘焉而不害其本，粪之适多寡之宜，溉之视浅深之节，不亟焉，不徐焉。去其所宜去，施其所宜施，优游以待其成而后敛焉，故吾入常倍。夫田，生物者也。二人用力虽不同，然皆失之，而独吾得焉，子唯吾视。"予从之连岁，果大获。既而思之，非独治田也，凡人之治心养性，亦如是而已。彼勤而害其田者，非此之好奇喜新、贪利务速而过夫中道者乎？彼简而芜其田者，非此之偷惰苟且，恃常习故，而不及夫中道者乎？

① 清《文渊阁四库全书》本。

诠解

我过去居住在家的时候，城西城墙外有几十亩田。读书之余就拿着农具去耕种。旁边的萧道载是位博学的人，路过时对我说："过去樊迟请求学习稼穑，孔子说自己不如老农民。我就是老农民，告诉你，过去我的邻居有两个人都从事农业。其中一个是商人，耕种的时候过于勤奋了。春天开始就耕田，耕田之后就焚烧。春天刚开始就耕田，对田就已经不太好了。耕过之后又焚烧，也不是土地所适宜的。种了之后就移栽，移栽之后就除草，使根蜷曲，揠苗助长。就算禾苗长得好，但施肥施得太过，灌溉得太深，反而伤害了土地，使地力受损。另外一个是低阶官员，耕种又太过简单。春天开始耕种，耕种之后移栽，然后除草，之后就再也不去管了，说：'我的田地肥沃，种子优良，这样就足够了。'它的田要么因雨水过多而淹没，要么干涸，病虫侵害，杂草丛生。田也逐渐荒芜。于是两个人都怪罪田不好，不值得耕种，就回去做他们各自原本的事业了。我耕种就不是这样，冬天就耕田，使它经受霜雪，等到春天土质就很松弛了。到了时候就种下种子，种子是提前挑选的。移植的时候不伤害它的根须，除草也不伤害它的本体，施肥的量合适，灌溉要看它的深浅，不快不慢，除掉该除掉的，给它应该给的，悠闲地等待它长成，然后收获。所以我的田里的收获是他们两人田的许多倍。田是生长作物的。他们两个人耕种的方式虽然不一样，但都有失误，只有我得到了其中的奥妙。你向我看齐。"我跟着他做了几年，果然大获丰收。后来我思忖道，不仅仅是治理田地，人治心养性也是一样的道理。那个因太勤快而损害了田地的人，不就是自求奇新、贪利求速，以至于超过了中庸之道的人吗？那个太过简略而使田地荒芜的人，不就是偷懒怠惰，依赖习惯，不改过而达不到中庸之道的人吗？

[明] 乌斯道《春草斋集》卷六[①]

农庄记

凤阳果园有王先生者,博学好修,至耒耜亦未尝不手操也。因以农庄名室而求记于余。余谓:"力农者满天下,其憾于劳者恒多,其安于劳者恒少。安焉者乐,憾焉者忧。余略其忧而述其乐,可乎?方春日载阳,仓庚鸣矣。修我良耜,爰举我趾。适彼南亩,既耕且种。薅其稂莠,长我嘉苗。雨则蓑笠袯襫,暑则息于木阴。妇馈壶酒,酒酣耳热,其歌呜呜然。迨乎铚艾,其粟满车。输官之余,厚养父母。室左右前后,桑麻郁然,鸡豚错然,方社八蜡,与井里长幼醉欢忘礼。一室之内,琴瑟静好,书籍在前,暇则坐庄中从容赋诗,宾客至则宴坐谈笑。凡履危蹈险,可怖可愕之事,举莫知之,顾其乐为何如哉?君之事此,其殆安焉,而乐之者乎?夫既可乐矣,而孔子独不许樊迟学稼之请,何欤?盖当时樊迟必已在位,禄足代其耕矣,不得不勖其大者。兹居闲之士,进不偶时,动则违俗,又孰愈于老农者哉?然古者仕出于农,今圣天子在上,又下诏选孝悌力田之士而大任焉。先生尝应乡举,三以不利自晦。若先生者,必有时而出矣。"

诠解

凤阳果园有位王先生,博学而且喜欢实践,就连农具也是自己亲手做的。他的室的农庄为名,请求我写一篇文章。我道:"从事农业的人天下到处都是,因从事农业非常劳累而感到遗憾的人很多,安于劳累的人却很少。安于劳累的人就会快乐,为辛劳感到遗憾的人就会忧虑。我忽略这样的忧虑而陈述他们的乐趣,可以吗?

---

① 《四明丛书》本。

春天的时候阳光普照，黄莺歌唱，修复农具，走到田里，耕田种地，除掉杂草，使作物长得好。雨天就披上蓑笠蓑衣，夏天就在树荫下休息。妇人赠送一壶酒，喝酒喝到畅快处，耳朵发热，唱起歌来非常愉快。到了收获的时候，满车谷物，除了缴纳赋税之外，还能奉养父母，宴请邻居。房子的左右前后，长满了郁郁葱葱的桑麻。鸡猪错杂，举行庆祝丰收的祭祀活动的时候，与乡里的长幼共同饮酒，无论尊卑。房间里琴瑟安然矗立在那里，书籍摆在眼前。闲暇的时候就坐在庄园里从容作诗，有客人来就摆设宴席相坐谈笑。危险的恐怖的事情一概不知，他们的快乐怎么样呢？您大概对当下的生活是满足的，且乐在其中。既然有乐趣，但孔子不允许樊迟学习稼穑的请求是为什么呢？大概当时樊迟已经入仕，有俸禄足够代替耕种，孔子不得不勉励他做大事。但闲居的士人，进不能逢时显达，动辄违背习俗，又有什么比做老农更好呢？古代的官员都出自农业，现在天子又特地下诏要求选拔孝悌的农民托付大任。先生曾经去参加乡举，三次考试都没通过，于是自隐才能。像先生您这样的人一定会有机会入仕的。"

[明] 徐光启《农政全书》卷一[①]

诸家杂论上

戴埴论曰："玄扈先生曰：《书》不删《无逸》，《诗》不删《豳风》。夫子告须之辞，亦犹孟子不欲并耕之意耳。樊迟学稼学圃，夫子固以须无志于大而鄙之，然夫子所谓不如农圃，则是真实之辞。古者，人各有业，一事一物皆有传授。问乐必须夔，问刑必须皋，农

---

① 明崇祯平露堂本。

事非后稷不可。禾、麻、菽、麦、秬、秠、糜、芑，各有土地之宜，方苞、种褎、发秀、颖粟，各有前后之序。本末源流，特概见于《生民》《七月》。《周礼·敂职事》曰：'稼穑、树艺，及任农以耕事，任圃以树事，是各有职。'老农老圃，盖习闻其故家遗俗，穷耕植之理者也。此许行所以学农家。今以所传《齐民要术》，亦可想农圃之梗概。《管子·地员》一篇载土地所宜，比《禹贡》尤详悉。《亢仓子》说农道，大有意义。稼容足，耨容耰，耘容手，谓之耕道。人耨以旱，使地肥而土缓。稼欲产于尘，而殖于坚。其种勿使数，亦无使疏。施土无使不足，亦无使有余。畎欲深而端，亩欲沃以平。下得阴，上得阳，然后盛生。吾苗有行故速长；强弱不相害故速大。苗其弱也欲孤，其长也欲相与居，其熟也欲相扶，其耨也长其兄而去其弟。树肥无扶疏，树硗不欲专生而独居。肥而扶疏则多秕，硗而专居则多死。其说禾、黍、稻、麻、菽、麦，得时失时尤详且悉，与《吕氏春秋》大概略同。昔李斯请史官，非秦纪皆烧，所不去者，医药、卜筮、种树之书。《艺文志》：'《神农》二十篇，《野老》十七篇，《宰氏》十七篇，《董安国》十六篇，《尹都尉》十四篇，《赵氏》五篇，《氾胜之》十八篇，《王氏》六篇，《蔡癸》一篇，九家百十四篇。'要之各有传授，不可例以夫子鄙须，遂谓无此学也。"

谚曰："智如禹汤，不如常耕。"是以樊迟请学稼，孔子答曰："吾不如老农。"然则圣贤之智，犹有所未达，而况于凡庸者乎？

诠解

戴埴说："玄扈先生说：《书》里没有删掉《无逸》，《诗》里没有删掉《豳风》，孔子告诉樊须的话与孟子不赞成许行的君民并耕学说的意思一样。樊迟请求学习种田种菜，孔子固然因为樊迟没有做大人的志向而看不起他，但他说自己不如老农民、老菜农却是实话。古时候，人各有自己的职业，一事一物都需要有人传授。学习乐，一定要向夔请教，学习刑法必须向皋请教，学习农事则必须向后稷请教才行。禾、麻、菽、麦、秬、秠、穈、芑这些农作物各有适合种植的土地。方苞、种褎、发秀、颖粟各有前后顺序。本与末，源与流都掌握在百姓手里。《周礼·职事》篇说：'种庄稼、种树，让农民去种庄稼，园圃去种树，各有自己的职事。'老农民、老菜农就是懂得耕稼、种植原理，家里有务农传统的人。这就是许行学习的农学家。现在流传的《齐民要术》，也可以见到种庄稼、种菜的梗概。《管子·地员》一文中记载的何种作物合适种在哪里，比《禹贡》记载的详细多了。《亢仓子》一文阐释耕种的道理非常有价值。行距之间种种子的时候要容得下脚，除草时要容得下锄头，收摘时要插得进手，就是耕道。在天旱的时候锄草，可使土地肥沃而土质松缓。庄稼要在细软的土中萌发，在坚实的土中生长。播种一定要小心，不能过密，也不能过疏。在覆土盖种方面，不能缺土，也不能使土过厚。田地中间的沟要深而平整，亩要肥沃而平坦。这样禾苗在下面能得到阴气，上面能得到阳气，就会生长茂盛。禾苗出土成行就会长得快，强壮的和弱小的互不妨害就会快速长大。禾苗在幼小时，以独生为宜。长起来以后要靠拢在一起，成熟时应相互依扶。锄草间苗的时候要安养先生的壮苗，去掉后生的弱苗。在肥沃的土地上种植，不要种得过稀使庄稼疯长。土地肥沃，庄稼又长势过旺，秕子就会结的多。土地贫瘠而庄稼又挤在一起，禾苗就会死得多。这本书上介绍禾、黍、稻、麻、菽、麦的种植时令非常详细且全面，与《吕氏春秋》记载的大概相同。过去李斯要求史官把不是秦国历史的书都烧了，只有医药、卜筮、种树的书没有烧掉。《艺文志》载：'《神农》二十篇，《野老》十七篇，《宰氏》十七篇，

《董安国》十六篇,《尹都尉》十四篇,《赵氏》五篇,《氾胜之》十八篇,《王氏》六篇,《葵葵》一篇,共九家一百一十四篇。'总之,各家都有所传授。不可因为孔子鄙视樊迟的例子,就认为没有农家这门学问。"

谚语说:像大禹、商汤这样的智慧,在农业种植方面不如常常从事耕种的老农。所以樊迟请求学习稼穑,孔子回答:"我不如老农民。"即使是圣贤的智慧也有达不到的地方,况且平凡人呢?

[明] 徐𤊹《笔精》卷五[①]

经语小词

辛稼轩多作词调。《赋稼轩,集经语·踏莎行》云:"进退存亡,行藏用舍。小人请学樊迟稼,衡门之下可栖迟,日之夕矣牛羊下。去卫灵公,遭桓司马,东西南北之人也。长沮桀溺耦而耕,丘何为是栖栖者。"

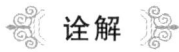

辛弃疾写作了很多词调。《踏莎行·赋稼轩,集经句》说:"人生在世,应知进退存亡。用则行,不用则藏。小民请求像樊迟一样学习稼穑,躬耕田园。安贫乐道,清心寡欲。太阳落山,牛羊归圈,怡然自乐。孔子离开卫灵公,又遭到宋国司马桓魋的邀击和追杀。他多年来周游列国,干谒诸侯,行踪不定,四处碰壁。还是学隐士长沮、桀溺,隐居躬耕,不要学孔子四处奔波。"

---

① 文渊阁《四库全书》本。

[明] 杨慎《升庵集》卷七十九①

稷之名

稷，五谷之长，故陶唐之世名农官为后稷。其祀五谷之神与社相配，以为五谷不可遍祭，故祭其长以该之。稷又名齐，或为粢，故祭祀之号稷曰明粢。而言粢盛者，本之《礼运》"粢醍在堂"是也。稷又名穄，《吕氏春秋》饭之美者有阳山之穄。然则稷也，粢也，穄也。字有古今异文，语有轻重殊音耳。以上罗端良说。呜呼！周公大圣也，而曰明农，则农亦未易明。樊迟圣门高弟也，而曰学稼，则稼亦未易学。丈人隐于农者也，亦云五谷不分。五谷诚未易分也，而况芝英乎？

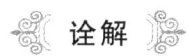 诠解

稷是五谷之长，所以陶唐时期农官的官名为后稷。祭祀五谷诸神要与社相配，五谷诸神不能都进行祭祀，所以以五谷之长为代表进行祭祀。稷又叫作齐，或是粢，所以祭祀的时候称"稷"为"明粢"。称"粢盛"是根据《礼记·礼运》中"在堂上摆上粢醍（清酒）"来说的。稷又叫作穄，《吕氏春秋》记载阳山的穄非常美味。也就是说稷就是粢，就是穄。字有古今的异同，话语有语气轻重和发音不同的原因。以上是罗端良的说法。唉！周公是大圣人，他说过要辨明农事，说明农业是不容易弄清的。樊迟是孔子门下的弟子，曾经要求学习稼穑，说明稼穑也是不容易学的。隐于农业中的士人，也说五谷不分。说明五谷实在是不容易分辨的，更何况是珍贵的灵草呢？

---

① 清《文渊阁四库全书》本。

[明] 尹襄《巽峰集》卷七[①]

继耕记

吉水之白沙，有韦布士罗君性全者，别号曰"继耕"。其子大学生阳泰，比在都下，求诸士夫，诗以歌咏之，且请予为之记。罗氏故业儒，君通经书，喜赋诗，弗获世用，教授乡间里之东南。垦田若干亩，及时督童仆耕获以为生事，亦以自适，晏然忘其身之老也。又其先世尝有号"耕乐"者，故以继为言。耕，敦本也；继，承志也。敦本，淳也。承志，孝也。于是可以识君之所存矣。或谓"舜耕历山，伊尹耕莘野，彼二圣人尝亲为之，而孔子于樊迟，孟子于许行，顾深辟其非焉，何居？"予以为许行驾为神农之说，欲使君民并耕，市不贰价，是言老庄之意，与吾圣人教殊，故不得不辨。樊迟稼圃之请，不言所以然，要其归，与许行何异？孔、孟之论，盖病其道术之谬，不可以治天下国家，而非谓其事之不可也。抑迟之意，安知其非以周衰文胜，逐末背本，而欲为是以矫之也。彼许行者，又特激于当时之君厉民自养，民无常业，去为奸伪，欲行上古之事以救之。其言虽害道，然于此可以观世变矣。欧阳子曰："井田废，而兼并游惰之奸起。"某是之谓乎！然在汉时，诏举力田者与孝弟并称，犹有古之遗意。而后之君子，若徐孺之自食其力，庞公之妻子俱耘，孔明之躬耕南阳，梁鸿之耕织为业，皆隐逸者之高致。传载诸史册，以为美谈。故予于罗君取号之意，嘉其有古之淳风焉，曰以是继其先世，又非所谓弗肯播、弗肯获者，岂得不进之于孝乎？盖古之时，士农本 ，而工商不得以齿其列。民业有常则不迁于物，不迁于物则习俗淳美，习俗淳美则材彦辈出。是以管子有言："秀民之能为士者，必足赖也。"然则罗氏之子孙，异时

[①] 清光绪七年永锡堂刻本。

其将有誉髦魁奇者，出以资明时之用。夫固继耕有以甄陶启迪之而然欤，泰也又安可以不自勉？

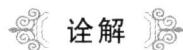 诠解

吉水白沙有位叫罗性全的人，其别号为"继耕"。他的儿子大学生阳泰近来在都城，请求士大夫作诗歌来歌咏他，并且请求我为其撰写记。罗氏过去是学习儒学的，罗君通晓经书，喜欢作诗，没有入仕，在乡东南方教授学业。他有若干亩田，按时督促奴仆耕种收获以谋生，生活非常闲适，忘记了自己已经老了。他的先辈已有人的号为"耕乐"，所以他自己叫作"继耕"。耕是从事本业，继是继承志向。从事本业是淳朴，继承志向是孝顺，由此可以理解罗君的为人了。有人说舜曾在历山耕种，伊尹曾在莘野耕种，这两位圣人都曾经亲自从事农事。而孔子曾大斥樊迟的错误，孟子曾大斥许行的错误，为什么呢？我认为许行实践神农的学说，想要使君民共同耕种，市场价格一致，是有老庄学说的意思，与孔孟的学说不一样，所以一定要辨明。樊迟请求学习稼穑、种菜，如果不说明原因的话，从根本上来说，与许行有什么差别呢？孔孟的言论是在纠正他们对大道的背离，其所用方法不可以用来治理国家，并不是说不能从事农业。又怎么知道孔子斥责樊迟的意思不是因周朝衰落，文化过分兴盛，人们舍弃本业，追逐末业，于是他想要纠正其弊呢？许行特别有感于当时君主侵夺农民，养活自己，百姓没有安定的职业，而去做奸诈虚伪之事的现状，想要推行上古学说来拯救社会。虽然他的言论对大道有害，但由此也可以观察到世风的变化。欧阳修说："井田制废除之后，兼并土地和懒惰、游散的奸人逐渐出现。"说的就是这样的情况吧！在汉代的时候还会下诏推举从事农业与以孝悌著称的人。这一举措犹有上古的遗风。而后来的君子，像徐孺子自食其力，庞德公与妻子儿女一同耕种，孔明躬耕南阳，梁鸿以

耕织为业，都是隐士中的高人，以至载入史册，成为美谈。所以我认为罗君取号的意思有上古淳朴的风气，以此表达继承先辈的遗志，不是不肯播种，不肯收获的人，岂不是非常孝顺的人吗？古时候的士人和农民本来是一体的，而手工业者和商人不能列入其中。百姓的职业稳定，就不会被物欲驱使。不被物欲驱使，就会风俗淳朴。风俗淳朴就会人才辈出。所以管子说："杰出的农民成为士人的，一定值得依赖。"所以罗氏的子孙，以后将有十分优秀的人才出现，在本朝获得大用。这本来有继耕化育启迪的功劳，其子阳泰又怎么可以不借以勉励自己呢？

[明] 袁黄《游艺塾续文规》卷十七①

河南"上好礼"六句。〇君子劳心，小人劳力。樊迟请为稼为圃，夫子只□之以好。盖为者身劳之，好者心联之也。其所好礼、义、信，皆不是好一身之物。如好礼，乃是好万民秩叙之典。思必中必正，以为天下则，举一世而纳之，齐庄寅畏之中。好义好信皆然。此便是大人家法。大率儒者学问不至于经世，则分量不完，而经世学术，不本之大道，则施为皆错。

诠解

君子劳累心力，小人劳累体力。樊迟请求学习耕稼、种菜，孔子用崇尚礼、义、信的言论来拒绝他。从事农业的人身体劳累，崇尚礼、义、信的人劳累心力。所崇尚的礼、义、信都不是崇尚一身所承载之物。如崇尚礼仪，是要崇尚治理天下、确立秩序的法则。思考必须要中正，将天下都考虑进去，做到严肃诚敬、恭敬戒惧。

---

① 明万历三十年刻本。

崇尚义和信也是这样。这就是大人要学习的法则。大抵儒者的学问不考虑治理国事的话，就是没有学习到位，而治理国事的学问，不以大道为本，一切实践都是错误的。

[明] 张居正《四书集注阐微直解·论语》卷十①

樊迟请学稼，子曰："吾不如老农。"请学为圃，曰："吾不如老圃。"种五谷曰稼，种蔬菜曰圃。樊迟出，子曰："小人哉，樊须也。"小人谓细民，孟子所谓小人之事者也。

【直解】稼是稼穑，播种五谷之事。圃是园圃，种蔬菜之事。小人是识见狭小之人。昔樊迟以务本力农乃治生之常道，故请问于孔子，欲学为播种稼穑之事。孔子说稼穑之事，惟年老的农夫知道，吾不如老农，子欲学稼，问之于老农可也。樊迟以种植园圃之事，比之稼穑为易，故又请学为圃。孔子说园圃之事，惟年老种园的人知道，吾不如老圃，子欲学圃，问之于老圃可也。夫樊迟再问而夫子再拒，如此是不足之意，既可见矣。及其既出，又责之说："小人哉！樊须也。"盖天下有大人之事，有小人之事。修身、齐家以治国、平天下，大人之事也。务农种圃以自食其力，小人之事也。樊迟游于圣门，乃不务学为大人，而留心于农圃之事，何其识见之浅小，而志意之卑陋哉！故夫子以小人责之，盖将勉之以大人之学也。

"上好礼，则民莫敢不敬；上好义，则民莫敢不服；上好信，则民莫敢不用情。夫如是，则四方之民襁负其子而至矣，焉用稼？"

好，去声。夫，音扶。襁，居丈反。焉，于虔反。○礼、义、信，大人之事也。好义，则事合宜。情，诚实也。敬服用情，盖各以其类而应也。襁，织缕为之，以约小儿于背者。○杨氏曰："樊须游圣人之门而问稼圃，

---

① 清八旗经正书院刻本。

志则陋矣。辞而辟之可也，待其出而后言其非，何也？盖于其问也，自谓农圃之不如，则拒之者至矣。须之学，疑不及此，而不能问，不能以三隅反矣，故不复。及其既出，则惧其终不喻也，求老农老圃而学焉，则其失愈远矣。故复言之，使知前所言者，意有在也。"

【直解】情是情实。襁负其子是以布裹小儿于背，而负之以行也。孔子因樊迟之问稼穑，既以小人责之，此又以大人之事晓之。说道小人劳力，大人劳心。劳力者居下而听令于上，劳心者修己以倡率于下，此天下之大义也。如使为上者能好礼而动容周旋皆中其节，则民之得于观瞻者，自将俨然畏之，谁敢不敬乎？能好义而设施措置皆合其宜，则民之得于承顺者，自将帖然守之，谁敢不服乎？能好信而以实心实意待人，则至诚动物，而民亦以实心实意应之，谁敢不以其情实归上者乎？能如是，则四方之民闻风向化，皆将襁负其子而至矣。民归既众，则皆任土作贡以奉其上。上虽安享其奉，而不为泰也，又安用身亲为稼穑之事哉？此所谓大人之事也。樊迟不此之务，而顾请为稼圃，何其陋哉！夫周公陈《无逸》以告成王，要先知稼穑之艰难。而樊迟请学稼，孔子乃鄙之为小人者。盖人君身居九重，小民疾苦常患不得上闻，故周公惓惓以此为言。若学者所志，当以大人自期，又不宜屑屑于农圃之事。周公之言，夫各有所当也。

诠解

樊迟请求学习耕稼，孔子说："我不如老农民。"又请求学种菜，孔子说："我不如老菜农。"种五谷叫稼，种蔬菜叫圃。樊迟出去，孔子说："樊迟真是个没有远大志向的人啊！"小人就是小民，孟子所说的从事小人做的事的人。

【直解】稼是稼穑，就是播种五谷。圃是园圃，种蔬菜的事。小人是见识狭小的人。过去樊迟认为务农是谋生的常用手段，于是询问孔子，想学习播种稼穑的事情。孔子说稼穑的事情只有年老的农民知道，我不如老农民。你想要学习稼穑，向老农民询问才行。樊迟把种植蔬菜的事和稼穑相比，认为前者更容易，于是又请求学习种菜。孔子说种菜的事情只有老菜农才知道，我不如老菜农，你想要学习种蔬菜，向老菜农请教才可以。樊迟再次提问，而孔子再次拒绝，其不满之意已经可见。等他离开了，孔子又责备说："樊迟真是个没有远大志向的小人啊！"天下有大人做的事，有小人做的事。修身、齐家进而治国、平天下是大人做的事，耕稼、种菜以自食其力，是小人做的事情。樊迟拜在孔子门下，不学大人的学问，却关心农事。他的见识是多么短浅，意志是多么鄙陋啊！所以孔子责备他是小人，是想要勉励他学习大人的学问。

"统治者崇尚礼仪，百姓就没有敢不尊敬他的；统治者崇尚道义，百姓就没有敢不服从他的；统治者崇尚诚信，百姓就没有不真诚以待他的。如果能做到这样，各地的人民都会用襁褓背着自己的儿女来投奔，哪里还需要自己种庄稼呢？"

崇尚礼、义、信是大人做的事。若崇尚道义，那么事情就能处理得合乎情理。情即真情实意。百姓尊敬、服从、真诚相待，大概是对大人好礼、义、信的回应。襁是布织成的，用来把小孩背在背上的器具。杨氏说："樊迟拜在圣人门下，却想学习耕稼、种菜之事，志向鄙陋。拒绝并驳斥他是可以的，但是为什么要在他出去之后说他的不是呢？对于他所问的问题，孔子说我不如老农民、老菜农就已经是拒绝的极致了。樊迟的学问恐怕难以到达这个层次，又不能举一反三，所以就不再回答他了。等到他已经出去，又怕他始终不明白其中的真谛，真的去找老农民、老菜农学习，那错得就更离谱了。所以再说几句，使人们知道前面的话是意有所指的。"

【直解】情是真情实意。用布背小孩是用布裹着小孩背在背上行路。孔子因为樊迟问稼穑的事情，先说他是小人来以责备他，又用大人要做的事来晓谕他。说小人劳累力气，大人劳累心智。劳累身体的人地位低下而听令于在上的人，劳累心智的人修养自身而为在下的人做出表率。这是天下的大义。如果在上的人能够崇尚礼仪，一举一动都能符合礼仪，那么百姓看到这样的情况就会严肃敬畏，谁敢不尊重呢？能崇尚道义，一切举措都合乎情理，那么百姓得到顺从的好处，自然就会好好遵守秩序，谁敢不服从呢？能崇尚诚信并且以真心实意对待别人，那么就会以真诚打动人，人民也会真心实意地回应他，谁敢不真诚地对待在上者呢？如果能做到这样，那么各地的百姓都会被化育，都用布背着小孩前来归顺。归顺的百姓已经很多了，他们就会从事耕种，缴纳赋税来供养统治者。统治者即使安享百姓供奉，也不为过，又哪里需要亲自从事耕稼之事呢？这就是大人的事。樊迟不从事这个，而想要从事耕稼、种菜，多么的鄙陋啊！周公把《无逸》诗陈给周成王看，是要他知道稼穑的艰辛。而樊迟请求学习稼穑，孔子鄙视他为小人。大概因为国君身处宫禁，百姓的疾苦常常不能上达天听，所以周公恳切诚挚地以此上言。学者应当以大人的志向自我期待，不应该从事农圃这样的小事。周公和孔子的言论是各有各的道理。

[明] 张居正《张太岳先生文集》卷九①

学农园记

樊迟请学稼，而孔子小之。意迟欲躬稼勤苦，思以易天下，如许行所称皇农之道，并耕而治者。故孔子明礼、义、信大人之学，以广其意，如曰："能如是，民归之，且有为之稼者，何用屑屑自亲其事为？"夫圣贤之言，各有攸当。世儒见迟鄙嗤于孔子，便谓农不足学。绮衣灿烂，钟鼓馔玉，剥下自润，而不睹其艰。第令此曹得侍孔子，讵足以小人嗤之邪？昔晋简文不识稻，闭阁三日不出，犹有惭色，曰："宁有赖其末，而忘其本者？"夫天子之尊，犹以不知稼事为耻，况其下者，何敢自逸？余少苦笃贫，家靡担石，弱冠登仕，裁有田数十亩。嘉靖甲寅以病谢，自念身被沉疴，不能簪

---

① 明万历四十年唐国达刻本。

笔执简，奉承明之阙。若复驰逐城府，与宾客过从，是重增其戾。乃一切谢屏亲故，即田中辟地数亩，植竹种树，诛茅结庐，以偃息其中。时复周行阡陌间，与田父佣叟测土壤燥湿，较种艺先后，占云望祲，以知岁时之丰凶。每观其被风露，炙煏日，终岁仆仆，仅免于饥。岁小不登，即妇子不相眴，而官吏催科，急于救燎，寡嫠夜泣，逋宼宵行，未尝不恻然以悲，惕然以恐也。或幸年谷顺成，黄云被坻，岁时伏腊，野老欢呼，相与为一日之泽，则又欣然以喜，嚣然以娱。虽无冀阙躬馌之勤，沮溺耦耕之苦，而咏歌欣戚，罔不在是。既复自惟用拙才劣，乏弘济之量，惟力田疾耕，时得甘臑，以养父母，庶获无咎。且斯事虽贱，非学亦无繇知也，因榜其园曰"学农"，以申止足之义焉。或曰："农，生民之本也。"周家用稼穑兴王业，即治天下国家，固亦繇力本节用，抑浮重谷，而后化可兴也。吾子意在斯乎。夫君子志其远者、大者，小人志其浅者、近者。吾侪小人，饔飧之不给是虞，而又敢有他志？且为菟裘以娱吾生而已，《诗》曰："优哉游哉，聊以卒岁。"

诠解

樊迟向孔子请教耕稼，孔子认为他是小人。他是揣测樊迟想要亲自从事农业，以此来改变天下的风气，像许行称颂的神农的学说那样，要求统治者与百姓一起耕种来治理天下。所以孔子阐明大人应该学习的礼、义、信的学问，进一步推广他的君子之道。说："如果统治者能做到这样的话，百姓自然会来投奔，而且自有为他耕稼的人，哪里需要亲自去耕稼呢？"圣贤的言论，各有侧重。世上儒者看到樊迟因向孔子请学稼被鄙视，便认为农事不足学。这些人只会穿着漂亮的绫罗绸缎，吃着山珍海味，靠剥削老百姓来养活自己，并不懂得耕种的艰难。现在让这些人去做孔子的弟子，恐怕连被耻笑为小人的资格也没有。古时候，东晋简文帝因为不认识稻子，把自己关在房间里三天不外出，仍感到惭愧，说："岂有依赖末业，忘记本业的人。"天子是天下至尊，还以不懂农事感到可耻，何况是一般的人，怎么敢自我放纵呢？我小时候家里很贫苦，没有余粮。成年后，做了官，才有田地数十亩。嘉靖甲寅年，因病退居家中。自觉身患重疾，不能提笔作文，再为朝廷做事。如果再奔波于城府之间，与宾客相交，那只能是加重病情。所以我谢绝了一切亲朋故友，回到故乡，从家中开辟出几亩地来，植竹种树，盖茅草小房，休养生息。有时来回于田野之间，与田翁试验土地干湿，研究庄稼品种成熟先后情况。通过观看天上云彩变化，判断一年的收成好坏。每看到那他们披风戴露，被阳光炙晒，整年风尘仆仆，仅能免于饥饿。遇到收成不好的年份，老婆孩子就不能相顾，而官吏又来催赋税，紧急得像救火一样催逼。夜间，寡妇哭泣，逃亡的盗贼在四处活动。想到这里，没有不悲伤、恐惧的。假如遇到风调雨顺收成好的年头，看到谷物像黄色的云盖在土里，庆祝丰收之时，农民们欢呼叫喊，聚会在一起尽情地玩乐一天，这时又感到非常快乐，即使吵闹也觉得幸福。我虽然没有像冀缺那样亲自为种田人送饭的勤劳，也没有像长沮、桀溺那样共同耕种的辛苦，但歌咏中的喜乐和悲戚，和他们没有什么不同。又自己想一下，我能力笨拙低劣，缺乏宏大济世的度量。只有努力种田，尽力耕地，到时候得到美食以供养父母，这样做才可以没有过错。况且学农这件事虽然看来低贱，不学也不会做，因此立匾给园子起名叫"学农"，并申明知止知足的道理。有人说："农业是民生的根本。"周朝因重视农业而建国，也就是治理天下国家本来就在于稳固农业。提倡节俭，抑制浮夸，重视粮食生产，自然可以教化人民得到发展。"我的志向就在这里。君子的志向在于考虑远大的道理，小人的志向在于想浅近的问题。我们是小人，只想到每天早晚饭如何不发生困难的小事，又怎敢有其他远大的志向呢？只是在终老之所安度余生而已，正如《诗经》所说："自由自在啊！以此过完剩下的时间。"

[明] 张四维《条麓堂集》卷十①

上好礼，则民莫敢不敬；上好义，则民莫敢不服；上好信，则民莫敢不用情。夫如是，则四方之民襁负其子而至矣，焉用稼？

这是《论语》第十三篇，记孔子告弟子樊迟的说话。上指在民上的人。说情是诚实。襁是线缕所织，用约小儿于背。焉是何。孔子说道，稼圃，小人之事，固非学者所当留心。若夫大人居上临民，其道甚众，正学者所当讲求者，何樊须之不知务也。彼君子以一身居于民上，为所具瞻。若乐放纵而恶拘检，将百姓见之而狎侮之心生矣。若能好礼，由一话一言达之于动容周旋之际，自临民御众，推之于幽闲燕处之时，皆依着节文度数，不敢有毫发违越。下面的百姓望见君子德晖这等庄肃，自然中心岩惮，不敢轻慢。这便是上好礼，则民莫敢不敬。义者，事之宜。凡刑赏予夺都有个恰好的分限，所谓义也。在上的人势得自便，或任着自己爱憎厚薄施行，人心必然不服。若能好义，或刑或赏，或予或夺，都依着他本等分量顺应将去，绝不以一毫自己私意参于其间，自然合乎天理之正，协乎人心之公。赏一人，予一人，而百姓以为劝；罚一人，夺一人，而百姓以为惩矣。这便是上好义，则民莫敢不服。上下之分既殊，中间全要一点真意相为贯通。在上的人或任数挟诈，不以诚信待人，则下面的人亦竞相仿效，争为欺罔，不肯用其情矣。若能好信，推其赤心以置人之腹中。凡政事之修皆根于由衷，而不徒为粉饰。凡号令之布，皆要之悠久而不数为变更。那百姓每知在上人的心至诚

---

① 明万历二十三年张泰征刻本。

可信，莫不感戴亲信。凡有所兴役，必相勉以出其力；有所征赋，必相劝以出其财也。不敢有一些欺诈不实的意思。这便是上好信，则民莫敢不用情。此三者皆大人之事，诚能尽之，不但自己所管辖的百姓敬服用情，虽是四方邻国闻得这个风声，都愿为其民人，受其福泽，各襁负其子自远而至矣。凡此四方之民，皆可以为晨圃之事，君子不必身自为之，而有代为劳力者矣，何用学稼为哉？臣尝论之，樊迟虽从学圣门，于时尚在畎亩，稼圃乃其所有事者，而孔子深鄙之，何哉？以其不讲辅世成化之道，而并心为匹夫业也。若夫人君处崇高之位，有宰世之责，固当游心于帝王之业，尤贵克知夫小人之依。故安居九重，则思闾阎之疾苦；玉食万国，则念稼穑之艰难。夫然后九有宅心，而百灵效顺矣。盖孔子告樊迟者，臣道也，而臣之所论，君道也。臣道期于承君，君道要在惠民，义各有攸当耳。仰惟皇上，秉礼蹈义，彰信兆民，首修耕籍之仪，屡下恤农之诏，帝王之美节，大人之能事备矣。臣愚更望议道自己出，政宜民懋，建皇拯而敷训立教必本之躬行，轸念民天，而暑雨祁寒必恤其怨咨，则淳曦太和之治，必复在今日之宙间矣。臣等不胜大愿。

诠解

"上好礼则民莫敢不敬；上好义则民莫敢不服；上好信则民莫敢不用情。夫如是，则四方之民襁负其子而至矣，焉用稼？"这是《论语》第十三篇记录孔子告知弟子樊迟的话。上是指地位在百姓上面的人。情是诚实，襁是布所织成，用来把小孩背在背上的器具。焉是岂的意思。孔子说稼圃是小人做的事，不是学者应该关心的。若是大人居上位治理百姓，述其大道的人十分多，那么这正是学者应该学习探究的之处，为什么樊迟不知道去从事呢？君子一个人身在百姓之上，一言一行都被注视。如果沉迷享乐不受控制，百姓看见就会生出轻慢之心。如果能够崇尚礼仪，在交往之中一言一行都合乎礼，不敢有一点点僭越，那么下面的百姓看见君子的德行如此庄重肃穆，自然心中忌惮，不敢轻慢对待。这就是统治者崇尚礼仪，则百姓没有敢不尊敬的。义就是行为要合乎情理。凡是赏罚取予都要有恰当的限度，这就是所谓的义。地位在上的人得势就任由自己的好恶来随意施行法度，人心必然不服从。如果能崇尚道义，刑赏予夺取都能依照本来的轻重去处置，绝对不加以一丝一毫自己的私人感情，自然就会合乎天理的正气，人心的公道。对一个人进行赏赐、给予，百姓都会以此为榜眼样。对一个人进行惩罚、褫夺，百姓就会以此为戒。这就是统治者崇尚道义，那么百姓没有敢不服从的。上下的区分既已明确，中间还需要一点真情实意连接上下。在上的人如果任意哄骗欺瞒，不以诚信待人，下面的人也会争相效仿，不肯真心对待。如果能崇尚诚信，与人推心置腹。处理政事都根植于衷心，而不是在表面上加以粉饰，敕令的颁布都考虑良久，不多次变更。百姓就知道统治者可信任，没有不感恩戴德的。统治者凡所有役使，百姓都会相互勉励为其出力。凡是统治者有需要征收赋税的，也会互相劝说给出钱财，不敢有一点欺诈不诚实的意思。这就是统治者崇尚诚信，那么百姓没有不敢真诚以待的。这三者都是大人的事，要是能够做到最好，不但自己管辖的百姓能尊敬服从诚诚恳恳，就是邻国的百姓听闻这些风声，也会想要成为这个国家的子民，接受它的福泽。各自用布背着小孩从远方来归顺。这些四方来的百姓都可以从事农事，君子不需要亲自去做，而有代其劳动的人，哪里需要亲自学习耕稼呢？我曾经说过，樊迟虽然在孔子门下学习，但当时还未入仕，稼圃是他应该做的事情，而孔子十分鄙视他，为什么呢？是因为他不考虑辅佐统治者教化百姓的大道，而甘心去做匹夫做的事。君子处于崇高的地位，有治理天下的职责，就应该专心于帝王的事业，贵在知道平民百姓生活的依靠。所以说安居深宫，也要想到百姓的疾苦，能够吃到很好的食物，也要想到耕稼的艰难。有了仁厚的宅心，百姓就会效用、归顺。孔子告诉樊迟的是为臣之道，而我所论的是为君之道。为臣之道在于助托君王，为君之道关键在于普惠百姓，侧重点各有不同。希望皇上能够施行礼仪、道义、诚信于天下百姓，首先修订耕种法规，多次下达恤民诏书，帝王的优良品节、大人的能做的事就完备了。臣愚笨，更期望皇帝您大道由自己发出，政治清明，百姓和乐，建立统治天下的准则并施行教化一定要亲力亲为，以粮食为念，百姓生计艰难之时一定要施以救济。那么辉煌的太和之治将重现于世。这是臣的宏大愿望。

[明] 张四维《名公书判清明集》卷三[①]

学舍之士不应耕佃正将职田

胡石壁

掌计之为人贤否固未可知，但李癸发衣儒衣冠，名在学籍，而乃耕佃正将职田，则是以学校之士子而作正将之庄佃也，何无廉耻如此邪？陈良之徒陈相与其弟辛，负耒之滕，愿为之氓，孟子犹深辟之。樊迟请学稼，孔子犹不许之学。学者，学为孔孟者也。李癸发所学，果安在哉？且其言曰："刘掌计所以罢其供者，只欲使某侥幸预贡，无由沾丐学中分送之钱。"此言尤为鄙陋。国家大比兴贤能，所望于诸生果何事？而今其所志乃在于得钱而已，何其言之不怍也。鸣鼓攻之，不亦宜乎？牒学照会。

---

① 明隆庆三年盛时选刻本。

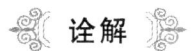 诠解

　　掌握考核的人是否贤能还不知道,看李癸发穿着儒家的衣冠,名字在学籍中,他耕种正将职田是以学校士人的身份去做了正将的庄客。为什么没有廉耻到这种地步?陈良的徒弟陈相与他的弟弟辛,背着农具到了滕国,愿意做那里的人民,孟子尚且严厉地斥责之。樊迟请求学习稼穑,孔子也不允许他学习。学习就是要学习孔孟之道,李癸发学的又是什么呢?而且他说:"刘掌计停止供应的原因是让我提前支付,并没有给我学校的分送钱。"这句话尤其浅薄。国家设置科举考试选拔贤能,希望诸生做的是什么事?但现在他的志向都在于得到金钱,他说这话为何大言不惭呢?击鼓攻击他,不是应该的吗?给学官下达文件说明这事。

[明] 张岳《(嘉靖)惠安县志》卷五①

蔬属

　　论曰:"夫蔬品之于民食切矣。昔樊迟愿学稼,又愿学圃,意其栽培护养,必有成法,如世所传种树书者。古人作事不苟,亦必待学而后能之。《周官》:'宅不毛者有罚。'《汉书》言:'千亩卮茜,千亩姜韭,其人与千户侯等。'其重如此,惜吾邑人之勤力于此者少也。诸品甚多,特据邑中所宜,取其美者列之,以资老圃。"

----

① 明嘉靖刻本。

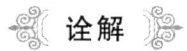 诠解

论曰:"蔬菜对于百姓的食物关系重大。过去樊迟想要学习耕稼,又想要学习种菜,他的栽培养护必有一定的方法,就像世上流传的种树书一样。古人做事认真,一定会等到学会了才去做。《周官》说:'房子周围没有草木的需要处罚。'《汉书》说:'有千亩卮茜,千亩姜韭,这个人与千户侯没有区别。'如此看重农业,可惜我的邑人着意于此的很少。品种很多,特别根据乡中适宜种植的,选取优良的列于此处,以此来帮助老菜农。"

[明] 章潢《图书编》卷十四①

论语大旨

问:"学以淑己,教以淑人,其理一也。学以求仁为宗,而教之所施,何以见其仁爱之心?"曰:"不厌不倦,无行不与,非仁而何。特因人异施,莫觉其立达之无方耳,如赐因论学悟《诗》,商因论诗悟礼,均许其可与言《诗》,是与其进者,仁之也。求也退,故进之,由也兼人,故退之。一进一退,非仁之乎?师也过,商也不及,而均约之以中,非仁之乎?冉子之与过于惠,原宪之辞过于廉,而均裁之以义,非仁之乎?不忮不求,由也终身诵之,则曰:'是道也,何足以臧?'未尝不进由也,而求也无乃尔是过与,何尝不退求哉?子贡方人,曰:'夫我则不暇。'亦退之也。狂者进取,乃曰:'吾与点也。'又因其进而进之矣。他如小樊迟之稼圃矣,又示之以大人之学;忍宰予之短丧矣,又启之以三年之怀。

---

① 清《文渊阁四库全书》本。

警昼寝，攻聚敛，戒阙党，进互乡，瑟晓孺悲，杖叩原壤，无非此意。推而广之，凡问仁、问孝、问政同，而答则人人殊。在当时若各因一时之事机，在后世实为不易之典，则无非其仁爱所寄也。"又问："回之约，参之一，得非其一定之教乎？"曰："圣人变动不居，不可为典要。盖参也，省身实践，惧其滞于有也，故示之以一贯，而一唯之外，浑然内外之都忘。回也，仰钻瞻忽，惧其沦于无也，故诱之以博约，而卓尔之余，脱然隐显之俱化。圣教造就人才，如化工陶镕品汇，莫测其所自，而仁爱实无穷焉。岂如后人单提片言以立教，便谓之一，谓之约者所可伦哉？夫子学不厌处，即是教不倦处，故无行而不与二三子者，是丘也。谓夫子有文行忠信之四教则可，谓其止此四教，则不可；谓群贤所造，有德行、言语、政事、文学之四科则可，谓夫子设此四科，以造就群贤，则不可。所以语上语下虽不同，有教无类则一也。虽然，主忠信一言，则尤为圣门所吃紧。"

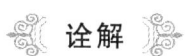
诠解

有人问："学习是为了增益自我，教育是为了使他人有所增益，其中的道理是一样的。学习以求得仁爱为宗旨，而在开展教育的过程中，怎么能看出教者的仁爱之心呢？"回答："学而不厌，诲人不倦，毫无隐瞒，开诚布公，不是仁爱是什么呢？因材施教，不觉得他的教育没有方法，如端木赐因论学而领悟了《诗经》，子夏因谈论《诗经》而领悟了礼仪的内核，说他们都可以谈论《诗经》，像这样赞许他们的进取，就是仁爱。冉求总是退缩，所以鼓励他进取。子路好勇过人，所以要约束他。一个鼓励一个约束，难道不是仁爱吗？子张过分，子夏不足，于是都将他们往中庸之道约束，难道不是仁爱吗？冉有的施舍过多，原宪对粟米的推辞过少，于是都用义来裁决其贤否，这不是仁吗？不嫉妒不贪求，子路听后反复记诵这句话。孔子又说：只做到这样，怎么能说够好了吗？未尝不是鼓励子路进取呢。孔子对冉求说："这恐怕是你们的过错吧"，何尝不是在约束冉求呢。子贡评论他们的短处，孔子说："我可没闲工夫去评论别人"，也是在约束他。狂妄的人贪求进取，于是孔子说："我赞同曾皙的想法。"又是因曾皙追求进取而进一步鼓励其进取。其他如樊迟因请求学习稼穑、种菜，而被孔子指为小人，但孔子接着又告诉他什么是大人该做的事。容忍宰我缩短丧期的说法，又以孩子生下来三年后，才能完全脱离父母的怀抱来启迪他。警示白天睡觉，反对聚敛的行为，警戒装大人的行为，鼓励互乡那个童子的进步，通过弹瑟让孺悲知晓自己不愿接见他，用手杖轻敲原壤的小腿都体现了仁爱之意。由此推广开来，凡是问仁、问政、问孝，同样的问题，其回答却因人而异。在当时是因为时机不同而回答不同，对后世却都是不刊之论，都是因为有仁爱蕴涵其中。又有人问："颜回的简约，曾参的专一，是得到了相关的教育吗？"回答："圣人变化多端，没有固定的形态，不能够作为典要尊奉。曾参每天多次自省其身，能够明体而达用，孔子害怕他停滞于有的层面，所以用一贯的道理来教育他，从而将曾参在明道上的注意力从外部世界转为内外兼修，达到浑然一体、化而不觉的境界。颜回认为孔子的学问道德，抬头仰望，越望越觉得高，努力钻研，越钻研越觉得深，看着好像在前面，忽然又像在后面了。孔子害怕他沦于虚无之境，所以用各种文献来丰富其知识，用礼来约束其行为，让其觉得似乎有一个高高的东西立在前面，（使其身心受到熏陶感染），于不经意间，就将其心性与行迹全都打成一片，微而不显。儒家培育人才，就像制作陶器工具，不确定用什么样的手段，但仁爱之心是无穷的。岂像后来的人只知根据只言片语就进行教育，就说这是一贯之道，是守约之语，所能相提并论的？孔子学而不厌，诲人不倦，所以他所知道的没有说不跟学生们共享的。孔子就是这样的人。说孔子以文、行、忠、信四项科目教授学生还可以，但若说孔子只懂这四项培养人才的科目，则不可以；（若言）孔门贤人在德行、言语、政事、文学四科中有所造就，这是可以的，若说孔子只设置了这四种培养人才的科目，用以造就人才，这是不可以的。（虽然）孔子所面对的弟子资质有高有低，（但）其有教无类的思想却是一以贯之的。即便如此，提倡忠信一说，则尤其受到孔门弟子的重视。"

[明] 章潢《图书编》卷二十三

顺天时勤民事论

盖神农为耒耜，以利天下。尧命四子，敬授民时。舜命后稷，食为政首，禹制田土，万国作乂。殷周之盛，《诗》《书》所述，要在安民，富而教之。《管子》曰："一农不耕，民有饥者；一女不织，民有寒者。仓廪实，知礼节；衣食足，知荣辱。"丈人曰："四体不勤，五谷不分，孰为夫子？"《传》曰："人生在勤，勤则不匮。"语曰："力能胜贫，谨能胜祸。"盖言勤力可以不贫，谨身可以避祸。谚曰："智如禹汤，不如常耕。"是以樊迟请学稼，孔子答曰："吾不如老农。"然则圣贤之智，犹有所未达，而况于凡庸者乎？猗顿，鲁穷士，闻陶朱公富，问术焉，告之曰："欲速富，畜五牸。"乃畜牛羊，子息万计。

诠解

神农制作耒耜，天下由此获利。尧命令四子将历法付予百姓，使知时令变化，不误农时。舜下达命令给后稷，要以吃饭问题视为最重要的政事。禹依据土地的具体情况，制定贡赋的品种和数量，天下得到了治理。商和周朝的兴盛，《诗经》《尚书》都有记载，关键在于使百姓安定，让其先富裕，而后再教化他们。《管子》说："一个农民不耕种，就有人忍饥挨饿；一个女子不织布，就有人忍受寒冷。百姓的粮食充足，才会懂得礼仪，穿的吃的都很丰富充足，才会知道荣誉和耻辱。"丈人说："四体不勤劳，不能分辨五谷，怎么能做老师呢。"《传》说："人生在于勤奋，勤奋就不会匮乏。"语说："力量能够战胜贫穷，谨慎能战胜祸端。"是说勤劳可以不贫穷，谨慎行事可以避免祸端。谚说："有大禹、商汤般的智慧，不如常常从事耕种。"所以樊迟请求学习稼穑，孔子回答："我不如老农民。"圣人的智慧也有不能达到的，何况是平凡人呢？猗顿是鲁国的一个穷困的士人，听说陶朱公十分富裕，就去询问方法。陶朱公告诉他："想要迅速富起来，就去养牲畜。"于是他养了牛羊，孳生蕃息之数以万来计算。

清代诠解篇

  清代学者关于"樊迟学稼"一节,无论在字义考证还是历代注解的梳理和辨析上都取得了很高的成就。值得一提的是,在近代西学的影响下,尤其是西方分科之学的影响下,出现了以西济中的阐释方法,如成本璞《九经今义》中云:"樊迟请学稼学圃,子告以不如老农老圃。迟之志非陋也,盖有务本之意,而欲致力于农圃之学也。西人以种植之学为专门,重民命也。"援引西方种植学为专门之学的观点,阐释樊迟学稼之志不是鄙陋,而是重民命,有务本之意。又如清人丁韪良《西学考略》云:"况圣门贤如樊迟,亦尝以稼圃为请,虽孔子诲以不如老农老圃,且鄙之为小人,而究未尝轻视农事也。……百年以来,英法两国民数倍增,其农政与之并进,田亩所产,亦倍于前。"将樊迟学稼与西方国家的农政相比附。近代以来,西学东渐,学者在释经方法和阐释经典的观念上均有受西学影响的痕迹。

[清] 陈澧《东塾读书记》卷二[①]

宰我问三年之丧一章，皇《疏》引缪播云："尔时礼坏乐崩，而三年不行。宰我大惧其往，以为圣人无微旨以戒将来，故假时人之谓，启愤于夫子，义在屈己以明道也。"又采李充说，大意亦同。其余若"季氏富于周公""季氏将伐颛臾""子路使子羔为费宰""宰予昼寝""樊迟请学稼""子华使于齐"各章，及子路曰："子行三军，则谁与"云云，皇《疏》所引旧说，皆为诸贤回护。其意甚善，然多纡曲难通矣。

诠解

宰我问三年之丧这一章，皇侃《论语义疏》引用缪播的说法："当时礼崩乐坏，三年之丧制不行。宰我非常担忧，认为孔子没有针对这种弊端而发表意见以指引未来发展，所以假借当时的人说法来启发孔子，意义在于委屈自己而申明大道。"又采用李充的说法，意思大概相同。其他的像季氏比周公还要富裕、季氏要讨伐颛臾、子路派子羔做费地的宰相、宰予白天睡觉、樊迟请求学习稼穑、子华出使齐国等各个章节，以及子路说"如果让您率领三军，您愿找谁一起共事呢"等等，皇侃《论语义疏》引用的过去的说法，都在回护孔子弟子。他的愿望虽是十分善良的，但大多都迂回曲折难以理解。

---

① 清光绪刻本。

[清] 陈确《干初先生遗集》卷十一^①辛卯

蔡养吾二子名字说

养吾道人与干初道人，老相得也。一日同过黄山，酒酣，而养吾道人谓之曰："吾有二子，长名冲，次名洞。其名冲者在成童之年矣。《礼》：'父之友字之。'子又何辞焉？"陈子曰："何谓也？"养吾道人曰："《说文》：'冲，和也，又虚也。'《诗》有《洞酌》，昭忠信也。二子不幸生衰乱，吾教之以谦和而忠信，庶其可免于今之世乎。"陈子曰："唯唯否否。"养吾道人曰："子岂不足于吾言乎？"陈子曰："吾非不足于子之言也。齐威王曰：'此鸟不蜚则已，一蜚冲天。'又《洞酌》，远酌也。意者蔡子外以谦和忠信教其子，而内阴以高且远者期之耶。"养吾道人笑而不答也。"夫陟遐者自迩，登高者自卑。吾又安知谦和忠信之非即所以为高远者乎？甚矣。养吾之善名其子也，故字冲，曰伯蜚，洞曰仲迩。"养吾道人曰："善。童子懵于理言，孰卑孰迩，孰高孰远，请言其状，使童子得从事焉。"陈子曰："君子之道，务本而已矣。本立而末从之。何近何远？何卑何高？是故滞于卑迩，不可以为高远者，非吾之所为卑迩也，子夏氏之儒也。骛于高远，不自安于卑迩者，非吾之所为高远也，子张氏之儒也。夫身心至近也，而基平治；戒惧至卑也，而臻位育。故鼓钟于宫，声闻于外。君子修其身于一室，而四海之外应之。学者诚神而明之，又何卑高远迩之足云乎？"养吾道人戚然不悦，曰："吾为儒半世，惧贫不能卒业，将率二子耕于佛墩之阴，终为农夫以没世，而子何言之夸也？"陈子

---

① 清餐霞轩钞本。

曰:"士力学,农力耕,二者皆本务也,而高远莫过焉。子又何病乎?昔者舜耕于历山,尹耕于莘野,诸葛耕于南阳,而当世依赖之。樊迟请学稼,而夫子非之,何耶?盖子之所非者,以学为稼者也;当世之所赖者,以稼为学者也。以学为稼者,虽身都卿相而算入称获,吾必以小人之名归之。以稼为学者,虽终身南亩,而尊德乐谊,吾必以大人之名归之。子苟能以稼为学,虽以老农终乎,吾将负耒而从之矣。"养吾道人曰:"善。古之耕渔牧贩,无非学也。童子其识之,其无忘陈子之言。"

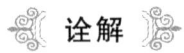

诠解

养吾道人与干初道人是老相识。一天,一同路过黄山。喝酒喝到尽兴处,养吾道人说:"我有两个儿子,长子名叫冲,次子名叫泂。名叫冲的儿子十五岁了。《礼》规定父亲的友人取字。你又怎么能推辞呢?"陈子说:"两个孩子的名是什么意思?"养吾道人说:"《说文》说冲就是和,又是虚的意思。《诗经》中有《泂酌》一篇,是说明忠信的。两个儿子不幸生在乱世,我教他们谦和忠信,希望他们免于离乱。"陈子说:"哦"。养吾道人说:"你是认为我的话有错误吗?"陈子说:"我不是认为你的话有错误。齐威王说:'这鸟不飞则已,一飞就会冲天。'《泂酌》又是远酌的意思。我认为蔡子表面上以谦和忠信教育孩子,实际上难道不是期待他们具有高远的志向吗?"养吾道人笑而不答。"走远路要从近处开始,登高要从低处开始。我们又怎么知道谦和忠信的人就不能有高远志向呢?养吾道人确实善于为孩子取字,所以蔡冲的字是伯茧,蔡泂的字为仲迹。"养吾道人说:"对的。孩子还不明白道理,什么是低近,什么是高远,请说清楚,使孩子能够依凭从事。"陈子说:"君子大道的关键是要务本,本立起来了,末自然也就有了。什么是近,什么是远,什么是低,什么是高?所以纠结于低、近,不去追寻高、远的人不是我所说的低、近之人,说的是子夏一类的儒者。

好高骛远，不能安于低、近者，不是我所说的高远之人，说的是子张一类的儒者。所以在宫中敲钟，在外面可以听得到声音。君子在屋子里修养身心，但四海之外都响而应之。学者若真正明白某一事物的奥妙，又有什么低处高处远处近处的说法呢？"养吾道人不高兴地说："我做了半生的儒者，担心因贫困而不能完成未竟之事业，带领两个儿子在佛蹲山之北耕种，成为农夫而没有入仕，你怎么还以此为傲呢？"陈子说："士人尽力学习，农民尽力耕种，这对于二者来说，都是从事本来该做的事，高远不就是这样吗？你又有什么不满呢？过去舜在历山耕种，伊尹在莘野耕种，诸葛亮在南阳耕种，他们都是当世所依赖的伟人。樊迟请求学习稼穑，孔子指责他，为什么呢？孔子所反对的是以学者之身去从事稼穑，当世所依赖的都是以稼穑之身去追学问的人。以学者之身去从事稼穑的人，即使有一天成为卿相，也会斤斤计较于小利，我也认为他是小人。以稼穑之身去追学问的人即使终身在田地里耕种，崇尚德行乐于道义，我一定会称他为大人。你若能以稼穑之身去追学问，即使一生都是农民，我也会背着农具跟从你。"养吾道人说："对。古代耕夫、渔人、牧民、商人没有不追求学问的。小孩要谨记，不要忘了陈子的话。"

[清] 陈廷敬《午亭文编》卷三十九[①]

与毕亮四书

自某少时，闻百里内有贤人毕先生，力耕养亲。及仕，则以廉能闻于天下，所著书悉古文奇字，私心愿一识其人。而足下既从仕四方，某亦羁旅于京师，无因缘相见。自以忝窃文字之职，感足下之行义，居常私念，不得以事业功名自表见，然犹不敢不以廉隅节

[①] 清《文渊阁四库全书》本。

行自砥饬，曰："恐毕先生不比数之也。"在京师时，守官奉职，退辄闭门，不愿妄从流俗交游，朝士中多不识其面。其有贤于人，行能学艺绝异者，则未尝不求与之友。与足下生同乡，至以一相见为难，其为叹慕何如耶？前年冬，足下应博学宏儒科至京师。其时，某直禁中，晨入而夜归也，又不获一相见。今年夏，始识足下于山中，乃以慰吾殷勤之愿焉。伏见足下亲耕于野，蚕于堂，手足胼胝，面目黧黑，有辛苦憔悴不自聊之色。吾又以悲足下之为也。昔樊迟请学稼圃，孔子曰吾不如老农老圃。及观古之人，伊尹之于有莘，诸葛亮之在南阳，皆以躬耕显名于天下，为后世称述。夫岂不以圣贤所遭出处进退丰约之势有不同，而惟其道之所适然与？孔子称颜渊在陋巷，箪食瓢饮，不改其乐。又自言疏食饮水，乐在其中。然则足下之所为，有可乐而无可悲者也。向所愿求与之交者，舍足下其谁与？承惠教，所选制科之文，因便示及。某再拜。

诠解

我年少之时就听说方圆百里内有一位贤人毕先生，尽力耕种奉养亲人。入仕后，又以廉洁而天下闻名，写的书都是古文、奇字，内心非常想要结识这个人。毕先生您在各地做官，我则旅居京城，没有机缘相见。我从事一些文字工作，有感于您的行为大义，常常私下思虑您，不能事业功名自显其身，但又不敢不以志节来砥砺告诫自己，说："恐怕和毕先生难以相提并论。"在京城时候，官场上能守官奉职，回家就闭门谢客，不愿与俗人多打交道，朝中的士人多数不认识他。贤人，能力技艺特别突出的人，则没有不想与他做朋友的。我与您生在同乡，却一直难以相见，感叹倾慕该怎么办。前年冬天，您到京城应试博学鸿儒科。那时候我在禁中值班，早上进入要晚上才能回家，故而不得相见。今年夏天才在山里认识了您，聊以告慰我殷切期盼的心愿。我见您亲自在田野耕种，在堂中养蚕，手足劳累，面目黧黑，是辛苦憔悴无聊之态。我又为您做这些事感到伤心。过去樊迟请求学习稼穑，孔子说我不如老农民、老菜农。想想古人，伊尹在莘野，诸葛亮在南阳，都是以躬耕而在名扬天下，被后世称道。难道不是圣贤所遭遇的形势也许不一样，但他们奉行的大道都相似吗？孔子说颜渊在简陋的房子里，用箪盛饭吃，用瓢舀水喝，却依旧不改他乐道的志趣。又说简陋的事物和饮水也有其中的乐趣。所以您所做的事，是只有快乐而无悲伤的。我愿意相交的人，除了您还有谁呢？承蒙您的赐教，所选择的制科文章，请您在方便时谈谈。再拜。

[清] 陈鱣《论语古训》卷七①

樊迟请学稼，子曰："吾不如老农。"请学为圃，曰："吾不如老圃。"皇本、高丽本："曰"上有"子"字。

马曰："树五谷曰稼，树菜蔬曰圃。"《集解·弟子传集解》《华严音义》引上句。

樊迟出，子曰："小人哉，樊须也。上好礼，则民莫敢不敬。上好义，则民莫敢不服。上好信，则民莫敢不用情。"《考异》无"也"字。

孔曰："情，情实也。言民化其上，各以情实应也。"《集解·弟子传集解》

夫如是，则四方之民襁负其子而至矣，焉用稼？

包曰："礼义与信，足以成德，何用学稼以教民乎？负者以器，曰襁也。"《集解·弟子传集解》作"负子之器曰襁"。

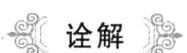

樊迟请求学习种庄稼，孔子说："我不如老农民。"又请求学

---

① 清嘉庆元年刻本。

种蔬菜,孔子说:"我不如老菜农。"

马融说:"种五谷叫稼,种蔬菜叫圃。"

樊迟出去,孔子说:"樊迟真是个没有远大志向的人啊!统治者崇尚礼仪,百姓就没有敢不尊敬他的;统治者崇尚道义,百姓就没有敢不服从的;统治者崇尚诚信,百姓就没有敢不真诚待他的。"

孔安国说:"情即真情实意。是说人民被统治者的真情实意所感化,也会以真诚相回应。"如果能做到这样,各地的百姓都会用襁褓背着自己的儿女来投奔,哪里还需要亲自种庄稼呢?

包氏说:"礼义与信足以成就德性,哪里还需要亲自种庄稼呢?背小孩的器具叫作襁。"

[清] 成本璞《九经今义》卷二十四[①]

樊迟请学稼学圃,子告以不如老农老圃。迟之志非陋也,迟盖有务本之意,而欲致力于农圃之学也。西人以种植之学为专门,重民命也。子教以礼、义、信者,以迟当求经国之大猷,不必躬课农学也。礼、义、信者,本性之公理,西人所最重也。上世井田之制未尽废,故农学人皆知之。自阡陌既开,无复沟洫畇畛之迹,而农学废绝久矣。

诠解

樊迟请求学习耕稼、种菜,孔子告诉他自己不如老农民、老菜农。樊迟的志向并不鄙陋,他有做事务本的想法,想要致力于耕稼、种菜的学问。西方人把种植作为一门专门的学问,是重视百姓生命

---

① 清末长沙刻本。

的体现。孔子教樊迟礼、义、信这些事，是想要樊迟学习经世治国的大道，不需要亲自从事农业。礼义信是性的公理，西方人最为重视。上古时期，井田制还没有完全废除，所以农学人尽皆知，自从开阡陌，废井田后，没有水利沟渠和田间小路了，农学随之废除绝迹很久了。

[清] 程廷祚《论语说》卷一①

攻乎异端

按：春秋之世，未有杨、墨，老聃虽生于孔子之前，而其学则与邹衍、惠施、庄周、公孙龙之属并兴于战国。皆非《论语》之所谓异端也。至若佞人、利口、乡原，则人类中之不正者。圣人固尝恶之，而亦不得谓之异端。又《中庸》曰："素隐行怪，后世有述焉。"注云："身向幽隐，而行诡异之行，以作后世之名，若许由洗耳之类是也。"此虽圣人所不为，而欲谓之异端，似亦未当。且攻之为言，以彼实有其物与其事也。害之为言，以其有累于吾之所当攻与当务也。自来笺注未能明着其义，善乎？何平叔之解子夏之言也，曰小道，谓异端。夫小道即百家众技，朱子释以农圃、医卜之流是也。上古圣人分道之绪余，以备物致用而利天下。若自尧舜以后，则道有统，学有宗，儒者之业惟在经纬天地，纲纪人物，其用则内圣外王，其本则道德仁义，其事则《诗》《书》《礼》《乐》，为之者日不暇给。彼百家众技，虽有可观，而儒者视之，则皆命曰"小道"，而不足以为学矣。故樊迟请学稼学圃，而夫子斥以小人。又曰："人而无恒，不可以作巫医。"盖贱之也，则信乎小道之即异端，而后儒以杨、墨、佛、老当之者，失入之论也。夫子以世人

---

① 清道光十七年东山草堂刻本。

致力于小道，则必为大道正学之害，而言此以救之。若彼以杨、墨、佛、老为可攻者，其于二帝三王之道，不共天下，不同中国，非圣无法。舍其诛殛之罪，而仅以为有害，则斯言也，不且几于失出乎？况夫子之时，固无杨、墨与佛、老也。移何氏之解，以训此章，则其义洞然矣。彼章子夏以为致远恐泥，君子不为，与夫子此言若出一辙。然夫子不曰"小道"，而曰"异端"，何也？夫端，物之初起者也。初起而异其端，则殊途而不同归矣。曰小道，人或犹以为道之绪余，攻之无害。曰异端，而后天下皆知其不可攻。呜呼！圣人所以一儒之统者严矣。

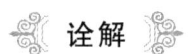

诠解

春秋的时候，还没有杨朱和老子。老聃虽然生在孔子之前，但其学说是与邹衍、庄周、公孙龙等人的学说到了战国时期才兴盛起来的。他们都不是《论语》所说的异端。至于佞人、利口、乡原，都是人群中欺世盗名的伪君子。孔子固然曾经厌恶他们，也不能称其为异端。《中庸》说："专找歪理，做些怪诞的事情来欺世盗名，后世也许会有人来记述他，为他立传。"注说："身向隐蔽之处，而行为诡异，以此来博得后人的记述，如许由洗耳之类就是如此。"这虽然不是圣人做的事，但要说这是异端，好像也不恰当。况且若将之解释为"攻击"之语，那是因为对方确有其物与其事。若将"害"解释为"祸害"，那是因为它确实有影响到我所应当钻研与专务的事情了。以往的注都没有说清楚其意，这样好吗？何晏给子夏的言语作注，说："小人之道就是异端。"小人之道就是各种技艺，朱子将之解释为农业、医药、卜筮之类。上古的圣人以大道、小道分别事物，是为了使物尽其用，以利天下。自尧舜以后，大道有其统归，学问有其所宗，儒者的大任只在于治理天下，纲纪人物，其作用就是内备圣人之至德，外行王者之政，其本体是道德仁义，从事的事是诗书礼乐，每天忙碌不堪。各种技艺虽然有历历可数之处，但儒者都将他们视为小人之道，不足以学习。所以樊迟请求学习耕稼、种菜，孔子斥责他是小人。又说："人没有恒心就不可以做巫医。"大概认为这是卑贱之事，所以将相信小人之道的人就视为异端。后世儒者把杨、墨、佛、老的学说看作异端，都是不当之论。孔子以为世人致力于小人之道，势必对大人之道这样的正经学问有损害，于是攻其为异端以救弊。如果认为杨、墨、佛、老为可钻研的学术，那么他们学说中的二帝三王之道，是不共处于天下，不同于中国，非议圣王（且）不合理法的阐发。免除其诛杀之罪，而仅仅认为是有害的，那么这种言论不是有很大的错漏吗？况且孔子生活的时代本来就没有杨朱、墨子、佛教、道教。以何氏的解释来讨论这一章，其用意就十分清楚了。子夏那一章，认为小人之道不能行大事，所以君子不从事，与孔子在这里的言论如出一辙。然而孔子不说是小人之道，而说是异端，为什么呢？端即事物刚刚开始。刚开始就步入歧途，最后就差之千里不能同归。（如果）说是"小道"，有的人还会认为这是大道的旁枝末节，钻研它也无害于大道。（如果）说它是"异端"，而后天下人就都知道这是不可去钻研的（学术）。啊！圣人用来一统儒学的规范，真的是很严格的啊！

[清] 崔述《考信录·洙泗考信余录》卷一[①]

子曰：赐不受命，而货殖焉，亿则屡中。《论语·先进篇》。汉

[①] 清嘉庆二十二年刻道光二年至四年陈履和递刻本。

司马迁作《货殖传》，称子贡鬻财于曹、鲁之间，且曰："使孔子名布扬于天下者，子贡先后之也。所谓得势而益彰者乎。"

余按：古者金粟皆谓之货。殖，犹生也。所谓货殖云者，不过留心于家人生产，酌盈剂虚，使不至困乏耳。非籴贱贩贵，若商贾所为也。樊迟请学稼圃，孔子以小人斥之。若子贡学道而躬行商贾之事，孔子不知当如何斥之，何以其辞仅如是而已乎！且谓孔子之道之显为子贡先后之，可也。谓子贡以富故能显之，岂圣人之道亦必藉有财而后能行于世乎？此乃司马氏愤激之言，后人不察，遂以子贡为若商贾者然，谬矣！故不可以不辨。

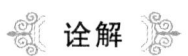
诠解

孔子说："端木赐不接受命运的安排，而去经商，经常猜中市场情况。"西汉司马迁写作《货殖列传》，称子贡在曹、鲁之间做生意，并且说：孔子名扬天下，是子贡的先后奔走宣扬的结果，这就是得到了势力就会更加显扬。

我认为在古代把黄金和米都视为货，殖即孳生。所谓货殖者不过是说忧心家人的生计而取有余补不足，使生计不至于困乏，并不是像商贾那样买贱卖贵。樊迟请求学习耕稼、种菜，孔子斥责他是小人。就像子贡学习大人之道，却去从事商贾做的事，孔子不知道该如何去斥责他，哪里会仅仅这样一说。说孔子大道的彰显得益于子贡的先后奔走宣扬是可以的。说子贡因富可敌国，故而能使孔子声名显扬，难道圣人的大道要借助于雄厚的财富才能推行于世吗？这是司马迁的偏激愤怒的言论，后人没有仔细考察，将子贡看作商贾，这是错误的，不可以不进行辨明。

[清] 崔述《考信录·洙泗考信余录》卷二

樊迟请学稼,子曰:"吾不如老农。"请学为圃,曰:"吾不如老圃。"樊迟出,子曰:"小人哉,樊须也。上好礼,则民莫敢不敬。上好义,则民莫敢不服。上好信,则民莫敢不用情。夫如是,则四方之民襁负其子而至矣,焉用稼。"《论语·子路篇》。

按:《论语》子羔仅两见,而皆非美辞,然其事希见于传记者不一,其言亦有足多者。盖子羔年少,其仕鲁在孔子卒后,是以不著于《论语》耳。樊迟问答之多,略类子张,而稼圃之请,举错之疑,亦似于道甚浅者。粗鄙近利之讥,不为无因,故又次二人于宰我、冉有之后。

诠解

樊迟请求学习耕稼,孔子说:"我不如老农民。"又请求学种菜,孔子说:"我不如老菜农。"樊迟出去,孔子说:"樊迟真是没有远大志向的人啊!统治者崇尚礼仪,百姓就没有敢不尊敬他的;统治者崇尚道义,百姓就没有敢不服从的;统治者崇尚诚信,百姓就没有不真诚以待的。如果能做到这样,各地的人民都会用襁褓背着儿女来投奔,哪里还需要亲自种庄稼呢?"

子羔在《论语》中仅出现两次,都不是什么好话,然而传记中对他的事迹记载的言辞却不太一样,他的言论也有许多。大概是子羔年纪小,在孔子死后才在鲁国做官,所以《论语》中不大记载他。樊迟的问答记载很多,像子张一样,从学习稼穑、种菜的请求,言谈举止的迷惑来看,也似乎是个修行大人之道非常浅显的人。孔子对他粗鄙趋利的讥讽不是没有原因的,所以他在孔门中的位置在宰我、冉有之后。

[清] 戴大昌《驳四书改错》卷二十[①]

樊迟请学稼章，杨氏曰："樊虽游圣人之门而学稼圃，志则陋矣，辞而关之可也，待其出而后言其非，何也？盖于其问也，自谓农圃之不如，则拒之至矣。须不能问，不能以三隅反矣。既出而惧其终不喻也，求老农老圃而学焉，则其失愈远矣。故复言之。"

毛氏曰："樊迟亦由、赐后第一人，乃一启口，非受谩骂，既被讥讪。究其骂之讪之者，仍坐不能解经。故既骂以志陋，又谓夫子唯恐其不能喻，真向老农老圃而就学，故使之知之。则直视迟为下愚木石，无人理矣。汉儒原云：迟思以学稼教民，直欲以本治天下，一返后稷之教。其志甚大，惜其身沦于小民而不知也。此运有大志，而夫子抑之。小人即农人。《尚书》：'知稼穑之艰难，则知小人之依是也。'迟思以身教，故夫子自谓不如农人，且称迟为农人。要知迟此一请，有启战国神农并耕、西秦令垦之意，其所系大矣。"

大昌按："谓迟思以稼教民，乃宋邢氏《正义》之说，毛氏以为乃汉儒所解，误矣。邢《疏》第谓，迟思以躬耕教民，故夫子以信、礼、义禾之，则民自襁负而至，何用以身教稼耳？乃毛氏谓迟此志甚大，故夫子抑之。然夫子明云：'小人哉！樊须也'，何曾谓其有大志而抑之乎？毛氏既引《尚书》'小人之依'，以为小人即谓农人也，乃一谓迟此请，有启战国神农并耕、西秦令垦之意，所系大矣，则尤可怪也。夫毛氏议杨氏，贬抑樊迟者，亦不过谓其志陋，然志陋尚从'小人'二字推出。若毛氏所以推尊樊迟者，则

---

① 清道光二年刻本。

战国神农并耕之许行,孟子所谓非先王之道者也。又为西秦令垦之商鞅,则千古之罪人也。假使《集注》有如此议论,毛氏不知若何置喙矣。"

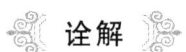

樊迟请求学习稼圃这一章,杨氏说:"樊迟虽然拜在圣人门下,却想着学习种庄稼的事情,志向鄙陋。孔子拒绝他,然后避开就可以了,为什么要在他离去之后说他的不是呢?对于他的问题,孔子说我不如老农民、老菜农就已经是拒绝至极了。樊迟不能问清楚缘由,又不能举一反三。孔子等到他离开了,又怕他始终不明白,真的去找老农民、老菜农学习,那错得就更离谱了。所以再说几句,使人知道前面的话是意有所指的。"

毛奇龄说:"樊迟是排在子路和端木赐之后的第一人,一开口,不是被谩骂就是被讥嘲。谩骂、讥嘲他的人又不能理解经书,所以既骂他志向鄙陋,又说孔子是害怕他不能醒悟,真的向老农民、老菜农学习,所以使他知道自己的用意。这简直是说樊迟是顽石愚木,不可理喻。汉儒原本就说:'樊迟想要学习稼穑来教化百姓,是想要用本质的事情治理天下,是在学习后稷。'他的志向十分远大,可惜自己沦为了小民而不自知。这是有大志向,而孔子要抑制他。小人就是农夫。《尚书》:'了解耕种收获的艰难,才会知道老百姓的疾苦。'樊迟想要亲自去教化百姓,所以孔子说自己不如老农民,并且说樊迟为农民。要知道樊迟这一请求开启了战国时期的君民并耕学说和秦国推行开垦荒地法令,关系非常重大。"

大昌说:"樊迟想要用稼穑来教化百姓,本是宋代邢昺《论语正义》的说法,毛奇龄则认为是汉儒的说法,这是错误的。邢昺《论语注疏》说,樊迟想要亲自耕稼来教化百姓,所以孔子用礼、义、信来启发他，这样百姓就会用襁褓背着小孩来投奔，哪里需要亲自教授稼穑呢？毛氏说：'樊迟志向非常远大，所以孔子抑制他。'但是孔子明说樊迟是小人，什么时候说樊迟有大志向而要抑制他？毛氏既已引用了《尚书》'小人之依'的解说，认为小人就是农民，说樊迟开启了战国时期的君民并耕学说和秦国推行开垦荒地法令，关系很重大。这十分奇怪。毛氏议论杨氏，贬抑樊迟的话，也不过是说樊迟志向鄙陋。但志向鄙陋是从'小人'两个字推断出来的。如果毛氏尊崇樊迟，那么他就是尊崇战国神农并耕学说的许行，就是孟子所说的诽谤先王的圣贤之道的人，也是在秦国推行开垦荒地的法令的商鞅，又是千古罪人。假如《集注》有这样的议论，不知道毛氏会谈论些什么。"

[清] 戴名世《南山集》卷一[①]

田字说

余尝适田间观农家矣，占晴雨，相燥湿，定疆理，凿陂池，上下原隰，触冒寒暑，暴露风日。治器具，利铫镈，负耒耜，荷蓑笠，呼侪耦，以秄以耘，以耕以耨，其勤苦至矣。余召而劳之，曰："女曹有所困乎？"对曰："吾曹习其事焉，不以为困也。吾尽吾力，以致乎地利，而俟乎天时，而春而秋，中间虽勤苦逾时，而吾一岁得一效焉。以生以养，以奉祭祀，以谷妇子，以宴宾客。脱有旱干水溢，取所蓄者而约用之，一有天时则收数倍焉。且夫一人而耕，可以食数人；十人而耕，可以食数十人。耕者愈多，则食者愈众。

[①] 清光绪二十六年刻本。

由此观之，天下之命悬于吾手，其敢以困为辞乎？"余尝读《豳风·七月》之章，以及《甫田》《楚茨》诸诗，其道田家事至悉也。此皆天子宰相、公卿大夫相与亲之陇上，览其勤劳，写其委曲。盖农事之重如此。又古之学者不废耕，维《诗》有之。在《甫田》之首章曰："攸介攸止，烝我髦士。"而樊迟以学稼请，仲尼非之，岂以其无与大人之学，而徒欲从事细人之行也欤？然则且耕且学，固非圣人之所禁也。余也迂钝鲁拙，人之情、世之态皆不习也。以故无所用乎其间。将徽从老农老圃而师焉，乐道有莘之野，而抱膝南阳之庐，优哉游哉，聊以卒岁。余感农夫之言，思诗人之旨，而字余曰"田有"，以着其素志云。

诠解

我曾经在田间观察农民，他们占卜天气晴雨，观测土地干湿情况，划定田界，开凿水池，在广大平坦和低洼潮湿的地方上上下下，不论寒暑，暴露在风日下，修理农具，背着耒耜，戴上斗笠，叫上同伴一起去耕种。培土又除草，辛劳到极致。我叫他们过来并慰老道："你们有没有什么困难？"他们回答说："我们习惯了做农活，不觉得辛苦。从春天到秋天，我们根据天时、地利，尽力耕种，中间虽然劳苦，但一年有一年的收成。用来维持生活和养育子女，用来祭祀，用来留作种子，用来宴请宾客。如果有旱灾水灾，就取出存货节约地使用。一旦年景好，收成就会多许多倍。而且一人耕种可以养活十几人，十人耕种能养活几十人。耕种的人越多，能养活的人就越多。这样看来，天下许多人的性命都掌握在我们手里，怎么敢以辛劳而推辞呢？"我曾经读《豳风·七月》这一章，以及《甫田》《楚茨》等诗，里面都详细记载了农事，那都是天子宰相、公卿大夫亲自到了田边，观看到了农民的辛苦，写下了他们的难处。农事的重要性到了这种程度。而且古代学者并不废弛耕种，《诗经》

里有记载。《甫田》首章就说："就在这座富丽堂皇的行宫,我要犒劳那些能干的臣工。"而樊迟请求学习耕稼,孔子斥责他,难道不是因为他没有从事大人之事而只想从事小人做的事吗?然而一边耕种,一边学习并不是圣人所禁止的。我一向愚笨,人情世故都没有学习过,所以没能在其中灵活使用。我想要跟从老农民、老菜农学习,在有艾蒿的原野高谈阔论,在南阳诸葛亮的庐中随意思索,优哉游哉地过完这一生。我对农夫的言语有感,领悟了诗人的意旨,于是给自己取字为"田有",以此表明我素来的志向。

[清] 戴望《颜氏学记》卷四①

"樊迟请学稼"章,孝弟忠信,四民所同也;兵农礼乐,士所独也。何者?士固储其学,以待为民上,而任经世之责者,非若农工商徒自善而可已也。乃今名道学者,语以兵农礼乐,辄曰"出位"。岂知学为上正士之位,与不学为上之事,不惟失圣学,并有歉于士矣。

诠解

"樊迟请学稼"一章,孝悌忠信是各种行业的人民所共同遵循的社会法则,而兵农礼乐则是士人所独有的,为什么?士人本来就是要储备学识,等到成为地位崇高的人后,来担负着治理世事的责任的,不像从事农业、工业、商业的人,只要自觉行善就可以了。但是今天的道学家提及兵农礼乐,都说"超越了本分"。难道只知道学习如何能谋得高位,而不修习在上者应做之事,不只是遗失了圣人的学问,且有愧于士林。

---

① 清同治冶城山馆刻本。

[清] 戴望《颜氏学记》卷九

绵庄

春秋之世，未有杨、墨，老聃，虽生于孔子之前，而其学则与邹衍、惠施、庄周、公孙龙之属并兴于战国，皆非《论语》之所谓异端也。至若佞人、利口、乡原，则人类中之不正者，圣人固尝恶之，而亦不得谓之异端。又《中庸》曰："素隐行怪，后世有述焉。"注云："身向幽隐，而行诡异之行，以作后世之名，若许由、洗耳之类是也。"此虽圣人所不为，而欲谓之异端，似亦未当。且攻之为言，以彼实有其物与其事也；害之为言，以其有累于吾之所当攻与当务也。自来笺注未能明着其义，善乎？何平叔之解子夏之言也，曰小道，谓异端。夫小道即百家众技，朱子释以农圃、医卜之流是也。上古圣人分道之绪余，以备物致用而利天下。若自尧舜以后，则道有统，学有宗，儒者之业，惟在经纬天地，纲纪人物。其用则内圣外王，其本则道德仁义，其事则诗书礼乐，为之者日不暇给。彼百家众技，虽有可观，而儒者视之，则皆命曰"小道"，而不足以为学矣。故樊迟请学稼学圃，而大了斥以小人。又曰："人而无恒，不可以作巫医。"盖贱之也，则信乎小道之即异端，而后儒以杨、墨、佛、老当之者，失入之论也。夫子以世人致力于小道，则必为大道正学之害，而言此以救之。若彼以杨、墨、佛、老为可攻者，其于二帝三王之道，不共天下，不同中国，非圣无法。舍其诛殛之罪，而仅以为有害，则斯言也，不且几于失出乎。况夫子之时，

---

① 清同治冶城山馆刻本。

固无杨、墨与佛老也。子夏以为"致远恐泥,君子不为",与夫子此言若出一辙。然夫子不曰小道,而曰异端,何也?夫端,物之初起者也。初起而异其端,则殊途而不同归矣。曰"小道",人或犹以为道之绪余,攻之无害。曰"异端",而后天下皆知其不可攻,呜呼!圣人所以一儒之统者,严矣。

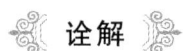

春秋的时候,还没有杨朱和老子。老聃虽然生在孔子之前,但其学说是与邹衍、庄周、公孙龙等人的学说到了战国时期才兴盛起来的。他们都不是《论语》所说的异端。至于佞人、利口、乡原,都是人群中欺世盗名的伪君子。孔子固然曾经厌恶他们,也不能称其为异端。《中庸》说:"专找歪理,做些怪诞的事情来欺世盗名,后世也许会有人来记述他,为他立传。"注说:"身向隐蔽之处,而行为诡异,以此来博得后人的记述,如许由洗耳之类就是如此。"这虽然不是圣人做的事,但要说这是异端,好像也不恰当。况且若将之解释为"攻击"之语,那是因为对方确有其物与其事。若将"害"解释为"祸害",那是因为它确实有影响到我所应当钻研与专务的事情了。以往的注都没有说清楚其意思,这样好吗?何晏给子夏的言语作注,说:"小人之道就是异端。"小人之道就是各种技艺,朱子将之解释为农业、医药、卜筮之类。上古的圣人,把事情分别大道、小道是为了使物尽其用,以利天下。自尧舜以后,大道有其统归,学问有其所宗,儒者的大任只在于治理天下,纲纪人物,其作用就是内备圣人之至德,外行王者之政,其本体是道德仁义,从事的事是诗书礼乐,每天忙碌不堪。各种技艺虽然有历历可数之处,但儒者都将他们视为小人之道，不足以学习。所以樊迟请求学习耕稼、种菜，孔子斥责他是小人。又说："人没有恒心就不可以做巫医。"大概认为这是卑贱之事，所以将相信小人之道的人视为异端。后世儒者把杨、墨、佛、老的学说看作异端，都是不当之论。孔子以为世人致力于小人之道，势必对大人之道这样的正经学问有损害，于是攻其为异端以救弊。如果认为杨、墨、佛、老为可钻研的学术，那么他们学说中的二帝三王之道，是不共处于天下，不同于中国，非议圣王（且）不合理法的阐发。免除其诛杀之罪，而仅仅认为是有害的，那么这种言论不是有很大的错漏吗？况且孔子生活的时代本来就没有杨朱、墨子、佛教、道教。以何氏的解释来讨论这一章，其用意就十分清楚了。子夏那一章，认为小人之道不能行大事，所以君子不从事，与孔子在这里的言论如出一辙。然而孔子不说是小人之道，而说是异端，为什么呢？端即事物刚刚开始。刚开始就步入歧途，最后就差之千里不能同归。（如果）说是"小道"，有的人还会认为这是大道的旁枝末节，钻研它也无害于大道。（如果）说它是"异端"，而后天下人就都知道这是不可去钻研的（学术）。啊！圣人用来一统儒学的规范，真的是很严格的啊！

[清] 戴望《戴氏注论语》第十三[①]

子路

樊迟请学稼，子曰："吾不如老农。"请学为圃，曰："吾不

---

① 清同治刻本。

如老圃。"哀公时，鲁数年饥，樊迟请教稼圃以集流民。种谷曰稼，种果蓏曰圃。樊迟出，子曰："小人哉！樊须也。以其舍本事末，故言其所请乃小人之事。小人，农民。上好礼，则民莫敢不敬。上好义，则民莫敢不服。上好信，则民莫敢不用情。情，情实也。上好礼，必正其经界；好义，必取民有制；好信，必不违农时。明民之流亡，上行虐政所致。救之者当于本，不于末也。夫如是，则四方之民襁负其子而至矣，焉用稼？"襁，络也，以缯布为之，络负小儿。古者有分土，无分民，天子诸侯皆南面而治。有不纯臣之义，苟能修德，则四方之民归往之，可以王也。

诠解

樊迟请求学习耕稼，孔子说："我不如老农民。"又请求学种菜，孔子说："我不如老菜农。"哀公时期，鲁国经历了数年饥荒，樊迟请求学习农事来召集流民。种五谷叫稼，种蔬菜叫圃。樊迟出去，孔子说："樊迟真个没有远大志向的人啊！因为他舍弃了本质去从事末节，所以孔子说他请求的是小人做的事。小人就是农民。统治者崇尚礼仪，百姓就没有敢不尊敬他的；统治者崇尚道义，百姓就没有敢不服从的；统治者崇尚诚信，百姓就没有敢不真诚以待的。情即真情实意。统治者崇尚礼仪，就定会端正他的界限；崇尚道义，役使百姓就定会有所收敛；崇尚诚信，就定不会违背农时。明朝时期流民四起，都是统治者推行苛政导致的。安抚的人要从本质下手，不要从末节入手。如果能做到这样，各地的百姓都会用襁褓背着儿女来投奔，哪里还需要亲自种庄稼呢？"襁就是络，用布织成的，用来背着小孩。古代的时候有分封土地的区分，没有百姓的区分，天子和诸侯都坐北朝南治理疆土。有不做忠臣的想法的话，如果能修养德性，那么各地的百姓都会去投奔，这样就可以称王了。

[清] 丁韪良《西学考略》卷下[①]

农政馆

民以食为天。古之论政者,莫不以劝农为先务。然徒督课以奖其劳,而不设教以导其术,则劝农之典未备。况圣门贤如樊迟,亦尝以稼圃为请,虽孔子诲以不如老农老圃,且鄙之为小人,而究未尝轻视农事也。盖士恒为士,农恒为农,各守其业,有不得兼行者矣。昔先王作历纪岁,授民以时,按其节候,酌其土宜,教以稼穑,此衣食所由来也。然农事不仅树艺五谷,即栽种花木,饲养牲畜,亦皆与之相关。欲查地脉,辨何土与何物有益,应借助化学之理,如此土性缺石灰、木灰,彼土须加沙泥与马勃、鸟矢等物。至栽种饲养,亦应谙植物、动物之学,如《本草纲目》等书,俾得各顺其性。百年以来,英法两国民数倍增,其农政与之并进,田亩所产,亦倍于前。不但故有之物出产较前丰美,更有新物自海外来者可为民食。百年前,西国无山药豆,即和兰薯,形如白薯,但式圆而味淡,其滋生较白薯蕃衍。今爱尔兰一岛之人赖为食之大宗。法、德两国,亦广植之,其产较五谷为易……

诠解

民以食为天。古代论述政治的人都以劝农为先,但只是督促耕种、征收赋税以奖励他们的辛劳,而不实施教化以引导他们,这就意味着劝农的措施并不完备。况且孔子门下像樊迟这样有才能的人也曾经想学习耕稼、种菜,虽然孔子教诲他说自己不如老农民、老菜农,而且说樊迟是小人,但实际上他终究没有看轻农事的意思。

---

① 清光绪九年同文馆刻本。

士人要长久地做士人，农民要长久地做农民，各自守住自己的本业，不兼顾两种职业。以往统治者制作历法纪年，教百姓辨别时节，观察时节、气候，判定土地情况，教他们种植，这就是人们衣食的来由。但农事不仅仅是种五谷、种树，栽种花木，蓄养牲畜也都与之有关。要探查地脉，辨别哪种土对哪种作物有益，需要借助化学原理，这种土性缺石灰、木灰，那种土需要加沙泥，马勃，鸟粪等东西。至于栽种树木、饲养动物，也应该知晓动、植物学，比如像《本草纲目》这样的书，这样才能顺应各种生物的性质。百年来，英、法两国的人口剧增，农政也一同发展，产量是以前的数倍。不但以前就有的物种质量更好，还有外来物可以给人民食用。百年以前，西方国家没有山药豆，即荷兰薯，长得就像白薯一样，但形状是圆的，味道很淡。它比白薯产量更高。法德两国也广泛种植，比种五谷要容易。

[清] 杜文澜《古谣谚》卷三十七[①]

力耕谚

《齐民要术》自序："自天子以下至于庶人，四肢不勤，思虑不用，而事治求赡者，未之闻也。神农、仓颉，圣人者也。其于事也，有所不能矣。故赵过始于牛耕，实胜耒耜之利；蔡伦立意造纸，岂方缣、牍之烦？且耿寿昌之常平仓，桑宏羊之均输法，益国利民，不朽之术也。谚曰云云。是以樊迟请学稼，孔子答曰：'吾不如老农。'然则圣贤之智，犹有所未达，而况于凡庸者乎。"

---

① 清咸丰刻本。

诠解

《齐民要术》的序言说:"从天子到百姓,四肢不勤劳,不用脑子思考而需要别人养活的人,没有听说过。神农、仓颉都是圣人,他们对有些事情也是没能力做的。所以赵过发明了牛耕,超过了神农发明耒耜带来的利益;蔡伦下定决心造纸,哪里还有用绢和木片写作的麻烦呢?且耿寿昌提出设置常平仓,桑弘羊提出均输法,都是利国利民的不朽功业。谚语说等等。所以樊迟请求学种庄稼,孔子说:'我不如老农民。'然而即使圣贤之人的智力也有达不到的地方,况且是平常人呢?"

[清] 方浚师《蕉轩随录》卷八[①]

礼义信足以成德

东坡试制科《形势不如德论》,不知出处,"礼义信足以成德论",《吹剑录外集》作"礼知信",误。知子由记不得,乃厉声索砚水,曰"小人哉",子由始悟出"樊迟学稼"注。按:何晏《论语集解》"焉用稼"下包注曰:"礼义与信,足以成德,何用学稼以教民?"朱注未曾采入。宋张根《吴园易解。坎卦·王公设险》注:"形势不如德,非大人莫能守也。本《史记·吴起传》。"

诠解

苏东坡参加制举考试时所作的《形势不如德论》,不知道"礼义信足以成德论"的出处。《吹剑录外集》作"礼知信"是错误的。

---

① 清同治十一年刻本。

东坡知道弟弟苏辙记不得了,于是厉声索要砚水,说"小人啊!"。苏辙于是想起出自"樊迟学稼"一章。按:何晏《论语集解》"焉用稼"下面,包氏作的注说:"礼、义和信足以成就德行,哪里需要亲自学习稼穑来教化百姓呢?"朱注没有采入这一条。宋张根《吴园易解·坎卦·王公设险》注说:"形势不如德行,不是大人是不能守住的。本来是《史记·吴起传》中的内容。"

[清] 方祖范《四书解琐言》卷二

樊迟请学稼,包咸旧注:谓迟将用稼以教民,原不是欲身亲稼穑之事。盖迟之问仁、知者屡矣,此问稼圃,意若谓教民稼穑,粒食养民,亦爱之一端。别宜辨种,亦知之一事,然此仁、知之小者。吾儒之学,自当务乎其大。修礼以为耕,陈义以为种,人情以为田,只此是好,而大人之事以备。明吾学于礼、义、信,使民咸喻乎礼、义信之教矣。端吾学于好礼、好义、好信,使民皆习于礼、义、信之治矣。以此化民成俗,即是知周道济之事,视稼圃教民,其为用孰大也?夫子教樊迟,独言礼、义、信,而不言仁、知者,用已该乎仁、知也。此正与仁、知互相发。

诠解

樊迟请求学耕稼,包咸旧注说:樊迟是想用稼穑来教化百姓,本来不是想亲自耕稼。大概樊迟已多次问过什么是仁和智的问题,这次问耕稼、种菜,意思好像是想教民稼穑,用粮食来养活人民,这也是仁爱的一种。区别差异,辨明种子,也是了解了一种学问。但是这都是仁和智中很小的方面。我们学儒的人,要考虑做大事。

把修习礼仪当作犁地松土，崇尚道义当作播种，崇尚人情当作土地。只要做到这些，大人做的事就准备好了。明白我们的学问在礼、义、信，使人民也受到礼义信的教化。端正我们的学术是崇尚礼义信，使百姓都习惯礼、义、信的治理。以此教化百姓成为习俗，就是明白了周朝以大道治理天下的事情了。与用耕稼、种菜教化百姓相比，作用哪一个更大呢？孔子教诲樊迟，只说礼、义、信，而不说仁和智，是因为已经做到仁和智了，这里正好与仁、智互相感发。

[清] 葛士浚《清经世文续编》卷一①

论语说

李度

读《论语》而知圣人之卫道严也。盖举异端及百家九流后起之流弊而悉杜之矣。所谓异端，神农之言也、老庄也、杨墨也、申韩也、释道也，孙吴、禳苴、商鞅、李悝皆是也。当孔子时未尽出，已名露其端，孔子则皆辞而辟之。司马谈以阴阳、儒、墨、名、法、道为六家，班固益以纵横家、杂家、小说家、农家、兵家、辞赋家、术数家、方数家，其家伙矣，而圣人皆预知其流弊，而有以防之。如樊迟请学稼圃，是即为神农言者之见端。所谓并耕而食，饔飧而治也。盖后世称述上古，多失其义理。犹阴阳、方伎家之称黄帝，汉人之称黄老耳。孔子曰迟为小人，复进以大人之事，即孟子劳力劳心之说也。此明义而言神农者诎，至许行始申之，复为孟子所拒，而其害息矣。

---

① 清光绪石印本。

诠解

读《论语》就知道孔子保卫大道的严厉。列举异端及百家九流后来出现的弊端一一加以杜绝。所谓异端即神农学说、老庄学说、杨墨学说、申韩学说、佛道学说，孙吴、穰苴、商鞅、李悝都也都是异端。孔子生活的时候，这些学说还没有全都出现，但已经露出端倪。孔子于是都予以拒绝并驳斥。司马谈把阴阳、儒、墨、名、法、道列为六家。班固又加上了纵横家、杂家、小说家、农家、兵家、辞赋家、术数家、方术家，数目众多，而孔子都预见到了它们的弊端而有所防范。

如樊迟请求学习耕稼、种菜，就是神农学说的端倪，也就是一起耕种、吃饭，来治理天下。后世称颂讲述上古时期，多半失去了其本质上的义理。就像阴阳家、方技家称颂黄帝，汉人称颂黄老。孔子说樊迟是小人，又给他讲述大人该做的事，也就是孟子所谓劳心劳力的说法。孔子申明义理，对神农学说的驳斥还不明显，到许行时才将神农学说说明，接着又被孟子驳斥，它的危害才有所收敛。

[清] 桂馥《说文解字义证》卷二十一[①]

稼禾之秀实为稼，茎节为禾。从禾家声。一曰稼，家事也。一曰在野曰稼。古讶切。

本书："㚄，治稼㚄㚄进也。"《书·无逸》："先知稼穑之艰难。"《诗·伐檀》："不稼不穑，胡取禾三百廛兮。"《论语》："樊迟请学稼。"马融曰："树五谷曰稼。"《吕氏春秋·审时篇》："夫稼，为之者，人也，生之者，地也，养之者，天也。是以人稼之容足，耨之容耨，

---

① 清同治刻本。

据之容手。此之谓耕道。"

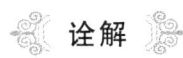 诠解

禾苗的果实实际上就是稼,茎节就是禾。一种说法认为稼就是家里的事。另一种说法认为在野外叫作稼。

本书认为耰是深耕庄稼的意思。《尚书·无逸》说:"人君要先了解耕种收获的艰难"。《诗经·伐檀》说:"不播种、不收割,怎么会有三百捆禾啊?"《论语》有樊迟请求学习耕稼一章。马融说:"种五谷叫作稼。"《吕氏春秋·审时篇》:"庄稼,耕种它的是人,生长它的是土地,养育它的是天。因此,人们种庄稼,行距之间种种子的时候要容得下脚,除草时要容得下锄头,收摘时要插得进手。这就是耕作之道。"

[清] 胡统虞《此庵讲录》卷八①

万寿宫讲录

于仁说难者,盖为樊迟屡屡问仁,原看得仁之道是难的,故夫子教他就从难处先将去。于德言事者,兼崇字看。德有何事,崇德便是事。然要晓得对樊迟说是如此,其实学者立必为圣贤之志,只怕不肯把来作一场事去做。若当场事做,随做便有效验,那里有个难的?若以为难,孟子却道个事在易而求诸难。若以为易,其实亦好一难在。惟学者用力既久,方讨得个消息,如鱼饮水,冷暖自知,只是畏难,则不可也。樊迟学稼圃,生平大抵可见,原不是不立志作圣贤者。只是做得没效验,便要歇手。此之谓正心,谓助长。故夫子每与他言,便说获说得。若对颜、曾,必不怎么说。

---

① 清顺治八年刻本。

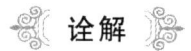 诠解

说仁爱很难做到的人,是因为樊迟多次问到什么是仁的问题,原本樊迟就认为仁爱之道是很难做到的,所以孔子告诉他就从难的地方开始。以德性论事的人,还要兼顾到"崇"字。德讲的是什么事?就是崇尚德性。但是要知道对樊迟是这样说的,其实学者只要立下一定要成为圣贤的志向,只怕不肯将求仁求德当作一件大事去做。如果当作大事去做,随便做做都会有效果,哪里有难处?如果认为似乎很难,孟子却把容易的事当作大事按困难的方法去解决。如果认为似乎容易,但实际上又很难,只是学者长久着力于此,才得到一点成果,就如鱼儿饮水,冷暖自知。只是畏惧困难,则不可取。樊迟请求学习耕稼、种菜,从他的生平可以知道,他原本不是不立志做圣贤之人,只是做得没有效果便要停下。这叫作正心,是帮助他成长,所以孔子每次同他说话,就要讲获得。若是对颜回、曾子,就不会这么说。

[清] 黄式三《论语后案》①

樊迟请学稼,子曰:"吾不如老农。"请学为圃,曰:"吾不如老圃。"

【集解】马曰:"树五谷曰稼,树菜蔬曰圃。"【集注】种五谷曰稼,种菜蔬曰圃。

樊迟出,子曰:"小人哉!樊须也。

【集注】小人谓细民,孟子所谓小人之事者也。

【后案】后世儒者种植之书,于民亦有小补。然老农老圃自知此,学

---

① 清道光二十四年活字本。

之者未必精于彼。即传之不而能农老圃之业耳。小人者，老农老圃之类也。李安溪曰："樊□欲讲明其说，如《汉书》之有九流也。然笾豆之专，曾子不屑竞稼圃乎，故夫子拒之。"

上好礼，则民莫敢不敬。上好义，则民莫散不贱。上好信，则民莫敢不用情。夫如是，则四方之民襁负其子而至矣，焉用稼。"

襁或作繦，借字。《说文》：繦，负儿衣也。襁，艒类也。

【集解】孔曰：□，情实也。言民化其上，□以情实隐也。已曰：在义□信□以成德，何见学稼以教氏子，负□以□曰□。①

【集注】礼义信，大人之事也。好义，则事合宜。情，诚实也。敬服用情，盖各以其类而应也。襁，织缕□之，以约小儿于背者。杨氏曰：樊迟游圣人之门而问稼圃，志则陋矣。辞而闻之可也，待其出而后言其非，何也？盖于其闻也，自谓农圃之不如，则拒之者至矣。须之学，疑不及此，而不能闻，不能以三隅反矣，故不复。及其既出，则礼其终不喻也，求才农老圃而学焉，则其失愈远矣，故复言之，使知抨所言者，意有在也。

【后案】士有大人之学，一旦得位行道，功效既闳，老农、老圃自愿为之，役不待政。民稼穑、树蓺而事已理也。注杨氏说，过贬先贤，从"游舞雩"章注，遂有粗鄙近利之咎，皆失之。

诠解

樊迟请求学习耕稼，孔子说："我不如老农民。"又请求学种菜，孔子说："我不如老菜农。"

【集解】马融说："种五谷叫稼，种蔬菜叫圃。"【集注】种五谷叫稼，种蔬菜叫圃。

樊迟出去，孔子说："樊迟真是个没有远大志向的人啊。

---

① 礼义与信，足以成德，何用学稼以教民乎？负者以器，曰襁也。——从别处抄录

【集注】小人就是小民，就是孟子说的做小人的事情的人。

【后案】后世儒家学者关于种植类的书对百姓是有小的补益的。但是老农民、老菜农自然懂得这些学问，学习农业的人却未必比他们还精通。所以书籍流传也不能代替老农民老菜农的经验。小人就是老农民、老菜农之类的人。李安溪说："樊迟想要讲明他的学说，像《汉书》所讲的九流一样。然而谋食的专业技术，曾子是不屑于做耕稼、种菜的事情，所以孔子拒绝他。"

统治者崇尚礼仪，百姓就没有敢不尊敬他的；统治者崇尚道义，百姓就没有敢不服从他的；统治者崇尚诚信，百姓就没有敢不真诚以待的。如果是能做到这样的话，各地的百姓都会用襁褓背着儿女来投奔，哪里还需要亲自种庄稼呢？"

【集解】孔安国说："情就是真情实意，是说人民被统治者的真情实意所感化，也会以真诚相回应。"礼义与信足以成就德性，哪里还需要亲自种庄稼呢？①

【集注】崇尚礼仪、道义、诚信是大人做的事。若崇尚道义，那么事情就能处理得合乎情理。情即真情实意。百姓尊敬、服从、真诚相待，大概是对大人好礼、义、信的回应。襁是布织成的，用来把小孩背在背上的器具。杨氏说："樊迟拜在圣人门下，却想学习耕稼、种菜之事，志向鄙陋。拒绝并驳斥他是可以的，但是为什么要在他出去之后说他的不是呢？对于他所问的问题，孔子说我不如老农民、老菜农就已经是拒绝的极致了。樊迟的学问恐怕难以到达这个层次，又不能举一反三，所以就不再回答他了。等到他已经出去，又怕他始终不明白其中的真谛，真的去找老农民、老菜农学习，那错得就更离谱了。所以再说几句，使人们知道前面的话是意有所指的。"

【后案】士人有大人的学问，一旦得到地位推行大道，功绩宏大后，

---

① 据另一版本译。

老农民、老菜农不待下令就会自愿来从事农业，稼穑、种树等事情很快就能做成。在注解中，杨氏的说法过于贬低了先贤，从"游舞雩"这一章的注中就看出对樊迟有粗鄙近利的诋毁。这些说法都是错误的。

[清] 简朝亮《尚书集注述疏》卷一①

《论语》言樊迟请学稼，孔子以其不知大人之事也，则斥之曰小人哉。孟子云："有为神农之言者许行，其言曰：'贤者与民并耕而食，饔飧而治。'"此农家者流之妄尔，宽失之柔，非中庸也，岂礼所谓师严者邪？国政尚刑，若《史记》申不害、韩非、商鞅者，盖其忍矣。乐不节则流，违君子之和也。《论语》云："恶讦以为直者。"繇是言之，《汉志》辩诸家所以必言，其蔽也。孔子告子路所以必言，其蔽之以不好学而然也。苟察于斯，将稷、契诸臣之才，不亦可见乎？《礼记》言夔不达礼者，讹也。

诠解

《论语》谈樊迟请学稼一章，孔子因为他不知道大人该做的事，所以斥责他是小人。孟子说过，践行神农学说的人许行认为贤能的人与百姓共同耕种、吃饭，来治理天下。这是农家流于荒谬，过于宽柔，不是中庸之道，哪里是礼法所说的取法乎严之道呢？国政崇尚刑法，就像《史记》中记载的申不害、韩非、商鞅等人，大概是因为他们心狠吧！快乐若不加以节制，就会肆意漫流。这违反了君子崇尚的中和之道。《论语》说憎恶揭发别人隐私，却自以为直率的人。因此言之，《汉书·艺文志》中在评价九家十流之说时，总

---

① 清光绪读书堂刻本。

会以"此学说所遮蔽之处为……"作为总结,(这也是)孔子每每与子路交谈,之所以一定会说"其短处在于不好学而使然"的缘由所在。如果能明察这一点,那么像后稷和契诸大臣的才华不也昭然了吗?《礼记》说夔在礼方面的造诣很低。这是错误的。

[清] 焦袁熹《此木轩四书说》卷五[①]

樊迟请学稼章

稼圃之请,不过近利之见。如云治生为急,可以养廉耻,安淡寂不至纷营乱心耳。非若沮溺,文人之隐以为高,又非思以其术治天下,若许行并耕之说也。孔子以为身既为儒,则所学者,先王之大道。礼、义、信皆修身治人之要。迟之学诚优于此,舍则藏,用则行,可也。谋道不谋食,馁乏非所惧也。沾沾以稼圃为请,鄙之甚也。

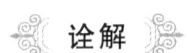 诠解

樊迟请求学习耕稼、种菜,是只看见眼前利益的想法。如果是急着谋生,可以修养廉耻之心,安于平淡,不至于被纷纷杂事扰乱心神。不是像长沮、桀溺等人一样以隐世为高尚,也不是要用他们的学说来治理天下,如许行并耕的学说。孔子以为既然已是儒家学者,那么所学的事物就应该是先王的大道。礼、义、信都是修身治理人的关键。樊迟的学问如若真的比这还要好,不被重用的时候就归隐,获得赏识的时候就尽量工作,也可以。谋求道义,不谋求锦衣玉食,不惧怕饥饿困乏。执着地请求学习稼穑,

---

① 清《文渊阁四库全书》本。

可以说非常鄙贱了。

[清] 焦袁熹《此木轩杂著》卷一①

优闲之诫

颜之推有言："江南朝士，未有力田。假令有者，信僮仆为之，未尝目观，起一拨土，耘一株苗，不知几月当下，几月当收，安识世间余务？故治官则不了，营家则不办，皆优闲之过也。"朝士有禄位，不知稼穑，颜氏犹代为虑之。况于学者，治生之本，无过力田。耕读之事，美贤固尝兼之。樊迟请学稼圃，夫子斥之为小人，此言君子志其远者、大者，曰礼，曰义，曰信。先王之大道，不可不务，而无暇乎其细也。非谓稼圃之业，士人所不当知。其或力不能，势不便，亦不必身执耒耜，手营粪种。但随所应为，竭心毕力，不使虚费日月，斯亦可矣。若乃身心并闲，志气俱惰，淫僻日滋，曾不觉寤，则岂非天地间一蠹哉！故夫樊迟之请，未可深非，而荷蓧丈人所谓四体不勤，五谷不分者，正今之士子所当念之而警且愧也。此等优闲之徒，遭际丰亨，苟偷以殁世，固为幸矣。脱有不虞，而饥馑荐至，沟壑之辱，不亦宜乎？

诠解

颜之推曾说："江南的中央官员，没有一个从事农业的。就算是有，也是让奴仆帮忙做的，他们根本没有亲眼察看过，也没有起一抔土，育一株苗，不知道几月份应该播种，几月份应该收获，怎么能理清世上别的事情呢？所以当官也当不了，治理家业也分辨不

---

① 清嘉庆九年刻本。

清,这都是悠闲的过错。"中央官员拿朝廷俸禄却不知道农事,颜氏都替他们忧虑。况且对于学者来说,生存之本没有什么比得上从事农事的。耕种、读书之事,优秀的人都是兼顾从事。樊迟请求学习稼穑,孔子斥责他是小人,这是说君子应该立志学习远大的事情,比如礼、义、信。先贤圣人的大道不可以不从事,但没有空闲做的是其中的细小之事,并不是说士人不应该懂得稼穑、种菜这样的事情。他们若是力气不够,情势不允许,也不需要亲手拿着农具,亲手进行种植,只是在做自己应该做的事情的时候要竭尽心力,不浪费时光,这样也是可以了。如果身心都闲下来了,志向和气势都怠惰了,淫乱、邪恶之心日益增长,还不觉悟的话,难道不是天地间一只蠹虫了吗?所以樊迟的请求不可以严厉斥责,而荷蓧丈人所说的四肢不勤劳,五谷分不清的人,正是当今士人应该注意并且警惕愧疚的。这些享受闲暇的人,若能有富厚顺达的际遇,苟且偷生到死,固然是幸事。如果有意外不测的事情而导致饥荒,那么被饿死不也是不可避免的吗?

[清] 雷学淇《介庵经说》卷八《论语》①

樊迟请学章

稼是教民稼穑,圃是教民树艺。邢《疏》此说亦合。

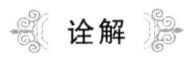 诠解

稼是教百姓种庄稼,圃是教百姓种蔬菜。邢昺《论语注疏》这一说法也很契合。

---

① 清道光通州雷氏刻本。

[清] 李塨《圣经学规纂》卷一[①]

樊迟请学稼，子曰："吾不如老农"。请学为圃，曰："吾不如老圃"。樊迟出，子曰："小人哉，樊须也。上好礼，则民莫敢不敬；上好义，则民莫敢不服；上好信，则民莫敢不用情。夫如是，则四方之民襁负其子而至矣，焉用稼。"

孝弟忠信，四民所同也；兵农礼乐，士所独也。何者？士固储其学以待为民上，而任经世之责者。非若农工商徒自善而可已也。乃今名道学者，只务读书，高则立行，语以兵、农、礼、乐，辄曰："出位"。岂知学为上，正士之位欤？不学为上之事，不惟失圣学，并有歉于士矣。

子夏曰："仕而优则学，学而优则仕。"

卫公孙朝问于子贡曰："仲尼焉学？"子贡曰："文武之道，未坠于地，在人。贤者识其大者，不贤者识其小者，莫不有文武之道焉。夫子焉不学？而亦何常师之有？"

此所谓宪章文武也。朱子《集注》曰："道谓谟训功烈，礼乐文章也。"观此可得学字正诂。先孝悫曰："效法于人谓之学，已学而熟习于己，谓之习。"樊迟请学稼圃，子曰："吾不如老农、老圃。"《孟子》载庾公之斯学射于尹公之他。《史记》：孔子学鼓琴于师襄子，与齐太师语乐，闻《韶》音，学之孟懿子。南宫敬叔师孔子学礼，可证也。即不及见其人，而私淑艾以为学者，亦效法也。近乃有宗心性顿悟之说，而训"学"为惺觉者，则异矣。

[①] 清《畿辅丛书》本。

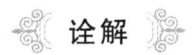

诠解

樊迟请求学习耕稼,孔子说:"我不如老农民。"又请求学种菜,孔子说:"我不如老菜农。"樊迟出去,孔子说:"樊迟真是个没有远大志向的人啊!统治者崇尚礼仪,百姓就没有敢不尊敬他的;统治者崇尚道义,百姓就没有敢不服从他的;统治者崇尚诚信,百姓就没有敢不真诚待他的。如果能做到这样的话,各地百姓都会用襁褓背着儿女来投奔,哪里还需要亲自种庄稼呢?"

孝悌忠信是各种行业的人民所共同遵循的社会法则,而兵农礼乐则是士人所独有的,为什么?士人本来就是要储备学识,等到成为地位崇高的人后,来担负着治理世事的责任的,不是像从事农业、工业、商业的人,只要自觉行善就可以了。但是今天的道学家提及兵农礼乐,都说"超越了本分"。难道不知道只学习做高高在上的正直士人,而不修习在上者应该做的事,不只是遗失了圣人的学问,且有愧于士林。

子夏说:做官的事情做好了还有余力,就更广泛地去学习以求更好;学习学好了还有余力,就可以去做官以便给更好地推行仁道。

卫国的公孙朝向子贡问道:"孔子的学问是从哪里学的?"子贡说:"周文王和周武王的大道没有失传,在于有人传续。贤能的人掌握了其中的重要部分,不贤能的人记住了其中的细枝末节。周文王、武王的大道是无处不在的,老师从哪儿不能学呢?而且又何必有固定的老师呢?"

这就是所谓的以文武之道为准则。朱熹在《四书集注》中说:"道就是谋略训导,功勋业绩,礼乐文章。"从这里可以知道"学"字的正解。先父曾经说:"模仿别人是学习,已经学完,并熟记于心就是习。"樊迟请求学习稼圃,孔子说我不如老农民、老菜农。《孟子》记载庚公之斯向尹公之他学习射箭。《史记》记载孔子向师襄子学习弹琴，与齐太师谈乐，听闻《韶》音，并跟从孟懿子学习，南宫敬叔师事孔子以学礼，都可以得到证明。即没有来得及见到人，而取人之善以自治其身，这也是效法模仿。近来有人信仰明心见性，一时顿悟的说法，但将"学"字解释为醒觉，则是不同的。

[清] 李光地《榕村语录续集》卷一①

樊迟请学稼圃，不尽是近利，又不是隐遁意思，以为学问在此。夫子恐其陷于许行一流，故语意颇类于大人劳心，小人劳力之旨。看《龟山语录》亦如此说，襄曰："勉斋之意亦然。"_{孙襄。}

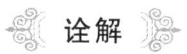 诠解

樊迟请求学习耕稼、种菜，不全是为了求利，也不是要隐居的意思，是认为这也是一门学问。孔子害怕他成为许行一类的人不能自拔，所以对他说的话颇类似于大人劳累心力，小人劳累体力的话。《龟山语录》也是这样认为的。孙襄说："黄干（字勉斋）也是这个意思。"

[清] 李元度《天岳山馆文钞》卷二②

论语说

读《论语》而知圣人之卫道严也，盖举异端及百家九流后起之流弊，而悉杜之矣。所谓异端，神农之言也，老庄也，杨墨也，申

---

① 清光绪傅氏藏园刻本。
② 清光绪六年刻本。

韩也，释道也，孙吴、穰苴、商鞅、李悝皆是也。当孔子时未尽出，已各露其端，孔子则皆辞而辟之。司马谈以阴阳、儒、墨、名、法、道为六家，班固益以纵横家、杂家、小说家、农家、兵家、解赋家、术数家、方伎家，其类伙矣。而圣人皆预知其流弊，而有以防之。如樊迟请学稼圃，是即为神农言者之见端，所谓并耕而食，饔飧而治也。盖后世称述上古，多失其义理，犹阴阳、方伎家之称黄帝，汉人之称黄老耳。孔子目迟为小人，复进以大人之事，即《孟子》劳力劳心之说也。此义明而言神农者诎，至许行始申之，复为孟子所据，而其害息矣。

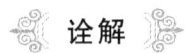

诠解

读《论语》就知道孔子保卫大道的严厉。列举异端及百家九流后来出现的弊端而一一加以杜绝。所谓异端即神农学说、老庄学说、杨墨学说、申韩学说、佛道学说，孙吴、穰苴、商鞅、李悝都也都是异端。孔子生活的时候，这些学说还没有全都出现，但已经露出端倪。孔子于是都予以拒绝并驳斥。司马谈把阴阳、儒、墨、名、法、道列为六家，班固又加上了纵横家、杂家、小说家、农家、兵家、辞赋家、术数家、方术家，数目众多，而孔子都预见到了它们的弊端而有所防范。如樊迟请求学习耕稼、种菜，就是神农学说的端倪，也就是一起耕种、吃饭，来治理天下。后世称颂讲述上古时期，多半失去了其本质上的义理，就像阴阳家、方技家称颂黄帝，汉人称颂黄老。孔子说樊迟是小人，又给他讲述大人该做的事，也就是孟子所谓劳心劳力的说法。孔子申明义理，对神农学说的驳斥还不明显，到许行时才将神农学说说明，接着又被孟子驳斥，它的危害才止息。

[清] 李兆洛《养一斋集》卷二十

农桑问

《论语》："樊迟请学稼，子曰：'焉用稼？'"说者以为樊迟将农隐，而夫子止之耳。夫稼非农也，农安用学？《周礼》："大司徒掌土会之法，辨五物九等，辨十有二壤之名物，以教稼穑，遂大简稼政，修稼器。司稼掌辨穜稑之种，周知其名，与其所宜地。稻人掌稼下地。草人掌土化之法以物地，相其宜而为之种。"盖稼犹稽也。后稷之稽，有相之道，则学稼者为后稷之学云耳。夫子不之答，而古来土会、土宜、土化，稼政之大凡皆不闻于后世也。古所传伊尹区种之法，今行之多不验。夏王沟洫之制，则宇内咸宜。沟洫备详于周，而遂人、匠人，其制差别。盖皆主其概而言之，以为凡例，非规方画一、铢积寸累之也。九数有方田之法，别为一事。可见随多就少，各因其宜，补短截长，举符其数而已。而郑氏遂以十夫有沟，九夫为井，截然分为贡助之异，愿为之分别其是非。至收获，早晚一熟，再熟即所谓穜稑之种。必辨其所宜地，非能统彼此而同之者，而地之可再种，与止可一种，尤不能不别。《宋史》载："人中祥符四年，江浙小旱，使载占城稻分给之，并内出种法。"当时亦不闻为民利。愿为之分疏，其所以然。江南地无遗利矣，而硗埆之地亦时有弃而不植者。窃以为得古土化之法，当无不植。如江浙粪田，或用豆屑，或用零星皮革，或用石垩之类，皆可推类究之，以合于用貆，用麃之义。愿为之略寻其比例。诸生多负耒横经之士，其推格致之余功，以充用稼之实学焉。

① 清道光二十三年活字印光绪四年增刻本。

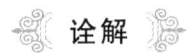

诠解

《论语》记载，樊迟请学稼，孔子说："哪里需要亲自学习种庄稼呢？"有人认为樊迟想要农耕归隐，而孔子阻止他。其实，稼并不是农事，农事哪里需要学习呢？《周礼》："大司徒执掌根据土地属性合理征收赋税的法则，辨别五种地形上的生长物和九等土质，辨别十二种土壤所宜种植的植物，以教民耕稼，所以大大简化了与稼穑相关的政务，修理农具。司稼掌管辨别先熟、后熟的谷物，使大家都知道它的名字和它适宜种植的土地。稻人执掌治田种稻之事，草人掌管改良土壤、审视土地，观察某地适宜种什么就决定种什么。"稼又是穑，后稷耕田又种地，辨明土质有法道，所以学习耕稼的人就是学习后稷的学说。孔子不回答，古时候的根据土地属性合理征收赋税的法则、辨别作物所适宜种植土地的法则、改良土壤的方法等与耕稼相关的事情，后世都不得而知。古代传说的伊尹的区种法，现在去实践多不能应验。夏朝推行的沟洫制，天下皆宜。周朝对沟洫制的记载很详细。而遂人、匠人制定土地制度的差别，都只是制定大致的框架以为体例，并不是规划统一的方略，日积月累完成的。古代的九数算法中，有以边线长短求田地面积的方法，单独列为一件事。可见随多就少，各根据其适宜的情况。取长补短，是为了符合规定的数字。郑玄就以十夫有沟，九夫为井，截然区分古代田赋法制的差异。至于收获，早期、晚期各成熟一次，再成熟了，收获的就是所谓的先种后熟的谷类和后种先熟的谷类。一定要辨别作物适宜种植的土地，不能一概而论。而土地可以再耕种一次，与只能耕种一次，尤其不能不进行区分。《宋史》记载，"大中祥符四年，江浙出现旱灾，朝廷将占城稻分给各地，并教授种法。"当时也没有听说百姓从中获利了。我愿替它一一说明，以指出此种方法带给百姓的获利之处。江南的土地没有更多的地利了，瘠薄的土地也还是有被抛荒的。我认为若能得到古代改良土壤的方法，应该所有的田地都可以种植。以江浙的粪田为例，或用豆屑，或用一些皮革，或用石灰等，都可以根据不同的土壤类型来进行推求，以合于《周礼》中用貆的骨灰来改良干涸的泽地，用鹿的骨灰盐来改良碱地的要求。愿意为了这个事，略微寻得解决办法。诸生多是背着农具、手捧经书的人，应该在研究学问之余，来研究耕稼这样的实用之学。

[清] 梁章钜《农候杂占》卷二[①]

人占

智如禹汤，不如常耕。《齐民要术》序："自天子至庶人，四肢不勤，思虑不周，而事治求赡者，未之闻也。神农、仓颉，圣人也，其于事有所不能矣。故赵过始于牛耕，实胜耒耜之利；蔡伦立意造纸，岂方缣牍之烦，且耿寿昌之常平仓，桑宏羊之均输法，益国利民，不朽之术也。故谚云云。樊迟请学稼，孔子答曰：'吾不如老农。'圣贤有所未达，而况于凡庸者乎。"《书》云："不昏作劳，不服田亩，越其罔有黍稷。"信然！

诠解

即便有大禹、商汤的智慧，在农事方面也不如经常耕种的人。《齐民要术》的序言说："从天子到百姓，四肢不勤劳，脑子不思考，而需要别人养活的人，从没有听说过。神农、仓颉都是圣人，他们对有些事情也是没能力做的。所以赵过发明了牛耕，超过了神

---

① 清同治二思堂丛书本。

农发明耒耜带来的利益；蔡伦下定决心造纸，哪里还有用绢和木片写作的麻烦呢？且耿寿昌提出设置常平仓，桑弘羊提出均输法，都是利国利民的不朽功业。谚语说等等。所以樊迟请求学种庄稼，孔子说：'我不如老农民。'然而，即使是圣贤的智力也有达不到的地方，况且是平常人呢？"《尚书》说："不努力劳作，不从事农业，很难获得谷物，是正确的。"

[清] 梁章钜《论语旁证》卷十三[①]

樊迟请学稼章

樊迟请学稼。皇《疏》引李充曰："樊迟虽非入室之流，然亦从游侍侧，对扬崇德辨惑之义。且圣教殷勤，惟学为先，故言'君子谋道不谋食'，又曰：'耕也，馁在其中矣；学也，禄在其中矣。'迟亲禀明诲，乃谘稼圃，何顽固之甚哉！将恐三千之徒，虽同学圣门而未能皆忘荣禄。迟之斯问，将必有由，亦如宰我问短丧之谓也。"

张氏甄陶曰："古者一夫受田百亩，朝出耕，暮归读。古人书是常事，学稼亦不必是小人。是时樊迟必有治民之责，欲精求司啬、田畯之业，以阜民财。意夫子天纵多能，如《禹贡》辨九土之性，《周官》别十二壤之宜，种植树艺之秘，必有知人所不知者。其实夫子自不曾留心于此，老农、老圃亦是实语，非反词以诋之也。"

按："此说近是，然包注已有'学稼以教民'之语，张氏特畅言之耳。"

纪先生曰："樊迟请学稼圃，不过局于末业，乃朱公迁《四书通旨》列之于异端，与许行同讥，则舛驳矣。"

[①] 清同治十二年刻本。

张氏甄陶曰:"小人不是以位言之,更不是以德言之,只是言见识不高旷耳。"

毛氏奇龄曰:"樊迟请学稼,是如后稷教民稼穑,思以稼穑治民也。迟以为世好文治,民不信从,不如以本治治之。此亦时近战国,几几有后。此神农之言之意,特非并耕耳。然而小人之用矣,古凡习稼事者皆称小人。《尚书·无逸篇》:'知稼穑艰难,则知小人之依。'又祖甲逃民间,曰:'旧为小人。'高宗与农人习处,曰:'爰暨小人。'孟子曰:'并耕者,小人之事。'此从来称名如是。故子曰'用稼非不善',然而身已为小人而不自知矣。因以君民相感三大端教之,盖好礼、义、信则用大,学稼则用小也。"

诠解

樊迟请求学习耕稼。皇侃《论语义疏》引李充的话说:"樊迟虽然没有登堂入室的资质,但也跟从在孔子身边游历学习,还问过孔子如何去提高品德修养和辨别是非的问题。孔子教育人以大道为先,所以说'君子谋求大道,不谋求锦衣玉食'。又说:'耕种,饥饿就在其中;学习,利禄就在其中。'樊迟亲自接受孔子教育,却咨询稼圃,是多么顽固啊!就是怕孔门三千门徒,虽然都一起在圣人门下学习,却没有将荣华利禄全部忘干净。樊迟问这个问题,一定有原因,就像宰我问短丧一样。"

张氏甄陶说:"古时候,一个耕夫可受百亩田地,早上出去耕种,晚上回来读书。古人读书是常事,学耕稼的也不一定就是小人。当时樊迟一定是有治理百姓的职责,想通过精进农业增加百姓的财富。想来孔子天生就有多种才能,如《禹贡》分辨九州岛土地的特性,《尚书·周官》区分十二种土壤分别适宜种的作物,种植树艺的技能。孔子一定懂得一般人不懂的事物。其实孔子没有留心过这方面的问题,说自己不如老农民、老菜农也是实话,不是在反讽。"

我说:"这个说法是一个肯定的判断,但是包咸的注解中已经有过'学习稼穑,教化百姓'的说法,张氏只是进行了阐发。"

纪先生说:"樊迟请求学习耕稼、种菜,不过是局限于末业。朱公迁竟在《四书通旨》中将其列为异端,与许行的学说一并受到讥讽,这就荒谬、错误了。"

张氏甄陶说:"小人不是根据地位来说的,更是根据德行来说的,只是说见识不高远罢了。"

毛奇龄说:"樊迟请求学习稼圃是像后稷教百姓稼穑一样,想要通过稼穑来治理百姓。樊迟认为世人崇尚以文治国,百信不信任服从,不如以本业来治理国家。这时候接近战国时期,保持安和稳重以启后学。神农学说的意思并不是要君民并耕。但是"小人",在古代,凡是从事稼穑的人,都被称作"小人"。《尚书·无逸》说:"了解耕种收获的艰难,才会知道百姓的疾苦。"祖甲离开王都,到平民中生活时说:"过去曾是小人。"高宗与农人相处时说:"我也是小人。"孟子说:"并耕是小人做的事。"所以从来都是这样称呼的。故而孔子说"从事稼穑不是不好",而是沦为了小人却不自知,所以用君主和百姓相互感应的三个方面来教诲他。崇尚礼、义、信就会有大用处,学习稼穑就只是小用处。

[清] 梁章钜《论语旁证》卷十九[①]

虽小道章

虽小道,必有可观者焉。注:"小道,如农圃医卜之属。"

何解:"小道,谓异端也。"皇《疏》谓"诸子百家之书",

---

① 清同治十二年刻本。

又引江熙曰:"百家竞说,非无其道。"邢《疏》谓"异端之说,百家语也"。按:农圃医卜,即百家中之最切近者耳。注所言正与《集注》意合。《后汉书·蔡邕传》注引郑注云:"小道,如今诸子书也。"注、疏及《集注》似皆本此。

陈氏天祥曰"下君子不为也"一语,甚有疾恶小道之意,必是有害圣人正道,故正人君子绝之而不为也。农圃医卜皆古今天下之所常用,不可无者,君子未尝疾恶也。注文为见夫子尝鄙樊迟学稼之问,故以农圃为小道。不知樊迟在夫子之门,不问其所当问,而惟农圃之是问,故夫子以是责之耳。古人之于农也,或在下而以身自为,或居上而率民为之。舜耕历山,伊尹耕莘野,后稷播时百谷,公刘教民耕稼,未闻君子不为也。盖小道者,如今所传诸子百家功利之说,取其近效,固亦有可观,期欲致远则泥而不通。虽有暂成,不久而坏,是以君子不为也。

诠解

即使是小道,也一定有可取之处。注:小道即农业、园艺、医药、占卜之类。

何晏《论语集解》说:"小人之道就是异端。"皇侃《论语义疏》说"小人之道就是诸子百家的书",又引用江熙的话说:"百家的学说都是小道。"邢昺《论语注疏》说:"异端就是诸子百家学说。"我认为农业、园艺、医药、占卜就是百家中最贴近实用之学的,注中所说的意思正好与《集注》的意思相合。《后汉书·蔡邕传》引用郑玄注说:"小人之道就是如今的诸子学说。"注、疏及《集注》都是这个意思。

陈天祥说"君子不做的事情"这句话很有瞧不起小人之道的意思。一定是觉得小人之道对圣人推行的大道有害,所以正人君子拒绝不从事。农业、园艺、医药、占卜都是古今天下经常用到的,不可以没有,君子并没有瞧不起。注文是见孔子曾鄙视樊迟请求学习耕稼、种菜,才认为耕稼、种菜是小人之道,却不知道樊迟身为孔子弟子,不问他该问的,反而去问耕稼、种菜之类的事情,所以孔子责备他。古人认为,对于农业,居下位之时,就亲自从事,居上位之时,就率领百姓从事。舜在历山耕种,伊尹在莘野耕种,后稷播种百谷,公刘教民耕稼,没有听说君子不做农事,大概是因为小人之道是如今所流传的诸子百家的功利学说,因能快速见到实利,固然有可取之处,看上去还算可观,但想要取得大的成果则是行不通的。即使暂时取得了成果,但不久就会行不通,所以君子不从事小人之道。

[清] 刘宝楠《论语正义》卷二①

子张学干禄。《注》:"郑曰:'弟子姓颛孙,名师,字子张。干,求也。禄,禄位也。'"子曰:"多闻阙疑,慎言其余,则寡尤。多见阙殆,慎行其余,则寡悔。"《注》:"包曰:'尤,过也。疑则阙之,其余不疑,犹慎言之,则少过。殆,危也。所见危者,阙而不行,则少悔。'""言寡尤,行寡悔,禄在其中矣。"《注》:"郑曰:'言行如此,虽不得禄,亦同得禄之道。'"《正义》曰:"《仲尼弟子列传》作'问干禄',此出古论。"《大戴记》:"有子张问入官,即问干禄之意。"《鲁论》作"学",谓学效其法也,于义并通。倪氏思宽《读书记》:"《诗》曰:'干禄岂弟',又曰:'干禄百福'。自古有干禄之语,子张是以请学之,犹樊迟请学为稼为圃之事也。多闻多见,谓所学有闻有见也。"

---

① 清同治刻本。

诠解

子张请教谋取官职的办法。郑玄《注》说:"弟子姓颛孙,名师,字子张。干是求取,禄是俸禄地位。"孔子说:"要多听,有怀疑的地方先放在一旁不说。其余有把握的,也要谨慎地说出来,这样就可以少犯错误;要多观察,不明白的就保留在心中,谨慎地实行那些真正懂得的,就能减少事后懊悔。"包《注》说:"尤即过错,有怀疑的地方就先放在一旁,其余没有疑惑的地方也要谨慎发表意见,这样就会减少过错。殆即危险,见到有危险的事就不要去做,这样就会减少事后的后悔。"说话少过失,做事少后悔,自然就有官职俸禄了。"郑玄《注》说:"言语和行动如果都能做到这样,即使没有得到俸禄官位,也像得到了一样。"《正义》说:"《仲尼弟子列传》作'问干禄',这出自古论。"《大戴礼记》说:"子张问如何做官,也就是问求取俸禄的意思。"《鲁论》作"学",就是效仿别人的方法,意思都能讲得通。倪思宽《读书记》载:"《诗经》说:'求福就凭借和乐平易。'又说:'求得数以百计的福禄。'自古就有求取俸禄的说法,子张请求学习求得俸禄,就像樊迟请求学习耕稼、种菜一样。多听多观察就是说所学习的事物来源于听闻和观察。"

[清] 刘宝楠《论语正义》卷十六

樊迟请学稼,子曰:"吾不如老农。"请学为圃,曰:"吾不如老圃。"《注》:"马曰:'树五谷曰稼,树菜蔬曰圃。'"樊迟出,子曰:"小人哉,樊须也。上好礼则民莫敢不敬,上好义则民莫敢不服,上好信则民莫敢不用情。《注》:"孔曰:'情,情实也。言民化于上,各以实应。'"夫如是,则四方之民襁负其子而至矣,焉用稼？"《注》："包曰：'礼义与信，足以成德，何用学稼以教民乎？负者以器，曰襁。'"

《正义》曰："《说文》云：'农，耕人也。'今字作农，隶变。"《汉书·食货志》："辟土植谷曰农。当春秋时，世卿持禄废选举之务，贤者多不在位，无所得禄。故樊迟请夫子学稼学圃，盖讽子以隐也。"《书·无逸》云："知稼穑艰难，则知小人之依。"又云"旧为小人""爰暨小人"，是小人即老农、老圃之称。《孟子·滕文公》篇有大人之事，有小人之事，与此同也。古者四民各有恒业，非可见异而迁。若士之为学，则由成己以及成物。己欲立而立人，己欲达而达人。但当志于大人之事而行义达道，以礼、义、信自治其身，而民亦向化而至，安用此学稼圃之事，徒洁身而废义哉！《孝经》曰："君子言思可道，行思可乐，德义可尊，作事可法，容止可观，进退可度，以临其民。是以其民畏而爱之，则而象之。故能成其德教，而行其政令。"是上好礼则民咸知敬也。《荀子·王霸》篇："之所与为之者，之人则举义士也；之所以为布陈于国家刑法者，则举义法也。主之所极然，帅群臣而首乡之者，则举义志也。如是，则下仰上以义矣，是綦定也。"是上好义则民服也。《晋语》箕郑曰："信于君心，则美恶不逾。信于民，则上下不干。信于令，则时无废功。信于事，则民从事有业。"《礼运》曰："故天不爱其道，地不爱其宝，人不爱其情。""则是无故，先王能修礼以达义，体信以达顺，故此顺之实也。"爱者，隐也。人不隐其情，由于上能修礼体信。是上好信则民莫敢不用情也。

诠解

樊迟请求学习耕稼，孔子说："我不如老农民"。又请求学种菜，孔子说："我不如老菜农。"马融《论语注》说："种五谷叫稼，种蔬菜叫圃。"樊迟出去，孔子说："樊迟真是个没有远大志向的人啊！统治者崇尚礼仪，百姓就没有敢不尊敬他的；统治者崇尚道义，百姓就没有敢不服从的；统治者崇尚诚信，百姓就没有敢不真诚以待的。孔安国注说："情即真情实意，百姓被统治者感化，相互都真诚相待。"如果能做到这样，各地的百姓都会用襁褓背着儿女来投奔，哪里还需要亲自种庄稼呢？"包注说："礼仪、道义与诚信，足以成就德行，哪里还需要学种庄稼来教化百姓呢？背小孩的用具叫作襁。"《正义》说："《说文解字》说：'农就是耕地的人。'今天写作'农'，是由隶书衍化而来的。"《汉书·食货志》说："垦荒种植谷物叫作农。春秋时期，世卿把持着俸禄、官位，废除了选举制，贤能的人都不在该在的位置上，无处获得俸禄。所以樊迟请求学习稼圃，是讽刺孔子隐匿。"《尚书·无逸》记载："知道稼穑的艰难，就知道百姓的辛劳。"又说："旧为小人"，"我也是小人"，这里的小人就是老农民、老菜农的称呼。《孟子·滕文公》篇说有大人做的事，有小人做的事。这句话中的小人与上文的意思一样。古代四民各有恒定的职业，不能随意更改，就像士人从事学问，由成就自己到使自身以外的一切有所成就。自己要站稳，才能扶起摔倒的人。自己要腾达，才能博施济众。只要立志从事大人做的事情，施行仁义达成大道，用礼、义、信来要求自己，人民也会被其感化并随之而来，哪里需要学习耕稼、种菜，白白只是保全自身而使大义荒废呢？《孝经》说："君子的言谈必须考虑到要让人们称道奉行；其作为，必须想到可以给人们带来欢乐。其立德行义，能使人们尊敬。其举止行为可以让百姓效法；其容貌行止，皆合规矩，使人们无可挑剔。其一进一退，不越礼违法，成为人们的楷模。君子以这样的作为来治理国家，统治百姓，民众就会敬畏而爱戴他，并学习仿效其行为。故而君子能够成就其德治教化，顺利地推行其法规命令。"这就是统治者崇尚礼仪，百姓就会尊敬他。《荀子·王霸》篇说："将那些与正道相符的人推举为义人。将那些与正道相符的全国各处公布的法律法规，推举为公约法律。国家政权所必需行使的，能带领各地方官员积极主张响应的，推举为史志懿范之人。这样做的话，人民就会敬仰崇尚信义，政权根基就会稳定。"这就是统治者崇尚道义，那么百姓就会服从他。《晋语》箕郑说："国君心中讲求信用，善恶是非就不会互相逾越混淆。在尊卑名分上讲求信用，上下贵贱就不会互相干犯。在施行政令时讲求信用，就不会误时废功。"《礼运》说："苍天不吝惜自己的神通，大地不吝惜自己的珍宝，人们不吝惜自己的感情。这没有其他原因，这是先王能够遵循礼而通达义，依循信诚而通达和顺的缘故，这是顺应天理的结果。"所以爱就是隐藏。人们不隐藏自己的感情，是由于统治者能够修行礼仪实现诚信。这就是统治者崇尚诚信，那么百姓就没有敢不真诚以待的。

[清] 刘宝楠《论语正义》卷十八①

子曰："君子谋道不谋食。耕也，馁在其中矣。学也，禄在其中矣。君子忧道不忧贫。"

《正义》曰："段本《说文》：'馁，饥也。'此常训。念耕者，念犹思也，本非所习而思为之，故曰念耕。古者四民各习其业，自非有秀异者不升于学。春秋时，士之为学者多不得禄，故趋于异业，而习耕者众。观于樊迟以学稼学圃为请，而长沮、桀溺、荷蓧丈人之类，虽隐于耕，而皆不免谋食之意，则知当时学者以谋食为亟，而谋道之心或不专矣。夫子示人以君子当谋之道，学当得禄之理，而耕或不免馁，学则可以得禄，所以诱掖人于学，而凡为君子者当自勉矣。郑谓念耕而不学，谓士之为农者。但务农而不为学也，既不学，不可得禄，故或遇凶歉而不免于馁，是两失之矣。若夫农务于耕，自习其业，安得概以谋食责之？《潜夫论·释难》篇释此文云：'君子劳心，小人劳力，故孔子所称，谓君子尔，谊与郑同。'夫耕原于谋食，谋食即不得不忧贫。君子志其大者远者，但忧谋道之无得于己，而岂口腹身家之图所能易其志哉！"

---

① 清同治刻本。

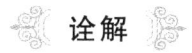 诠解

孔子说:"君子谋求的是道而不去谋求衣食。耕作常常会有饥饿;学习往往得到俸禄。君子担忧是否能学到大道,不担忧贫穷。"

《正义》说:"段玉裁本《说文》:'馁就是饥饿。'这是一般的训诂。念耕,念即思,本来不是自己所学而想着要从事它,所以叫念耕。古代的四民各自有自己的职业,不是非常优秀突出的人不能升入学者行列。春秋时期,士人从事学术大多得不到俸禄,所以转向别的行业,而学习耕种的人很多。樊迟请求学习耕稼、种菜,长沮、桀溺、荷蓧丈人等,虽然归隐耕种,但都避免不了有谋求衣食的意思。所以知道当时的学者把谋求衣食当作急需做的事情,其谋求大道的心思不专一。孔子告诉他人,君子应该谋求的大道,学习可以获得俸禄的道理,而耕种或许免不了饥饿,学习则可以得到俸禄,所以诱惑人来学习。凡是君子都应该自我勉励。郑玄所说的想着从事耕种而不学习的人,是士人中从事农业的人。只是从事农业而不学习,不学习就不能得到俸禄,遇到凶年还可能受饥挨饿,是两头都失去了。农民从事耕稼,是修习自己的事业,又怎么能一概以其谋求衣食而责备他呢?《潜夫论·释难》篇对这句话解释为:'君子劳累心力,小人劳累体力,所以孔子说的是君子,意思与郑玄相同。'耕种原本就是在谋求衣食,谋求衣食就不得不担忧贫困。君子的志向远大,只会担忧自己不能习得大道,岂可为了谋求衣食而改变志向呢?"

[清] 陆陇其《四书讲义困勉录·论语讲义》[①]

"樊迟请学稼"章总旨,躬耕畎亩,圣人常为之矣。然圣贤素

---

① 清《文渊阁四库全书》本。

位而行，志在于道，初非屑屑于细事而必欲为之也。

"樊迟请学稼"节，苏子由以许行看樊迟甚妙，则似不当以近利目之。但究其实则亦是近利而已。然樊迟与许行亦有分别，迟这意大抵以吾儒未仕，则当自食其力，不必便如行之君民并耕也。夫子告以大人在位之事者，大人之学不分已仕未仕，而皆当学者也。

小人哉节，上好礼节。张彦陵曰："全要把大人经世大学意说得透彻，若只讲上下感应话头，便顾奴失主。礼自轨度上言，不单指容貌；义自举动上言，不单指用含；信自精神上言，不单指号令。"李九我曰："敬服用情，即民心之礼、义、信也。此岂仪文度数、法制禁令、簿书期□上讨得来的，须真好始得。四方之民，即敬服用情之民。旧主远近分者非。上三个民字，即兼远近。'四方之民'，亦兼远近。襁负其子而至，只作为之耕稼看。"《乐天斋翼注》曰："三好字照二学字，三上字对小字，礼、义、信代稼圃字，礼、义、信俱兼本之身心，而达之政事者言。"

诠解

"樊迟请学稼"这一章的宗旨是从事耕种是圣人常做之事，然而圣贤安于现在所处的地位，其志向在于推行大道，一开始并不是急于并一定要去做琐碎的小事。

"樊迟请学稼"一节，苏辙从许行的学说和行为来理解樊须学稼这件事，是妙解，但好像不应该把樊迟看作是求利之人。但是从根本上说，也是求利。然而樊迟与许行还是有区别的。樊迟的意思大概是作为儒者在未入仕时应自食其力，与许行的君民并耕学说不同。孔子以大人在自己的位置上应该做的事情教诲他，大人的学问不分入仕未入仕，都应该加以学习。

"小人哉！""上好礼"一节。张彦陵说："要把大人治理国事做大学问的意思说得很透彻。如果只讲上下感应的话，便抓不住关键。有重视下位者忽视上位者的意思。礼是从合于规范法度上来说的，不单指外在表现；义是从举止上来说，不单指内在精神；信是从精神上来说的，不单指发号施令。"李九我说："尊敬、服从、真诚以待，就是百姓心中的礼、义、信，这哪里能通过仪制规格、法令、文书得到，要统治者真正崇尚才能得到。各地的百姓就是尊敬、服从和真诚以待的百姓，过去主张以远近来区分四方是错误的。前三个"民"字兼有远近的意思，"四方之民"也兼有远近的意思。用襁背负着孩子来投奔，是从前来耕稼的角度来说的。《乐天斋翼注》说："三个'好'字对照两个'学'字，三个'上'字对照'小'字。礼、义、信代稼圃二字，礼、义、信都兼有本于一身一心，而后推广到政事的意思。"

[清] 陆心源《宋诗纪事补遗》卷四十二[①]

知稼亭

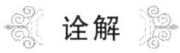

周公说稼成王师，樊迟说稼夫子嗤。
区区农圃焉用学，艰难之事惟当知。
江淮制师周公似，取以名亭意如此。
遥知袖有《无逸》篇，准拟归时献天子。

诠解

周公以稼穑的艰难教导成王，被成王视为老师，樊迟请求学习

---

① 清光绪刻本。

稼穑却被孔子嗤笑。区区耕稼、种菜这样的小事哪里需要学习？但应该知道稼穑的艰难。江淮制帅刘珙与周公相似，给亭取名的意思就是这样的。在远处就得知他袖中装着《尚书·无逸》篇，打算归来的时候献给天子。

[清] 陆心源《皕宋楼藏书志》卷四十二[①]

西山陈居士于六经诸子百家之书，释老氏、黄帝、神农氏之学贯串出入，往往成诵，如见其人，如指诸掌。下至术数小道，亦精其能，其尤精者《易》也。平生读书不求仕进，所至即种药、治圃以自给。绍兴己巳，自西山来访予于仪真，时年七十有四，出所著《农书》三卷，曰："此吾闲中事业，不足拈出。然使沮溺耦耕之徒见之，必有忻然相契处。樊迟请学稼，子曰：'吾不如老农。'先圣之言，吾志也。樊迟之学，吾事也，是或一道也。"仆喜其言，取其书读之，三复曰："如居士者，可谓士矣。"因以《仪真劝农文》附其后，俾属邑刻而传之。丹阳洪兴祖序。

诠解

西山陈居士对六经诸子百家、佛教、黄帝、神农各家学说都能融会贯通，往往能出口背诵，就像见到了这些人本人一样，对事情了如指掌。对各种术数小道也很精通，尤其精通《易》。平生读书不求入仕，种菜、种药自给自足。绍兴己巳年，他从西山到仪真来拜访我，当时七十四岁了，拿出他所写的三卷《农书》，对我说："这是我闲暇中所著，本不值得拿出示人，但是若使长沮、桀溺这

---

① 清光绪万卷楼藏本。

样从事耕种的人见到，一定会有很契合的感觉。樊迟请求学习稼穑，孔子说：'我不如老农民。'圣人的言论是我的志向，樊迟请教的学问是我从事的事业，其中所蕴藏的道理也许是相同的。"我喜爱他的言论，取书来读过，三次重复说："像居士这样的人可以称作真正的士人。"于是把《仪真劝农文》附在后面，使乡里刊刻并流传下去。丹阳洪兴祖作。

[清] 陆以湉《冷庐杂识》卷七[①]

唐冰溪先生

同里唐冰溪先生琦，熟精《史》《汉》，文品极高。乾隆庚辰乡墨"樊迟请学稼"一节中比云："凡人有所学，当自识其为吾，知有不可不如者，而后知有可以不如者。人有所请，当识师之为吾，而知有举世不如者，而后知有举世皆如者。"笔意清隽，非巨眼亦不能识也。生平有洁癖，每赴宴饮，必自携杯箸以往，终席盥漱十数次。初得中正榜，引见后以口嘘气，以手拂尘。上以为书呆子，后班遂撤不引见。人皆以此咎先生。登第后，归部铨选，时年已五十，自以无济世具，不之官，垂老犹以授徒为业。年七十五，卒于分水书院。

诠解

同乡唐冰溪唐琦先生精通《史记》《汉书》，文学造诣很高。乾隆庚辰年间参加乡试，在"樊迟请学稼"一章中写道："人做学问应当先进行自我认知，先要知晓自己长于他人之处，而后方可知

[①] 清咸丰六年刻本。

晓自己可以不如他人之处。别人对自己有所请求时，应该先知晓自己作为师者的价值所在，而后知晓自己不如世人之处，强于世人之处。"文笔清秀隽永，不是文豪不能慧眼识珠。他有洁癖，每次赴宴一定会携带自己的杯子、碗筷，从开始到终席要洗漱十多次。科举考中"中正榜"，见到皇帝后用嘴嘘气，用手拂尘。皇帝认为他是书呆子，排在他后面的人也因此都未得到召见，大家都责备他。先生登第后，经铨选的时候已经五十岁了，自认为不能治理世事，于是不去做官，一直到年老都在教授学生，七十五岁在分水书院去世。

[清] 吕留良《四书讲义》卷十六①

樊迟请学稼章

"上"字即"君子"字，兼天子、诸侯、卿大夫、士说，与"小人"二字对。"上好礼"六句，只重上半截，言学者自有所挟持之具与天下感通，其理甚大耳，不重功效说。下面三句才是说功效。"信"字体用表里，甚精广，不止在章程、刑赏、约质上事。曰好信，则上之诚实相孚者，深矣，故民莫敢不用其诚实。

诠解

"上"就是君子，包括了天子、诸侯、卿大夫、士，与"小人"二字相对。"上好礼"六句话重点在前半截，是说学者自有可以依傍的东西与天下百姓互相感应相通，他的道理很大，不重在功效。下面三句就是在讲功效。"信"字的体和用，表与里，非常精深广大，不

---

① 清康熙天盖楼刻本。

止体现在章程、刑赏和约质上。统治者若崇尚诚信,那么就会和百姓有所感应,真诚相待,所以百姓没有敢不真诚待统治者的。

[清] 马骕《绎史》卷九十五①

《史记》:"樊须,字子迟,少孔子三十六岁。樊迟请学稼,孔子曰:'吾不如老农。'请学圃,曰:'吾不如老圃。'樊迟出,孔子曰:'小人哉,樊须也。上好礼,则民莫敢不敬;上好义,则民莫敢不服;上好信,则民莫敢不用情。夫如是,则四方之民襁负其子而至矣,焉用稼。'樊迟问仁,子曰:'爱人。'问智,曰:'知人。'"《家语》:"樊须,鲁人,少孔子四十六岁,弱仕于季氏。"

诠解

《史记》记载,樊须,字子迟,比孔子小三十六岁。樊迟请求学习耕稼,孔子说:"我不如老农民。"又请求学种蔬菜,孔子说:"我不如老菜农。"樊迟离开了,孔子说:"樊迟真是个没有远大志向的人啊!统治者崇尚礼仪,百姓就没有敢不尊敬的;统治者崇尚道义,百姓就没有敢不服从的;统治者崇尚诚信,百姓就没有不真诚以待的。如果能做到这样,各地的百姓都会用襁褓背着儿女来投奔,哪里还需要亲自种庄稼呢?"樊迟问什么是仁,孔子说:"爱人。"问什么是智慧,孔子说:"懂得人。"《孔子家语》记载,樊迟,鲁国人,比孔子小四十六岁,年少时就在季氏手下做官。

---

① 清《文渊阁四库全书》本。

[清] 毛奇龄《四书剩言》卷四[①]

樊迟请学稼，既非甘隐恬退，则学稼何用？注经者当实求所以用稼之意，而乃以粗鄙目之，且曰当辟之斥之，一似迟之真欲为农夫、为圃人者。此不惟与夫子所答三上四民大旨全不相合，且厚诬古贤，反肆呵斥，大无理矣。试思夫子明曰"焉用稼"，则学稼自有用。尝以此问朱鹿田，鹿田应声曰："莫是如后稷教民稼穑，思以稼穑治民否？"及观包咸旧注，则直曰"迟将用稼以教民"，则世亦原有见及者。迟以为世好文治，民不信从，不如以本治治之。此亦时近战国，几几有后。此神农之言之意，特非并耕耳。然而小人之用矣，古凡习稼事者皆称小人。《尚书·无逸》篇：知稼穑艰难，则知小人之依。又祖甲逃民间，曰："旧为小人。"高宗与农人习处，曰："爰暨小人。"《孟子》曰："并耕者，小人之事。"此从来称名如是。故子曰："用稼非不善。"然而身已为小人而不自知矣，因以君民相感三大端教之。盖好礼、义、信则用大，学稼则用小也。古"学"字即"教"字，为教而学，故教亦名学。《周礼·太宰》："九职，一曰三农，生九谷，二曰园圃，毓草木。"

注：圃即载师所云场圃，可树菜蔬果蓏，亦治民之事。

诠解

樊迟请求学习稼穑，既然并不是要隐退，学习稼穑有什么用呢？注解经书的人应该实际探求他学习稼穑的用意，认为樊迟粗鄙，且说应该拒绝并斥责他，好像樊迟真的要去做农民、菜农一样。

---

① 清《文渊阁四库全书》本。

这不仅与孔子所回答的三个"在上者"和"四方之民"的主旨完全不符,而且对古时候的贤人是严重的污蔑,胡乱呵斥,非常没有道理。试想孔子明说"哪里需要亲自学习稼穑",那么学习稼穑自然有用。我曾经用这句话去问朱鹿田,鹿田回答说:"难道不是像后稷一样教百姓稼穑,想要用稼穑来治理百姓吗?"看到包咸旧注直接说:"樊迟想要用稼穑来教化百姓。"原来世上也有有见地的人。樊迟认为世上都崇尚以文治国,但百姓并不诚信、服从,不如用本业来治国。这时候也接近战国时期了,对后世的影响很大。这是神农学说的意思,与君民并耕学说并不一样。然而小人这个词的用处,古代凡是从事稼穑的人都称作小人,《尚书·无逸》篇记载,知道稼穑的艰难,就知道平民的辛劳;又祖甲逃于民间时说:"过去是农民。"高宗与农人相处,说:"我也像农民。"孟子说:"并耕是农民做的事。"所以从来都是这样称呼的。所以孔子说从事稼穑并不是不好,而是成为小人却不自知,于是用君主和百姓相互感应的礼、义、信三大重点来教导他。崇尚礼、义、信就能做大事,学习稼穑就只能做小事。古代"学"字就是"教"字,为从事教育而学习,所以教也是学。《周礼·太宰》记载,"人民分为九个职业,一是三农,种植九种谷物,二是园圃,培育草木。"注:圃就是载师所说的场圃,可以种植蔬菜瓜果,也是治理百姓的事情。

[清] 毛奇龄《四书改错》卷二十[①]

樊迟从游于舞雩之下章

樊迟粗鄙近利,故告之以此三者,皆所以救其失也。

---

① 清嘉庆十六年金孝柏学圃刻本。

《四书集注补》曰："《论语》问仁者，颜渊、仲弓、司马牛、子贡、子张、樊迟六人；问崇德辨惑者，子张、樊迟二人；问知者，无有也。两问知、三问仁者，更无有也。惟樊迟能之，可谓切实为己，圣门之高弟，不可多得矣。而《集注》云粗鄙近利，《语类》云鄙俗粗，何为也？"尹和靖云："学者之问也，不独欲闻其说，又必欲知其方；不独欲知其方，又必欲为其事。如樊迟之于仁、知，既问于师，又辨诸友。当时学者之精密如此，则未尝粗暴也。若以其曾请学稼故云，则邢昺云：'迟请学播种之法，欲以教民也。'谢上蔡云：'迟学稼圃，将以为民，非役志于自殖财货，则未尝近利也。'若以夫子称为小人而疑之，则朱氏亦云：'小人谓细民，非与君子相反之小人。'明矣。至于双峰文懿辈，徒知依傍门户，阐发朱学，而不于樊迟生平略加审度，反经叛理，饶有论议，亦何为哉！"

李塨曰："樊迟在圣门最有名字，其见于《鲁论》者亦甚精密。且儒者难于事功，迟独能用命以退齐师，三刻逾沟，从容成事，有何粗暴而横加此字？况义利之辨，直君子小人所分途，曾圣门诸贤了无实据，而可以近利二字凿指之。"

诠解

樊迟粗鄙求利，所以孔子告诉他这三点，都是为了挽救其弊失。

《四书集注补》说："《论语》中问仁爱的有颜渊、仲弓、司马牛、子贡、子张、樊迟六个人；请教怎样去提高品德修养和辨别是非的有子张、樊迟两个人。没有人问智慧。更没有人两次问智慧、三次问仁爱。只有樊迟可以，可以说是切中为己之学的核心，他确实可以被称作圣门高弟，是不可多得的人才。但是《集注》说他粗鄙近利，《语类》说他粗俗，为什么呢？"尹和靖说："学者的提问，不只是要知晓他的解释，还要知晓他的方法，不光要知晓他的方法，还一定要知晓他想要做的事。就像樊迟对智慧和仁爱，既向老师询问，又与朋友辩论。以当时的学者而论，能做到这样精深的，一定不会粗暴。如果从他曾经请求学习稼圃的缘故而论，邢昺说：'樊迟请求学习播种的方法，是想要用来教化百姓。'谢上蔡说：'樊迟请求学习稼圃，是为了百姓，不是要增加自己的财富，所以他并没有追求利益。'如果因为孔子称他为小人，而对此有疑问，那么朱氏说：'小人就是平民，不是与君子相对的小人。'意思非常清晰了。至于双峰文懿等人，只知道固守门户阐发朱熹的学说，不对樊迟的生平进行考察，离经叛道，胡乱议论，为什么要这样？"

李塨说："樊迟在孔子门下有一定的知名度，他的事迹在《鲁论》中体现得也非常精深。况且儒家学者很难建立功业，独独樊迟能够以命相搏，击退齐国军队，三刻过沟，从容行事，有什么粗暴可言，而要无故强加给他粗鄙二字呢？况且义利之辨是辨别君子、小人的方法，圣门中的各位贤人竟然在了无依据的情况下，就以'近利'二字确指于樊迟。"

[清] 毛奇龄《四书改错》卷二十

樊迟请学稼章

杨氏曰："樊须游圣人之门而学稼圃焉，志则陋矣。辞而辟之可也，待其出而后言其非，何也？盖于其问也，自谓农圃之不如，则拒之至矣。须之学疑不及此，而不能问，不能以三隅反矣。既出而惧其终不喻也，求老农老圃而学焉，则其失愈远矣，故复言之。"

圣门樊迟亦由、赐后一人，乃才一启口，非受谩骂即被讥讪，而究其骂之讪之者，仍自坐不能解经，厚诬圣贤如此。樊迟之请，既骂以志陋，决当斥辟，又谓夫子后言惟恐其不能喻夫子之意，真向老农老圃而就学，故使之知之。则直视迟为下愚木石，无人理者矣。亦思如此陋志，且将辞圣门而入田舍，则迟身为民，乃反告之以民之必从，一似迟之学稼欲使民从己者。然且不止从己，即三告以民不敢不，又申之曰：四方之民亦襁负俱至。一似迟之学稼，将欲近招远来，不使一民不归己者。如此而不憬然省豁然悟，则其下愚木石。所谓不以三隅反者，不在樊迟，在杨氏矣。且迟请学稼，非用稼也，夫子曰"焉用"，又一似四方民至，但用彼而不用此者。苟非陋志，则即此一字亦当有三隅之反。况迟在圣门，夫子亲许其善问。即孟孙问孝，夫子藉迟导其意，而谓迟疑不及此，又谓迟不能问，历呼其名而谩骂之，又讥讪之，此何说乎？汉儒原云：迟思以学稼教民，盖惧末治文胜，直欲以本治治天下，一返后稷教民之始，其志甚大，惜其身沦于小民而不知也。此迟有大志，而夫子抑之，且仍以大者告之，四方之至，非大夫以下事也。陋儒不解也。小人即农人，《尚书》：知稼穑之艰难，则知小人之依；高宗少居民间，曰："爰暨小人。"时迟思以身教，故夫子自谓不如农人，且称迟为农人。要知迟此一请有启战国时神农并耕，西秦令垦之意，其所系大矣。

既学农又学圃者，《周官》以九职理万民，此政治大节。自三农外，原有园圃、虞衡、山林、沮泽、原隰诸职，治当时，任地力，务开塞，算地来。民有不重农亩而专任五土与五物者，故又及此。

诠解

杨氏说："樊迟拜在圣人门下，却想学习耕稼、种菜之事，志向鄙陋。拒绝并驳斥他是可以的，但是为什么要在他出去之后说他的不是呢？对于他所问的问题，孔子说我不如老农民、老菜农就已经是拒绝的极致了。樊迟的学问恐怕难以到达这个层次，又不能举一反三，所以就不再回答他了。等到他已经出去，又怕他始终不明白其中的真谛，真的去找老农民、老菜农学习，那错得就更离谱了。所以再说几句，使人们知道前面的话是意有所指的。"

樊迟是排在子路和子贡之后的第一人，才一开口，不是被谩骂就是被讥嘲。而骂他嘲笑他的人终究是不能理解经书的人，他们诬蔑圣贤如此之深。樊迟请学稼圃，既被骂志向鄙陋，应当拒绝并斥责之，又说孔子后面说的话是担心樊迟不明白他的用意，担心他真的向老农民、老菜农学习，所以使他知道自己的真实用意。这简直是说樊迟是顽石愚木，不可理喻。想想他要是真的有这样鄙陋的志向，而且将要离开孔门去从事耕种，那么他身为百姓，孔子却还要告诉他百姓一定要服从统治者，好像樊迟学习耕稼是想要让百姓服从自己，况且还不只是服从自己，先是用三个百姓不敢不做的事情来告诫他，又申明说"四方的百姓将会用襁背负着孩子来投奔"，好像樊迟学习稼穑是想把远近各地的百姓都招揽来，不放弃任何一个人。如此不清醒、不通透，真是顽石愚木。不能举一反三的人，不是樊迟，而是杨氏。况且请求学习耕稼，并不是想要亲自从事耕稼，孔子说"哪里需要"，又好像是各地的百姓来投奔，是用别的方法来治理而不用耕稼来治理。如果不是志向鄙陋，那么这一个字也应当体现出了他举一反三的能力。况且樊迟身在孔子门下，孔子亲自赞许他善于提问。像孟懿子问孝，孔子借樊迟来疏导他。说樊迟的学问恐怕达不到这个高度，又说樊迟不能继续发问，直呼他的姓名进行谩骂，又讥嘲他成这样，有什么道理呢？汉儒原本说："樊迟想要学习稼穑来教化百姓，是担忧当时以文治理天下没有效果，想要用本业治理天下，返回后稷时期以农业教化百姓的做法。他的志向十分远大，自己沦为小民也不自知。樊迟有大志向，而孔子不仅要抑制他，还要用大人之事、各地百姓会来投奔告诫他。这不是大夫以下的人做的事情。学问不精的儒者不能理解其中的曲折。小人就是农夫，《尚书》记载，知道稼穑的艰难，就能理解百姓的疾苦。高宗与农民相处，说："我也像农民。"当时，樊迟想要亲自去从事农事以教化百姓，所以孔子说"我不如老农民"，并且称樊迟为农民。要知道樊迟这一请求开启战国时期的君民并耕学说和秦国的开垦荒地法令，关系十分重大。

既学习耕稼又学习园圃的人。《周官》用九种职业来治理万民，这是政治上的大事。三农之外，原本就有园圃、虞衡、山林、沮泽、原隰诸种职务管理山林川泽、开垦、农时、地利。人类中有不从事耕种而专门管理山林、川泽、丘陵、水边平地、低洼地等五种地形与五种地形上物产的人，所以才又提及这个。

[清] 毛奇龄《西河集》卷十八①

若樊迟请学稼，即禾中孙肖夫、菰城江岷源辈，亦惊顾无一言，此实不可解者。迟既非沮溺甘于石隐，亦定非真欲沾体涂足作农人者。若以为粗鄙，则应告之以《诗》《书》《礼》《乐》之文；以为璅屑，则当启之以大经大法、治己治人之道。乃徒以君民相感为言，已难通矣。且其申言叠唤，一似迟欲招徕天下之民，而不可得者。岂圣人之言而全然如大雾，至于如是？试问"焉用稼"，"用"字何解？

诠解

像樊迟请求学习稼圃，就算是孙肖夫、江岷源等人也惊讶得说不出一句话来，这实在很难理解。樊迟既不是长沮、桀溺，甘于隐匿，也必不是真的想要去做农民。如果认为他粗鄙，就应该告诉他《诗》《书》《礼》《乐》。若以为他汲汲营营，就应该用经书修

---

① 清《文渊阁四库全书》本。

养自己、治理他人的大道来启迪他。只是对他讲君民互相感应、真诚以待，已经很难讲通了。而且屡次申明、呼唤，似乎是樊迟想要招揽天下百姓而不能实现。难道孔子的言论就像大雾弥漫一样使人看不清？试问"焉用稼"的"用"字应该怎么解释？

[清] 茅星来《近思录集注》卷十一①

教学之道

在学之养。若士大夫之子，则不虑无养；虽庶人之子，既入学则亦必有养。古之士者，自十五入学，至四十方仕，中间自有二十五年学，又无利可趋，则所志可知。须去趋善，便自此成德。后之人自童稚间已有汲汲趋利之意，何由得向善？故古人必使四十而仕，然后志定。只营衣食却无害，惟利禄之诱最害人。本注：人有养，便方定志于学。

愚按：古者士农异业，凿然无疑，故樊迟请学稼圃而夫子斥以小人。《孟子》亦曰："有大人之事，有小人之事"，又曰："居仁由义，大人之事备矣。"然则既入学，不复治农，则必有养，方定志于学，其理自不易也。朱子谓士升而上，亦有时春夏耕耘，秋冬肄业，而疑程子学必有养之说为无据，且谓安得许多粮给之，恐是未定之论。按：《语类》：问："士人受田如何？"朱子曰："上士、中士、下士是已命之士，已有禄。如管子'士乡十五'，是未命之士。若农皆为士，则无农矣。故乡止十五，亦受田，但不多。"《周礼·载师》所谓士田是也。观此则前说之误必矣。又按：郑司农谓士田者，士大夫之子得而耕之田也。后郑则谓"士"读为"仕"，

---

① 清《文渊阁四库全书》本。

仕者亦受田，所谓圭田也。然观《载师》，士田、贾田并称，则朱子以士田为士所受之田，其说得矣。后郑既以贾田等俱为其家所受田，何独于此乃必读"士"为"仕"乎？且其后引《食货志》云："士工商家受田，五口乃当农夫一人"，则士田为士所受之田明矣。又按：士受田，五口当农夫之一，则是每人当二十亩也。

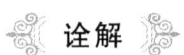 诠解

求学时的衣食问题，如果是士大夫的子孙就不用担忧。即使是平民的子孙，既然入了学校，也一定能解决衣食问题。古代的士十五岁入学，到四十岁才入仕，中间有二十五年可以学习，其间又无利可图，由此可以知道士的志向了。去追求善，自此便成为有德之人。后来的人在儿童时期就有汲汲图利，怎么能做到向善呢？所以古人一定要四十岁才入仕，志向已经定了。只追求吃饭穿衣不会有害，只有追求利禄才最是害人。我的注：衣食问题解决了，方才能定志于学。

我的按：古时候士人和农民职业不同，这是确凿无疑的，所以樊迟请求学习稼穑，孔子斥责他是小人。孟子也说："有大人做的事，有小人做的事"，又说："住在仁的屋宇里，走在义的大路上，大人的事业便齐备了。"然而既然入学，不再务农，就必须要能解决衣食问题，才能立志从事学问，这个道理自然是不可变更的。朱子说士人攀升而上，也有春夏耕种，秋冬学习的，所以怀疑程子入学一定能解决温饱问题的说法没有根据，而且说哪里有那么多粮食供给他们，恐怕是没有定论的。《语类》记载，有人问："士人如何分田？"朱子说："上、中、下士是有所任命的士人，已经有俸禄。管子所说的士人之乡十五是指没有获得任命的士人。如果农民都是士人，那就没有农民了，所以乡士十五岁也分田，但不多。"就是《周礼·载师》中所说的"士田"。这样看来，前面的说法一

定是错误的。郑司农说士田就是士大夫的儿子得到的耕田。后来他又说："士"读作"仕"，意思是入仕的人也能分田，叫作圭田。然而从《载师》中士田、贾田并称来看，那么朱子所说的士田是士人分的田，是有道理的。后来郑既然认为贾田等都是他们家中所分得的田，为什么非要在此处说"士"是"仕"呢？而且他之后又引用《食货志》说："士人、手工业者、商人家里分得的田，五口人的量只相当于农夫一人的量。"那么士田即士人分的田就确定了。又按：士人受田，五口人的量相当于农夫一人的量。就是说每个人可分得二十亩。

[清] 倪思宽《二初斋读书记》卷二①

《诗》曰："干禄岂弟。"又曰："干禄百福。"自古有干禄之语，子张是以请学干禄之理。此学字犹樊迟请学稼、学为圃之学也。今人谬谓当学时而干禄。尝遍观何晏《集解》、朱子《集注精义》，或问《语类》诸书，总无是解，且邢《疏》明言弟子子张师事孔子，学求禄位之法。不知何人创为当学时而干禄之说，至今盛行之也。《集注》引程子曰"若颜、闵则无此问矣"，亦以"问"字训"学"字。

诠解

《诗经》说："求福就凭借和乐平易。"又说："追求到数以百计的福禄。"自古就有求取俸禄的说法，这是子张之所以请求学

---

① 清嘉庆八年涵和堂刻本。

习求取俸禄的道理。这个"学"字与樊迟请求学习稼圃的"学"字是一样的。现在的人错误地认为他们在跟随孔子学习的时候却请教干禄之事。看遍何晏《集解》、朱熹《集注》，或是《朱子语类》诸书，都找不到答案，而且邢昺《论语注疏》明确说弟子子张跟从孔子学习，学习求取俸禄的方法。不知道是谁创造了他们在跟随孔子学习的时候却请教干禄之事的说法，到现在还盛行。《集注》引用程子的话说"如果是颜回、闵损就没有这样的问题"，也是用"问"字代"学"字。

[清] 潘德舆《养一斋诗话》卷十①

李二曲先生云："志在世道人心，又能躬亲稼圃，嚣嚣自得，不愿乎外，上也；志在世道人心，而稼圃不以关怀，次也。若志不在世道人心，又不从事稼圃，此其人为何如人？与其奔走他营，何如取给稼圃之为得。故在樊迟则不可徒稼徒圃，在吾人则不可不稼不圃。肯稼肯圃，斯安分全节，无求于人也。"

诠解

李二曲先生说："既有治理世事、人心的志向，又能亲自从事耕稼、种菜，安逸自得，不在乎外物，这是最高的人生层次。有治理世事、人心的志向，但不关心耕稼、种菜，这是次一级的人生层次。如果既没有治理世事、人心的志向，又不愿意从事稼圃，这个人是什么人呢？与其奔走经营生计碌碌无为，不如从事耕种自给。所以对于像樊迟这样的人来说，就不可以只从事耕稼、

---

① 清道光十六年徐宝善刻本。

种菜。对我们这些人来说就不能不从事稼圃。愿意从事耕稼、种菜就是安分保全名节,不需要向别人祈求什么了。"

[清] 潘维城《论语古注集笺》卷一[①]

言寡尤,行寡悔,禄在其中矣。【注】郑曰:"言行如此,虽不得禄,亦同得禄之道也。"

《论语补疏》云:"樊迟请学稼,则孔子目为小人。小人,不求禄位者也。子张学干禄,孔子即告以得禄之道。圣人以事功为重,故不禁人干禄,而斥夫学稼者也。"

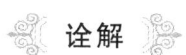 诠解

说话少过失,做事少后悔,官职俸禄就在这里了。郑玄注说:"言语、行为能做到这样,即使没有得到利禄,也像是得到了一样。"

《论语补疏》说:"樊迟请求学习稼穑,孔子就认为他是小人。小人就是不渴求利禄的人。子张学习求取利禄,孔子就告诉他方法。孔子是非常重视功业的,所以不禁止人求取利禄,而斥责学习稼穑的人。"

[清] 潘维城《论语古注集笺》卷七

樊迟请学稼,子曰:"吾不如老农。"请学为圃,曰:"吾不如老圃。"【注】马曰:"树五谷曰稼,树菜蔬曰圃。"【笺】稼,《说文》云:"禾之秀实为稼。"《周礼·司稼》注:"种谷曰稼。圃,《诗》传云:'菜园'。"《说文》:"种菜曰圃。"《说文》无"蔬"

---

① 清光绪七年江苏书局刻本。

字。经典只用"疏",或作"蔬"。樊迟出,子曰:"小人哉,樊须也。上好礼,则民莫敢不敬;上好义,则民莫敢不服;上好信,则民莫敢不用情。夫如是则四方之民襁负其子而至矣,焉用稼?"【注】包曰:"礼义与信,足以成德,何用学稼以教民乎?负者以器,曰襁也。"

《论语发微》曰:"此商治道也。稼圃者,井田之法。一夫百亩,所以为稼;五亩之宅,所以为圃。樊迟欲以井田之法行于天下,后世学者当深究其理。农家者流,即出于此。孟子所谓有大人之事,有小人之事。小人哉者,使迟知稼圃为小人之事也。三代之制,封建、井田、学校三大端。春秋时,侯国斥大而封建坏,多兵车之会,而井田什一之法不行。樊迟议修井田以维封建,思见先王之籍,亦深图治之心。不知封建因乎时,井田因乎地,隔阂之故。圣人已知贯乎古今,通乎遐迩,不可易者,其学校乎!故学校兴,虽不井田、不封建,而一世治;学校废,虽行封建、行井田,而世愈乱。下无学则上无礼也,化民成俗必由学。三王四代惟其师,好礼、好义、好信,皆学之所从出也。"

诠解

樊迟请求学习耕稼,孔子说:"我不如老农民"。又请求学种菜,孔子说:"我不如老菜农"。马融的注说:"种五谷叫稼,种菜蔬叫圃。"【笺】稼,《说文解字》记载,"禾苗的果实叫作稼"。《周礼·司稼》注:"种谷叫作稼。"《诗经》的注解:"圃就是菜园。"《说文》记载,"圃就是种菜。"《说文解字》中没有"蔬"字,一般只用"疏"字,或者"蔬"字。樊迟出去,孔子说:"樊迟真是个没有远大志向的人啊!统治者崇尚礼仪,百姓就没有敢不尊敬他的;统治者崇尚道义,百姓就没有敢不服从的;统治者崇尚诚信,百姓就没有敢不真诚以待的。如果能做到这样,各地的百姓都会用襁褓背着儿女来投奔,哪里还需要亲自种庄稼呢?"包咸的注说:"礼仪、道义与诚信，足以成就德行，哪里还需要学种庄稼来教百姓呢？背小孩的用具叫作襁。"

《论语发微》说："这是商朝的治理之道。稼圃就是井田法。一人授田百亩，从事稼穑。五亩的宅院种植蔬菜。樊迟想要在天下推行井田法，后世学者应该潜心研究他的道理。后世的农家即出于此处。孟子所说的有大人做的事情，有小人做的事情。孔子斥责樊迟是小人使他知晓稼圃是小人做的事。夏、商、周三代的制度中封建、井田和学校是三个重点。春秋时期，诸侯坐大，分封制崩坏，战争频发，井田法难以推行。樊迟提议推行井田法来维护封建制，想要恢复先王时期的制度，也是有很大的励精图治的决心。后世学者不知道封建、井田之法是因为时移事易，对以往之事产生了隔阂。孔子已经知道古今远近不会变易的只有学校。学校兴盛，即使不推行井田法、分封制，也能国泰民安；学校废除了，即使推行井田法、分封制，世道也会纷乱不止。在下者不学习，统治者就不会推行礼仪，教化百姓净化风俗也必须依靠学习。禹、汤、周武王三王，虞（大舜那个时代）、夏、商、周这个四代都很重视教育，崇尚礼、义、信都是从学习中孕育出的。"

[清] 戚学标《四书偶谈·外编》[①]

樊迟请学稼章

汉儒谓迟思以学稼教民，谢上蔡亦云："迟学稼将以为民，非役志于殖货者。第其说已有启后来神农并耕，西秦令垦之弊。故夫子抑而教以大者，四方之至，非大夫以下事也。"

---

① 清乾隆景文堂刻本。

诠解

汉代儒家学者认为樊迟是想要通过学习稼圃来教化百姓。谢上蔡也说："樊迟学习稼圃是为了百姓,并不是要从事货殖买卖。他的学说有开启后来神农并耕学说,秦国推行开垦荒地法令的弊端。所以孔子拒绝他,并且教诲他要从事大人做的事。各地人民前来投奔这样的事,不是大夫以下的人做的事。"

[清] 戚学标《四书偶谈》[①]

"女为君子儒"二句

君子儒,小人儒,以器识大小论,不以学术真伪论。子夏笃信谨守,不到徇外为人,而见小近利,则于君子有体、有用之学或未至。谢注对针子夏,似可从。夫子尝以"小人哉"责樊迟,为其琐细不知大人之学。韩昌黎诗云:"犹嫌子夏儒,肯学樊迟稼。"两事连用,唐贤固作如是解矣。

诠解

君子式的儒者与小人式的儒者是凭借度量见识的大小来区分的,不是以学术成就来区分的。子夏笃信谨守道义,不探求心外之理,但于所见不广、贪求利益,尚未真正掌握君子的体用之学。谢注针对子夏的话而论,似乎有道理。孔子曾经责备樊迟是小人,是因为樊迟专注于细枝末节的事情,不懂得大人的学问。韩愈作诗说:"连子夏那样的儒者尚且看不上,哪里肯学樊迟去从事稼圃。"两件事情连在一起,可见唐朝的贤人本来就是这样理解的。

---

① 清乾隆景文堂刻本。

[清] 钱曾《读书敏求记》卷二[①]

樊迟请学稼学圃，夫子目之为小人。彼垄上辍耕，间园种菜者，殆何如耶？伊予樗栎庸材，为时所吐弃，退而耕于野，涤场除地，类老圃所为。瓜藤豆篱参错于牛栏豚栅之旁，中筑室，颜曰："小人斋"，时时偃息其所。白木几上堆《种树篇》《探春日记》《汝南圃史》《树艺录》等书，随意披览，颇遂息机摧幢之志。间或勤其肢体，则课督便了，芟繁治秽，采掇嘉蔬硕果，与妇子相顾而乐之，更不屑咏南山之萁豆，击缶而歌呼呜呜也。或曰："夫子之称小人，犹佛家之谓小乘云尔。凿混沌者，一日凿一窍，至七日而混沌死。子今蔽影蓬庐等诸逃虚空者，卷龟壳而食蛤蜊，期于汗漫，游于九垓之外，为不可雕之朽木。真混沌所弗如，岂非小人之尤者欤？借以名斯斋，谁曰不宜？"予时方读贞木书，听之听然笑，推卷而起据槁梧，以仰视云汉松涛，洒而不辨天首之为乙为凫也。聊识其语于卷末，以记岁月云。时乙丑重阳前一日。

诠解

樊迟请求学习耕稼、种菜，孔子认为他是小人。那些在田里躬耕，在园圃种菜的人，情何以堪呢？我是才能低下的庸才，被时代抛弃，退而像老菜农那样在田野里耕种，清洁场地。瓜藤豆蔓缠绕在篱笆和牛棚猪圈旁边，在其间修筑房屋，取名为"小人斋"，时常休息其间。白木桌上堆放着《种树篇》《探春日记》《汝南圃史》《树艺录》一类的书，随意披览，于是灭了机心与用世之志。偶尔动一动身体，也只是去督促他人做农活便罢了，剪除杂草，采摘果

[①] 清雍正四年松雪斋刻本。

实，与妇女、小孩相顾而乐，更不屑咏叹南山的萁豆，敲击瓦缶唱歌。有人说："孔子所说的小人类似佛教所说的小乘。凿混沌的人，一天凿开一窍，至第七天，混沌被凿死了。现在你们这种逃避现实的人，如同缩在龟壳里吃着蛤蜊，期于广大而游离在九天之外，是不可雕的朽木。连混沌也比不上，难道不是小人之最吗？用'小人'来命名自己的书斋，谁能说不适宜呢？"我当时正在读俞贞木的书，听完从容发笑，推开书卷，靠着琴，仰视天空中发出阵阵涛声的松林，洒脱而不愿分辨天空中飞着的是乙还是凫。聊记数语于卷末，时在乙丑年重阳节前一日。

[清] 秦笃辉《经学质疑录》卷二[①]

　　子张学干禄一章，郑康成曰："干，求也；禄，禄位也。"按：《大雅·旱麓》之诗曰："干禄岂弟。"《假乐》之诗曰："干禄百福。"孔颖达《疏》皆以求福训干禄。许氏《说文》："禄，福也。"虽禄，亦有训禄位及俸禄者，而以干禄连文，明有诗辞可据，则禄定训福无疑，犹《诗》言"求福不回"，"自求多福"云尔。子张学干禄，当因读《诗》有感，进问干禄之道如何？"学"即樊迟请学稼之"学"，语意明白的确。因郑氏误训禄位以后，说者无不集矢于子张，谓其以学求利禄，如后世儒生之所为。使其如此，夫子乃不明戒之，转以寡尤寡悔，禄在其中，示之终南捷径，非扬汤而止沸乎？

---

① 清道光墨缘馆刻本。

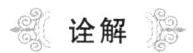 诠解

子张学干禄这一章,郑康成说:"干是求,禄就是俸禄地位。"《大雅·旱麓》说:"求福就在于凭借和乐平易。"《诗经·假乐》说:"追求到数以百计的福禄。"孔颖达的《疏》也把干禄理解成求福。许慎《说文解字》:"禄就是福。"即使有把禄有理解为俸禄和地位的,但以干禄连用,明确地有相关诗词可以考据,那么"禄"是"福"的意思是没有疑问的。就像《诗经》说:"求福有道不邪不奸""求得多种福分"。子张学习干禄应该是读《诗经》有感,进而追问如何才能求得福?"学"就是樊迟请求学习稼圃的"学",语意很明确。因为郑玄误把"学"解释为利禄、地位,之后的学者都纷纷攻击子张,说他以追求学问之身来求取利禄,就像后世儒家学者所做的那样。如果真是这样,孔子不仅不明确警告他,反而用"少过失少后悔,利禄就在其中"来教导他,这样给他指示求名利的便捷之途,难道不是扬汤止沸吗?

[清] 秦笃辉《经学质疑录》卷十

先事后得一节,愚按:人至粗鄙近利,品斯下矣。此盖误会其请学稼圃之意而然。有粗鄙近利之人,而能问崇德修慝辨惑者乎?且粗鄙近利与夫子所论,亦渺不相属。

"樊迟请学稼",邢《疏》:"学播种之法欲以教民也。"焉用稼,邢《疏》:"礼义与信,足以成德。化民何用学稼以教民乎?"按:邢《疏》义最分晓。盖樊迟欲教民而不得其方,拘于稼圃之小道,夫子故以为上礼、义、信之大道示之。若欲以稼圃自养,则夫子忽告以上好礼云云,是不伦矣。小人哉,即硁硁然小人哉一例语,

言其所学之小也。

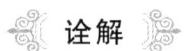 诠解

先事后得一节。我认为：人们以为樊迟粗鄙好利、品格低下，这是误会了樊迟请求学习稼圃的意思。粗鄙求利的人能问出崇尚德行、修正错误、辨明疑惑这样的问题吗？而且粗鄙求利与孔子的言论一点都不相符合。

"樊迟请求学习耕稼"，邢昺《论语注疏》说："他是想学会了播种的方法来教化百姓。""焉用稼"，邢昺《论语注疏》说："礼、义、信足以成就德性。教化百姓何必通过学习稼圃呢？"邢昺《论语注疏》的意思最是明确。樊迟想要教化百姓，却不得其法，困于稼圃这样的小人之道，所以孔子用礼、义、信这样的大人之道来教导他。如果他想要从事稼圃养活自己，孔子却突然告诉他统治者崇尚礼什么的是不合适的。"小人"就是浅薄固执的小人一类的话，是说所学习的学问不高远。

[清] 邱维屏《邱邦士文集》卷一①

其樊迟学稼，季氏伐颛臾，《国语》得之而博肆。

樊迟请学稼，子曰："吾不如老农。"请学为圃，子曰："吾不如老圃。"稼于老农，又有圃于老圃，故作冗长。樊迟出，子曰："小人哉，樊须也！上好礼，则民莫敢不敬；上好义，则民莫敢不服；上好信，则民莫敢不用情。农圃凿照，得礼、义、信王者三大道出来。

---

① 清道光十七年刻本。

夫如是,四方之民襁负其子而至矣。_{襁负又从农,国家着景。}焉用稼?"_{小中见大,齐着光景。}

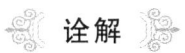 诠解

樊迟学稼与季氏将伐颛臾,若放在《国语》一书中,则必然会给人以博涯恣肆之感。

樊迟请求学习耕稼,孔子说:"我不如老农民。"又请求学种菜,孔子说:"我不如老菜农。"_{老农稼穑,老菜农种菜,非常冗长。}樊迟出去,孔子说:"樊迟真是个没有远大志向的人啊!统治者崇尚礼仪,百姓就没有敢不尊敬他的;统治者崇尚道义,百姓就没有敢不服从的;统治者崇尚诚信,百姓就没有敢不真诚以待的。_{借耕稼、种菜引申出王者成事的三种大人之道即礼、义、信出来。}如果能做到这样,各地的百姓都会用襁褓背着儿女来投奔。用襁褓背着小孩来从事农业,国家的恩泽。哪里还需要亲自耕稼呢?"_{由小见大。}

[清] 史梦兰《尔尔书屋诗草》卷一①

旅言

大禹决江河,不秉畚与锹。
周公筑洛邑,不躬版与礅。
大人与小人,心力分其劳。
樊迟学稼圃,宜为世所嘲。

---

① 清光绪元年止园刻本。

诠解

大禹治理江河，不需要拿着畚箕和铁锹。周公建造雒邑，不需要亲自去建造。大人与小人的区别就在于劳累心智还是体力。樊迟请求学习稼圃，世人嘲笑他是应该的。

[清] 舒位《瓶水斋诗集》卷九[①]

问稼答不如，何必又问圃。樊迟诚小人，事鄙性尤鲁。两叩智与仁，退亦迷无主。及此计无聊，意欲言阿堵。回思舞雩游，所问一何古。就令为圃农，未必得其所。矧非田舍翁，亦岂灌园户。谬种忽流传，许行至自楚。

诠解

樊迟询问稼穑的时候，孔子回答"不如老农民"，他又何必再询问种菜呢？樊迟真是小人啊！从事的事情鄙陋，个性也很鲁莽。两次询问智慧和仁爱，离开后却还是很迷惑。至此，觉得这一想法没有什么意义，他是想谈利益问题。回想游历舞雩台的时候，所问的问题是多么的有意义。即使从事稼圃，也未必能够实现心之所愿。他原本并不是农民，也不是菜农。错误的说法突然流传起来，许行的学说也是从这里来的。

---

① 清光绪十二年边保枢刻光绪十七年增刻本。

[清] 宋翔凤《论语说义》卷七①

樊迟请学稼，子曰："吾不如老农。"请学为圃，曰："吾不如老圃。"樊迟出，子曰："小人哉，樊须也！上好礼，则民莫敢不敬；上好义，则民莫敢不服；上好信，则民莫敢不用情。夫如是，则四方之民襁负其子而至矣，焉用稼。"

谨按：此商治道也。稼圃者，井田之法，一夫百亩，所以为稼；五亩之宅，所以为圃。樊迟欲以井田之法行于天下，后世学者当深究其理，农家者流，即出于此。孟子所谓有大人之事，有小人之事。小人哉者，使迟知稼圃为小人之事也。三代之制，封建、井田、学校三大端。春秋时侯国斥大，而封建坏，多兵车之会，而井田什一之法不行。樊迟议修井田以维封建，思见先王之籍，亦深图治之心。不知封建因乎时，井田因乎地，隔阂之故。圣人已知贯乎古今，通乎遐迩，不可易者，其学校乎。故学校兴，虽不井田不封建而一世治；学校废，虽行封建行井田而世愈乱。上无学则下无礼也，化民成俗必由学。三王四代惟其师，好礼、好义、好信，皆学之所从出也。自汉以来，议法制者莫能行井田、封建，而学校之事，苟饬纲纪，必由此始，而后知圣人之论，为山山通行者也。

诠解

樊迟请求学习种庄稼，孔子说："樊迟真是个没有远大志向的人啊！统治者崇尚礼仪，百姓就没有敢不尊敬他的；统治者崇尚道义，百姓就没有敢不服从的；统治者崇尚诚信，百姓就没有敢不真诚以待的。如果能做到这样，各地的百姓都会用襁褓背着儿女来投

---

① 清《皇清经解续编》本。

奔哪里还需要亲自耕稼呢？"

按：这是商朝的治理之道。稼圃就是井田法。一人授田百亩，从事稼穑。五亩的宅院种植蔬菜。樊迟想要在天下推行井田法，后世学者应该潜心研究他的道理。后世的农家即出于此处。孟子所说的有大人做的事情，有小人做的事情。孔子斥责樊迟是小人使他知晓稼圃是小人做的事。夏、商、周三代的制度就是封建、井田和学校是三个重点。春秋时期，诸侯坐大，分封制崩坏，战争频发，井田法难以推行。樊迟提议推行井田法来维护封建制，想要恢复先王时期的制度，也是有很大的励精图治的决心。后世学者不知道封建、井田之法是因为时移事易，对以往之事产生了隔阂。孔子已经知道古今远近不会变易的只有学校。学校兴盛，即使不推行井田法、分封制，也能国泰民安；学校废除了，即使推行井田法、分封制，世道也会纷乱不止。在下者不学习，统治者就不会推行礼仪，教化百姓净化风俗也必须依靠学习。禹、汤、武王三王，虞（大舜那个时代）、夏、商、周这个四代都很重视教育，崇尚礼、义、信都是从学习中孕育出的。汉代以来，立法之人都没有能推行井田制、分封制，而如果整饬国家纲纪，必须从兴学之事抓起。然后才知道孔子的论断是世世代代通行的。

[清] 孙奇逢《四书近指》卷十①

樊迟学稼章

历山莘野两耕夫，何尝有妨大人之事。但未可为迟言也，故揭礼、义、信以示之。此是何等规模！何等作用！其机全在"上好"。

---

① 清《文渊阁四库全书》本。

盖君子之所治者甚精，而所至者甚大。襁负其子而至，何忧无稼圃之人，而烦己请学为。朱子曰："役智力于农圃，内不足以成己，外不足以治人，是济甚事。"

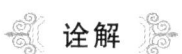 诠解

历山、莘野的两位农夫（指大禹、伊尹），做农夫哪里就妨碍他们做大人的事情呢？但孔子没有讲这些给樊迟听，故意以礼、义、信来教导他。这是多大的气魄！想要起到什么样的作用！重点全在"统治者崇尚"上。大概因为君子治理国家的大道非常精深，所能达到的目的也非常远大。百姓用布背着小孩来投奔，哪里需要担忧无人耕稼，还要请求亲自学习耕稼呢？朱子说："把智力用到农事上去，对内不足以成就自身，对外不足以用来治理别人，能起什么作用呢？"

[清] 孙应科《四书说苑补遗》①

子张学干禄。"学干禄"，当从《史记》"问干禄"为正。《论语》作"学"，乃"问"字之讹。《集注》载程子曰：若颜、闵则无此问。"三年学"章载杨氏曰："子张之贤，犹以干禄为问，亦通作问。"《温故录》："《诗》曰：'干禄岂弟。'又曰：'干禄百福。'子张是以请学干禄之理。"此"学"字犹樊迟请学稼、学为圃之"学"。邢《疏》云："子张师事孔子，学求干禄之法。"

---

① 清道光刻本。

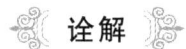

子张学习求取俸禄之道。"学干禄"应该以《史记》"问干禄"为正解。《论语》写作"学",是"问"字之讹。《集注》记载,程子说:"如果是颜回、闵损就不会有这样的问题。""三年学"一章记载,杨氏说:"以子张的贤能,还在询问求取俸禄的方法。应当都写作'问'。"《四书温故录》记载,《诗经》说:"求福凭借和乐平易。"又说:"获得数以百计的福。"子张因此请求学习求取俸禄的方法。此处的"学"字与樊迟请求学习稼圃的"学"是一样的。邢昺《论语注疏》说:"子张拜孔子为师,学习求取俸禄的方法。"

[清] 唐仲冕《陶山诗录》卷五①

题虎邱一榭园图

山光塞门水出罅,此中仅可容一榭。太守为政得宽简,脱帽披襟坐其下。前年初建香山祠,佳境引人如啖蔗。望衡恰得百弓园,买山岂惜千金价。不爱雕几斗华靡,但令户牖通桑柘。香凝戟卫频呼舟,兴发林泉辄命驾。旁有斗室最幽闲,独对松寮趁清暇。画来一角写其真,诗示千秋不容诈。他时留作角弓篇,平生厌学樊迟稼。古者仓庾氏其官,中世居官不能罢,每于故里营菟裘,便欲终身谋杷稏。岂如筑榭意洒然,静与天游观物化。葺治远过叔孙馆,游憩还同召伯舍。虽为太守供旬沐,一任吴民欢伏蜡。洛中小宅渭上墅,何若遗黎相慰藉。此图长与此园俱,苍松箖竹无冬夏。

---

① 清嘉庆十六年刻道光增修本。

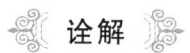诠解

　　门前是青山，水波荡漾，二者相映成趣，其中仅可容下一座榭。太守从政之余暇，摘下帽子披着衣服坐在其下。前年刚刚建好了香山祠，置身于绝佳的风景之中，便犹如吃到了甘蔗一样甜。旁边恰好与百弓园相邻，哪里会吝惜千金来购买这样的景色呢？不喜欢华丽的雕饰，只希望门前直通农桑之地。香气凝聚之时侍从便屡屡呼舟船而发，兴致发于山林和泉石之间便命车驾前往。旁边的斗室最为幽静，独自坐在松树下享受闲暇。画下其中一角记录它的真实存在，流传千年不欺人。他日再作《角弓》篇，平生讨厌像樊迟一样学习耕稼。古时候，仓庾氏做官不能退休，常常在故里修建园子，想要终身从事农事。哪里像修筑榭一样潇洒，静静地跟随天游览，观察世间万物。修葺的远比叔孙的居所还要气派，在其中游览、休憩就如同在召伯的府邸。虽然这是太守的旬休之地，但允许吴地的百姓在此举行伏祭和腊祭。洛中的小宅子，渭水上的别墅，哪里能比得上后世百姓的瞻仰能慰藉人心。这幅画会长久地与这座园子存在下去，苍松翠竹常年挺拔，没有冬夏之分。

[清] 王夫之《四书笺解》卷四[①]

　　"请学稼"章，玩"焉用稼"用字，则樊迟盖欲用稼以致民归也。不然，则樊迟但欲耕以自富，则何须说到"四方之民襁负其子而至"上去。樊迟只错认知稼穑之艰难，便欲习知其事，以体恤民隐而爱养之，不知导民皇皇于利，为小人之道，故重斥之。"上好礼"三句，须补一"学"字。焉用稼者，稼自小人所习，有老农、

---

　　① 清光绪刻本。

老圃教之，不待上也。

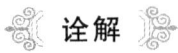 诠解

在"请学稼"这一章，品味"焉用稼"的用字，樊迟是想要用耕稼使民归顺。若不是这样，樊迟如果只是想要通过耕种使自己富裕，那何必说"各地百姓用襁背负着孩子前来投奔"呢？樊迟只是误以为自己懂得了稼穑的艰难，便想学习耕稼，以体恤民众的痛苦而对之施以仁爱，却不知道自己是以利益来引导百姓，从事小人做的事务，故而孔子重斥他。用"上好礼"三句话须要补充一个"学"字。"焉用稼"，稼穑是小人做的事，有老农民、老菜农教授，不需要等待在上位的人来教授。

[清] 王夫之《诗广传》卷五[①]

樊迟请学稼，子曰："吾不如老农。"圣人之言也。许行为并耕之言，孟子曰："尧舜之治天下，不用于耕。"学圣人者之言也。君子之道，穷之所守者，达之所施，甚贱其流者，不奖其源。故孔子不学稼，而孟子以耕为小人之事。三代以下，粒餐具而可忧者不在此，君子之志见矣。《周颂》存者三十一篇，而农家之言四。繇仲尼、孟子小樊迟、斥许行之旨而通之。损周礼者，其在斯乎！呜呼！言有疑于逸谚，道有疑于瓠落，事有疑于荒亡，圣人不能急喻之人，而千岁以后，訾先王之大美，抑人情之大愿，断然而无怍，其亦孰能得之哉？虽然，夙万乘之驾，集三有事之俊杰，进陇首以谋其升斗，歌咏长言以歆羡之，将无元后之为生民计，有大于此者之姑置也。故曰自古皆有死，民无信不立，食可去矣。

---

① 清同治湘乡曾氏金陵节署刻本。

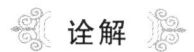 **诠解**

樊迟请求学习稼圃,孔子说:"我不如老农民。"这是圣人说的话。许行提出君民并耕学说,孟子说:"尧舜治理天下,不是以耕种作为主要方式。"这是学习圣人的言论。君子的大道,在困厄时所坚守的东西就会在显达后施行于天下。十分轻视其流,也不会喜好其源。所以孔子不学习稼穑,孟子认为稼穑是小人做的事。三代以下,温饱都已经解决了,可忧虑之事不在于此。君子的志向由此显现。《周颂》保存至今的有三十一篇,而农家学说有四篇。由孔子鄙视樊迟、孟子斥责许行并耕的意图可以通晓这四篇的意思。他对周礼的削弱就是这里。唉!(圣人的)言论会被猜疑而沦为无从考证的谚语,他的大道会被怀疑至于沦为大而无当的道理,他的事迹会受到质疑而被视为无稽之谈。如果圣人不能迅速将这些告诉民众,使他们明白,那么千年之后,就会出现那种贬抑先王的功德,抑制人情的大愿,断然而为而毫无愧疚的社会现象出现,如此一来,谁还能说这是有所得呢?纵然如此,过去的帝王(只知)聚集三司之豪杰,召集手下以谋求禄位,歌咏长言以引人羡慕,(如此一来),后世帝王就不会再有为人民谋福祉的考虑了,有比这更重要的事暂且将之搁置。所以说自古以来谁也免不了一死,没有粮食不过是饿死罢了,但一个国家不能得到老百姓的信任就要垮掉。

[清] 王夫之《四书训义》卷十五[①]

论语

樊迟请学稼,子曰:"吾不如老农。"请学为圃,曰:"吾不如老圃。"

---

① 清光绪潞河啖柘山房刻本。

种五谷曰稼，种蔬菜曰圃。

樊迟出，子曰："小人哉，樊须也！

小人谓细民，孟子所谓小人之事者也。

上好礼，则民莫敢不敬。上好义，则民莫敢不服。上好信，则民莫敢不用情。夫如是，则四方之民襁负其子而至矣，焉用稼？"

礼义信，大人之事也。好义则事合宜。情，诚实也。敬服用情，盖各以其类而应也。襁，织缕为之，以约小儿于背者。杨氏曰："樊迟游圣人之门而问稼圃，志则陋矣。辞而辟之可也，待其出而后言其非，何也？盖于其问也，自谓农圃之不如，则拒之者至矣。须之学，疑不及此，而不能问，不能以三隅反矣，故不复。及其既出，则惧其终不喻也，求老农、老圃而学焉，则其失愈远矣。故复言之，使知前所言者，意有在也。"

【训义】道术之大小，因乎所学，学之已熟，而遂成乎好。至于好，而智之所知，力之所任，无不局促于其中。虽有广大高明之道，莫能易也。故君子志其大，则必舍其小，虽小道亦有可观。而穷以为戒，不知者乃谓其忘本计而规远略，则小人之道成，而天下无君子矣。今夫农圃者，生人之急务，岂犹夫异端曲学之无实者？樊迟以为穷而在下，可以安身而利用；达而在上，可以足国而裕民，乃请学稼，子曰：欲学稼，则有老农在，吾不如也。请学为圃，子曰：欲学圃，则有老圃在，吾不如也。奚为于丘之门哉！甚绝之。迟乃自知其失，问而退。夫子遂斥其非而明其理，日事小人之事，学小人之学，则身且为小人之身，而心亦小人之心矣。小人哉，樊须也！须偶好之，因欲学之。如其学之，亦将好之。谓是民之天也，可以聚民而得民心者也。噫则使须得用而为人上，亦惟以此为怀柔天下之至计哉！夫业置身于君子之列，则学为人上之事，而人心风俗之责在己矣。以此为学，则穷。喻其善而好之也。笃习于礼则好礼，声律身度，一逾越而情不适，所以示民之矩范，而使民之莫敢不敬也。执乎义则好义，胜欲去利，一纵侈而心不安，所以纳民于正直，而使民之莫敢不服也。敦乎信则好信，推诚布公，一虚伪而意不慊，所以孚民于纯厚，而使民之莫敢不用情也。是故其为学也，惟恐礼之不明，义之不精，信之不笃也。如是以学之，即如是而好焉，使得志而居于民上，敬之服之，用情以亲之，俗美于下，化行于远。天下之民皆襁负其子而至矣。此君子所为终身服习而恐其不逮，而何暇计及于匹夫匹妇一朝一夕之计哉！若夫稼，则彼襁负之小人自好之、自学之，为人上者代之谋而反不如，又焉用学为？吾不知须之请学者，将以自为计乎？将以为民计乎？小人之学，奚为于吾之门也？呜噼！夫子之言，若大而无实，乃后世有农家之学，流为许行之说，而管、商耕战皆迹此而为之，其祸酷于杨、墨。圣人之旨严矣！若夫读圣贤书，而劳身心以营鸡豚蔬果之务以为利，则尤不足削。于人类者，可弗戒哉？

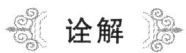

樊迟请求学习耕稼，孔子说："我不如老农民。"又请求学种菜，孔子说："我不如老菜农。"

种五谷叫稼，种蔬菜叫圃。

樊迟出去，孔子说："樊迟真是个小人啊！

小人就是小民，孟子所说的从事小人做的事的人。

统治者崇尚礼仪，百姓就没有敢不尊敬他的；统治者崇尚道义，百姓就没有敢不服从的；统治者崇尚诚信，百姓就没有敢不真诚以待的。如果能做到这样，各地的百姓都会用襁褓背着儿女来投奔哪里还需要亲自耕稼呢？"

礼义信是大人做的事。崇尚道义，那么事情能处理得合乎情理。情即真情实意。百姓尊敬、服从、真诚相待，大概是对大人好礼、义、信的回应。襁是布织成的，用来把小孩背在背上的器具。杨氏说："樊迟拜在圣人门下，却想学习耕稼、种菜之事，志向鄙陋。拒绝并驳斥他是可以的，但是为什么要在他出去之后说他的不是呢？对于他所问的问题，孔子说我不如老农民、老菜农就已经是拒绝的极致了。樊迟的学问恐怕难以到达这个层次，又不能举一反三，所以就不再回答他了。等到他已经出去，又怕他始终不明白其中的真谛，真的去找老农民、老菜农学习，那错得就更离谱了。所以再说几句，使人们知道前面的话是意有所指的。"

【训义】道术的大小根据所学的东西而定，学习熟练了，就会有所成就。至于成就大小，会受到智慧、体力限制。即使身怀宏大高明的大道也不能改变这一点。所以君子的志向要远大，就必然要舍弃小的东西，即使小道也有值得重视的东西。忌讳去从事小人之道，不知道的人会以为他志向远大，忘了本。这样小人之道就成功了，天下就没有君子了。现在的农民、菜农做着紧急的务实之事，哪里像异端学说那样不切实际？樊迟以为困厄而居下位的人可以凭借农业安身立命，显达而居上位的人可以凭借农业富国裕民，于是请求学习稼穑。孔子说学习稼穑有老农民在，我不如老农民。请求学种菜，孔子说想学圃有老菜农在，我不如老菜农。在孔子门下，这是极大的拒绝。樊迟自知有过错，于是出去。孔子于是斥责他的错误阐明道理，每日从事小人做的事情，学习小人学的学问，那么就是小人之身，小人之心了。樊迟真是小人啊！樊迟偶然崇尚它，于是想要学习它。如果樊迟学习了它，也将会崇尚它。是说农业是百姓的上天，可以聚拢民心，得到民心。如果使樊迟得到重用，成为在上位之人，他也会以此为统治天下的大计！身为君子就要学做大人当做之事，那么收服人心、教化风俗的责任就在自己身上。若以稼穑为学习的对象，则显得唐突，故需明示其优点而崇尚之。修习礼，就会崇尚礼。言谈举止一由逾矩，就会不合情理，所以给百姓以身作则，人民就没有敢不尊敬他的；修习义就会崇尚义，压制欲望和趋利之心，一有放纵、奢靡就会感到心有不安，所以公正刚直地对待百姓，使百姓没有敢不服从的。修习诚信就会崇尚诚信，推诚布公，一有虚伪感情上就会过不去，所以对待人民纯厚，使人民没有敢不真诚以待的。所以做学问唯恐礼仪不明、道义不精、诚信不笃。学习它就会崇尚它。如能得志，成为居于上位，百姓就会尊敬他，服从他，真诚以待，于是化民成俗，完成对在下者和远处之人的教化。天下的百姓都用布背着小孩来投奔。这是君子终身修行都唯恐达不到的目标，哪里还有闲暇计较匹夫匹妇日常的生计呢？稼穑，那些用布背着小孩来投奔的百姓自然会自会喜好它，学习它。作为在上位者，代其谋划反而会不如他们，又何必去学习呢？我不知道樊迟请求学习稼圃是想自己从事，还是想教化百姓。但是小人的学问怎么能在孔门出现呢？唉！孔子的言论看起来很空泛不实际，以至于后世有农家学说出现，衍化成许行的君民并耕学说，管子、商鞅的耕战思想都来源于此。它的祸患比杨子、墨子的危害还要严重。圣人的意旨其实非常严格啊！如果读过了圣贤的书籍，还要劳累身心去经营鸡豚蔬果之事，追求利益，这尤其不足取。对于与他们相似的人，难道不应该引以为戒吗？

[清] 王太岳《四库全书考证》卷十八①

"樊迟请学稼"节，冯氏："圣贤之能多，农马之智专故也。"

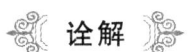 诠解

樊迟请求学习稼圃一章，冯氏解释说："圣贤的技能多，而农民和马的智慧集中在一件事上的缘故。"

[清] 王先谦《荀子集解》卷四②

是君子之所以骋志意于坛宇宫庭也。宫谓之室。庭，门屏之内也，君子虽骋志意论说，不出此坛宇宫庭之内也。是时百家异说，多妄引前古以乱当世，故荀卿屡有此言也。故诸侯问政，不及安存，则不告也。先谦案："如卫灵公问阵，孔子对以军旅未学。匹夫问学，不及为士，则

---
① 清《武英殿聚珍版丛书》本。
② 清光绪刻本。

不教也。"先谦案："如樊迟问学稼学圃，孔子答以不如老农老圃。"百家之说，不及后王，则不听也。百家杂说不及后王之道，妄起异端，则君子不听之也。夫是之谓君子言有坛宇，行有防表也。

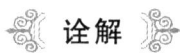 诠解

　　这就是君子能使自己的思想活跃奔放而又保持在一定的界限、范围内的原因啊！宫就是室。庭即门屏之内。君子虽然自由奔放地论说，但不超出一定范围。当时百家学说并起，大多错误引用过去的说法来搅乱当世，所以荀子多次发出这样的言论来警戒。所以诸侯询问政事，如果不涉及如何使国家安定而存在下去，就不告诉他。王先谦说："如卫灵公问军阵战法，孔子回答说军旅之事未曾学过。一般人来求学，如果不涉及如何做一个有德才的学士，就不教他。"王先谦说："如樊迟请求学习稼圃，孔子回答说我不如老农民、老菜农。"各家的学说，如果不涉及当代帝王，就不听它。百家学说不讲论当代帝王的大道，妄自树立异端，那么君子是不会听从的。这就叫作君子说话有界限，行动有标准。

[清] 王又朴《易翼述信》卷四①

　　初六："童观，小人无咎，君子吝。"
　　《象》曰："初六童观，小人道也。"
　　初变益上之益下，不过饱食暖衣而已，外此则民之可使由，而不可使知者也。又坤遇震，坤为先迷，震为初生，故曰童观。夫耕田而食，凿井而饮，不识不知，顺帝之则者，童观之义也，小人之道也。岂君子而有大人之志与事者所宜乎？樊迟欲学稼圃，夫子鄙

---

① 清《文渊阁四库全书》本。

之曰小人是也。

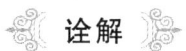 诠解

初六的爻辞："童观，小人无咎，君子吝。"

《象传》解释说："用幼稚狭隘浅显的眼光来观察事物，这是小人之道。"

初爻具有很大的变动性，能益上益下，不过是能解决衣食的问题。除此之外，则人民可以引导使知其然，不要使他们知道所以然。又坤卦遇到震卦，坤是先迷，震是初生，所以用幼稚狭隘浅显的眼光来观察事物儿童的眼光来观察事物。通过耕田来解决食物问题，凿井来满足饮水问题，不投机取巧，顺从自然法则，这是用儿童的眼光来看待事物的意思，也就是小人之道，哪里是有大人志向的君子应该从事的呢？樊迟请求学习稼圃，孔子鄙视他是小人。

[清] 魏源《诗古微》①

周颂答问

问："王氏夫之《诗广传》曰：'子言其或继周者，虽百世，可知。'谓知其损益也。立仲尼于嬴、项之余，通周之变，必有损周之道者。《周颂》三十篇，而《丰年》《载芟》《良耜》《臣工》《噫嘻》之篇凡五，灵星之祀一，乃孔子告樊迟不学稼，而孟子斥许行并耕为小人之事，何耶？""三代以下，粒餐具，而可忧者不在此。损周礼者，其在斯乎？夙万乘之驾，集三有事之俊杰，进陇

---

① 清道光刻本。

首以谋其升斗，歌咏长言以歆羡之，将无元后之为生民计，有大于此者乎？六国强秦惟不损周而且益之也。鞅之耕战，悝之尽地力，汲汲上下交奖以谋食，而民之害气以昌。子曰：'我观周道，幽、厉伤之。'以桑柔之乱。而其《诗》曰：'好是稼穑，力民代食。'则是《臣工》《噫嘻》之道。幽、厉未之伤也，然而道已伤矣，后圣之所必损，奚疑哉？其说若何曰？曰：'理欲同行而异情，王伯同迹而异心。孟子说齐、梁以王道，皆不外乎勿违农时，数罟毋入洿池，五亩之桑，五母二母之鸡彘。使其说施诸衡门韦布之儒，则与问舍求田之陈登曷异焉？'"

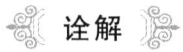

有人问："王夫之的《诗广传》说：'孔子说如果有继周而起的朝代，就算百世之后也是可以预知的。'是说可以预知礼制的损益。如果孔子生在秦汉之后，通过与周代的制度比对，一定知道秦汉之时已经废弃了很多周代的礼制。《周颂》有三十篇，而记载农事的就有《丰年》《载芟》《良耜》《臣工》《噫嘻》五篇，记载祈祷丰收的有一篇（《丝衣》）。但是孔子告诫樊迟不要学习稼圃，孟子斥责许行的并耕学说是小人之道，为什么呢？""三代以下，温饱都已经解决了，值得忧虑的不在于此，对周礼的增删会在此处吗？即使是万乘之国，汇集了各种俊杰谋求利禄，歌咏羡慕，却没有人关心百姓的生计，有比这更重要的事吗？六国之中只有秦国对周道不减反增。商鞅的耕战说，李悝的尽地力之教（重农政策），汲汲营营，上下都汲汲营营，努力谋生，但是百姓中的坏风气蔓延开了。孔子说：'我观察周朝的制度，自幽王、厉王起就败坏了。'导致国家动乱。《诗经》说：'重视农业生产事，百姓辛苦耕种供养。'这就是《臣工》《噫嘻》中讲述的道理。即使幽王、厉王没有直接伤害周道，但是大道还是在实质上受到了伤害，后世的君主必然也会伤害它，这有什么疑问呢？这种说法是怎么样的呢？说：'天理与人欲并存而情况不同，王道与霸道迹象相同而用心各异。孟子在齐国和梁国讲述王道，都没有超过不要违背农时，细渔网不到深水池里捕鱼，种五亩桑田，养五只母鸡两只母猪等等。如果使他的学说作用于贫寒的儒家学者身上，与只知道买田置房而没有远大的志向的陈登又有什么区别呢？'"

[清]文廷式《纯常子枝语》卷二十[①]

《孟子》："许行为神农之言。"即农家之学也。《汉书·艺文志》云："农家者流，盖出于农稷之官，及鄙者为之，以为无所事圣王，欲使君臣并耕，悖上下之序。"然《汉志》所录者九家，今可略见者，神农、野老、泛胜之、蔡癸四家，实无悖序之言。班生云云，盖即本孟子立说。惟《论语》樊迟请学稼圃，而孔子以小人斥之，且申之以上好礼、好义、好信，而民襁负而至，焉用稼为？盖当时必以不耕不织责之于上，素餐之义，诗人愧之。而君民同等即出于农家之志，与三代以来君主之政截然异趋。秦、汉尤尊君卑臣，故农家古说在所必黜矣。班《志》列诸杂家之后，小说之前，职是故欤。

诠解

《孟子》说许行的并耕学说来源于神农的言论，也就是农家学说。《汉书·艺文志》说："农家是源于掌管农业的官员，等到地位低下的人从事它，就认为它对圣王大道没有什么帮助，想要使君

---

① 民国32年（1943）刻本。

民共同耕种，违背上下等级秩序。"然而汉《汉书·艺文志》记载的九家农家，现在可见者只有神农、野老、泛胜之、蔡癸四家，实际上并没有违背等级秩序的言论。班固所说的话是从孟子的理论发展而来的。惟有《论语》记载樊迟请求学稼圃，孔子斥责其为小人，并且告诉他统治者崇尚礼、义、信，人民就会背着小孩前来投奔，哪里需要亲自从事稼圃？当时一定有人责备在上位者不耕种、不织布，尸位素餐，诗人惭愧。把君民同等看待就出自农家的学说，与三代以来的君主政治截然不同。秦朝、汉朝尤其尊仰君主、贬抑臣下，所以农家学说必然会被废除。由于这个缘故，班固《汉书·艺文志》把农家排在各种杂家之后，小说家之前。

[清] 吴昌宗《四书经注集证·论语》卷七[①]

樊迟请学稼，子曰："吾不如老农。"请学为圃，曰："吾不如老圃。"

种五谷曰稼，种蔬菜曰圃。

《周礼·地官》："遂大夫以教稼穑，以稽功事。正岁，简稼器，修稼政。司稼，掌巡邦野之稼而辨种艺之种，周知其名与其所宜地以为法。"《说文》："禾之秀实为稼，茎节为禾。"一云："在野曰稼。"《书·洪范》："土爰稼穑。"《疏》："种谷曰稼，若嫁女之有所生然。"《管子》："首戴茅蒲，身服被襫，沾体涂足，暴其肌肤，尽其四肢之力，此之谓农。"《周礼·天官》："太宰以九职任万民，一曰三农，生九谷，二曰园圃，毓草木。"《注》："三农：山农、泽农、平地农也。"《闾师》："凡任民，任农以耕事，贡九谷；任圃以树事，贡草木。"《场人》："掌场圃，植果蓏。"《说文》："园，树果也。圃，树菜也。"

---

① 清嘉庆三年刻本。

樊迟出，子曰："小人哉，樊须也。

小人谓细民，孟子所谓小人之事者也。

上好礼，则民莫敢不敬。上好义，则民莫敢不服。上好信，则民莫敢不用情。夫如是，则四方之民襁负其子而至矣，焉用稼？"

礼义信，大人之事也。好义则事合宜。情，诚实也。敬服用情，盖各以其类而应也。襁，织缕为之，以约小儿于背者。

《说文》："襁，负儿衣也。"张华《博物志》："襁，织缕为之，广八寸，长丈二，以约小儿于背上。"

杨氏曰："樊迟游圣人之门而问稼圃，志则陋矣。辞而辟之可也，待其出而后言其非，何也？盖于其问也，自谓农圃之不如，则拒之者至矣。须之学疑不及此，而不能问，不能以三隅反矣，故不复。及其即出则惧其终不喻也，求老农老圃而学焉，则其失愈远矣，故复言之，使知前所言者意有在也。"

诠解

樊迟请求学习耕稼，孔子说："我不如老农民"。又请求学种菜，孔子说："我不如老菜农"。

种五谷叫稼，种蔬菜叫圃。

《周礼·地官》："遂人教他们稼穑，考察他们的工作成绩。正月，检阅农具，教他们做好各项备耕工作。司稼，掌管巡查国家的农业区，辨别作物的类别，全面了解他们的名称和适合种植的土地，形成惯例。"《说文》："谷物的果实叫作稼，茎节叫作禾。"也有说生长在野外所以叫稼。《尚书·洪范》说："土具有载物、生化、收成的特性"。《疏》："种谷叫作稼，就像嫁女儿有所生育。"《管子》："头上戴着斗笠，身上穿着蓑衣，身体沾湿，足涂污泥，暴露出肌肤，劳累身体的力气，这样的人叫作农民。"《周礼·天官》："太宰用九种职业来任命天下人，一是三农，种植九种谷物，二是园圃，养育草木。"《注》："三农指的是山农、泽农、平地农。"《周礼·间师》："让农民从事耕种，缴纳九种谷物，让园圃在圃里培育树木，缴纳草木。"《场人》："场人掌管国家场圃，种植果蔬。"《说文》："园种植水果，圃种植蔬菜。"

樊迟出去，孔子说："樊迟真是小人啊！

小人就是百姓，孟子所说的从事小人之事的人。

统治者崇尚礼仪，百姓就没有敢不尊敬他的；统治者崇尚道义，百姓就没有敢不服从的；统治者崇尚诚信，百姓就没有敢不真诚以待的。如果能做到这样，各地的百姓都会用襁褓背着儿女来投奔，哪里还需要亲自耕稼呢？"

礼、义、信是大人做的事。崇尚道义那么事情能处理得合乎情理。情即真情实意。百姓尊敬、服从、真诚相待，大概是对大人好礼、义、信的回应。襁是布织成的，用来把小孩背在背上的器具。

《说文》："襁是背小孩的衣服。"张华《博物志》："襁是布织成的，宽八寸，长一丈二尺，用来把小孩背在背上。"

杨氏说："樊迟拜在圣人门下，却想学习耕稼、种菜之事，志向鄙陋。拒绝并驳斥他是可以的，但是为什么要在他出去之后说他的不是呢？对于他所问的问题，孔子说我不如老农民、老菜农就已经是拒绝的极致了。樊迟的学问恐怕难以到达这个层次，又不能举一反三，所以就不再回答他了。等到他已经出去，又怕他始终不明白其中的真谛，真的去找老农民、老菜农学习，那错得就更离谱了。所以再说几句，使人们知道前面的话是意有所指的。"

[清] 吴敏树《桦湖文集》卷十一[①]

樊圃记

樊圃，吾圃也。吾北庄新宅之西偏，有隙地甚广，因圃之，杂植桂、梧、桃、李、梅、栗其中，而瓜豆之畦居大半焉。客有观宅者，至圃，所指之曰："是宜为亭，且多艺花。"余然之。虽未即办，计欲终就之矣。一日在圃，见家僮获豆满筐，而吾妻方命益治新畦，将布薯蓣。余乃翻然曰："善乎！此之为圃也，吾其不亭以花矣。"乃署于圃垣之门曰"樊圃"。客有问者曰："《诗》有云'折柳樊圃，狂夫瞿瞿'。子之圃则既垣矣，而何以云？"余笑曰："此用《论语》樊迟事尔。"樊迟请学稼圃，夫子斥为小人。夫稼圃者，生人之本务，宜贤人隐者之可讬而为也，而以谓小人，何哉？盖衰周之世，士与农犹分。士家有田，皆在国中，郭外多不自耕，而赋人耕之以为禄。樊迟于鲁，尝以戎右偕冉子于清之战，其家当有官禄矣。是时，鲁之政坏赋烦，民多流徙，樊氏之田不治，故欲自学善术为之。而夫子讥其不能致人而自役，故谓小人，犹细民尔。今之士、农常不世，而多田者食于佃，犹古禄者之似。余庄之田，幸人为耕之，愈于樊氏。吾虽尝宦为文学，而退侪于细人，圃在居侧，而为者又僮指之力也，吾将以乐而老焉。往闻长老言，昔吾先大父家既富，犹手助佣之粪圃者，曰："将食于是而惮不洁耶？"吾先君子既舍所贷谷万石于里，且老无事，日行治圃间。吾业师秦石畬先生叹之曰："孰能散万金手一锄者，人如是，其远矣乎！"

[①] 清光绪十九年思贤讲舍刻本。

余既未能负荷先世之勤,又无分毫利益人之事,幸脱当世之祸乱,且新大其居矣。若又亭以花,将废食毛之土,以荡于而心,侈于而家,吾不敢不戒。故名吾圃以附于樊氏之徒,人其不以鄙我也。

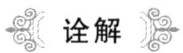

樊圃就是我的菜圃。我北庄的新宅西边有空地,面积很大,于是开辟了一块地,里面参杂种植了桂、梧、桃、李、梅、栗,瓜和豆占了大半。有客人来参观我的宅子,到了菜圃前面,指着它说:"适合修建亭子,而且要多种花。"我认为他说得对。虽然没有立即这么做,但是想着最终定会这么做。一天,在圃中,我看见仆人收获了满满一筐的豆子,而我的妻子正在安排开辟一块新的菜地,想要种薯蓣。我幡然醒悟,说:"太好了,这里就应该是圃,我不会再建亭子种花了。"于是在圃墙门口写上"樊圃"。客人见了问道:"《诗经》说:'折下柳条围篱笆,狂汉瞪眼真强霸。'你的圃已经有了围墙,为什么要取这个名字呢?"我笑道:"这是化用《论语》中樊迟的事情。"樊迟请求学习稼穑、种菜,孔子斥责他是小人。农业是生计之本,本来是贤人、隐士都可以以此谋生的,怎么能说从事稼穑就是小人呢?在周朝衰落之时,士人与农民还是分开的。士人的田地都在国中,城外的田地大多不亲自耕种,而是雇人耕种取得收入。樊迟在鲁国做官时,曾被任命为车右,与冉求一起参加了清之战,他家应该是从政的。当时鲁国政治败坏,赋役繁重,百姓流亡,樊迟家的田地无人耕种,所以想亲自学习良法经营之。孔子讥笑他无法招揽民众而要自己耕种,所以说他是小人,也就是普通平民。今天的士人、农民通常不是分开的,拥有很多田的人也靠佃农养活，与古代的士人相似。我北庄的田地幸而有人耕种，比樊迟稍好。我曾经以文学出仕，退休后又成为小民，菜圃就在住宅旁边，又有仆人帮忙耕种。我将在这里快乐地老去。曾经听老人们说，我爷爷致富之后，仍然亲手帮忙做粪圃，说："将以此为食，还害怕它不卫生吗？"家父能够舍弃万石家业，老来无事，每天治理园圃。我的老师秦石畬先生叹息道："谁能散去万金，手执锄头？人能如此，真是深谋远虑！"我既没有像祖辈那样勤劳，又没有做出什么对人有利的事，幸而逃脱了当世祸乱，而且刚刚把宅子修葺一新。如果建亭种花，就废弃了可产出食物的土地。这是心志不定，挥霍奢侈的行为，我不敢不引以为戒。所以给我的圃取这个名字用来附会樊迟，希望人们不要因此鄙视我。

[清] 吴玉纶《香亭文稿》卷五①

宜园记

夫子小樊迟稼圃之请，以非学所宜也。乃余于园而以"宜"名也，何居？余自卒已通籍，历卿贰，今年六十有四，蒙恩予归。揆诸《礼经》"七十致仕"之文，噫嘻！可以园尔园矣。是园也，在古蓼城外东南隅，为武氏洲。洲之水出入平易，思、善二桥达于河，环洲以冈，一邱一壑，奥如旷如，于园宜也。园之中，宜屋、宜亭、宜桥、宜池、宜树者略备；树之蕃，宜春、宜夏、宜秋冬，而修竹万竿，百余年柏三株，浮翠拥涛，宛与冈头塔影、魁阁灵光相映也。余始游于甲戌之秋，题其亭曰"问竹"。兹将归而洲适见售，是四

---

① 清乾隆六十年滋德堂刻本。

十二年,惓怀桑梓,未能忘情于鸿泥爪迹者,得为园主人矣,非余之宜而奚宜乎?且夫顺正以行其义者,事之宜也。端之以正,而天下莫不一于正矣;济之以顺,而万物莫不征于顺矣。余老矣,非徒优游于此,治其芜荟,参其势之高下疏密而增易焉,觞咏以娱暮景也。惟益修余身以宜余家,俾余子孙恒为士,恒为农,不至降为皂隶,栖息于颓垣败瓦间,斯已尔。至于推而措诸比闾族党,左之右之,无不宜之。则古乡师大夫,顺德行而正风俗,超其量于稼圃上者,余盖向往焉,而愧有未逮也。

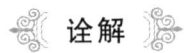

孔子看不起樊迟学习稼圃的请求,认为这不是樊迟应该学习的东西。我的园子用"宜"来命名,为什么呢?我自开始为官,至职位到内阁大学士,今年已经六十四岁了,蒙皇帝恩典,准许我归家养老。参看《礼经》"七十致仕"一说,唉,我可以治理我的园子了。我的园子在古蓼城外东南角武氏洲。洲上的水流平缓,思、善两座桥连接河水,环洲四周都是小山丘。一边是山丘,一边是沟壑,高低相衬,非常适宜建筑园子。园中建有屋子、亭台、桥池和种树,春夏秋冬都非常舒适,有大片竹林,百余年的柏树有三棵,绿色环绕,水波荡漾,与山上的塔影、魁阁相互映照。我首次游览此地是在甲戌年秋天,为亭子题名为"问竹"。在我将要致仕归隐之时,此洲刚好要出售。四十二年间,我非常怀念农事生活,始终没能忘记过往生活的痕迹,成为该园的主人,没有比我更适合的人了。而且做事就应该顺从正理,施行道义。自身端正了,天下就没有不端正的;顺应时势,则万事万物就没有不顺的。我虽然老了,但并不是只在这里悠闲地游玩,还是要治理荒芜,根据地势的高低,树木的疏密而进行相应增减,歌咏作诗以使暮年生活愉快。只有进一步修身、齐家,使我的子孙始终做士人,或是农人,不至于家道败落，从事贱役，栖身于颓垣败瓦间，就可以了。至于被推举而置于乡官里长的位置，也是可以的。至于像古代的乡师那样，做到顺从德行而端正风俗，达到超过从事稼圃的成就，我固然非常向往，只是惭愧不能做到。

[清] 锡缜《退复轩诗》卷四①

梅庵观稼

不问梅庵梅，用将田祖御。
乃知子贱琴，即是樊迟稼。

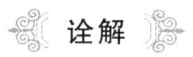
诠解

不问梅庵的梅花长得怎么样，而是去治理田地。才知道你看不起琴棋书画之类的事情，像樊迟一样去学习耕稼了。

[清] 谢元淮《养默山房诗稿》卷十六②

治牛与治世，厥道将毋同。
贤者识其大，小人计其功。
樊迟请学稼，圣固不如农。
乾坤亘终古，物理有时穷。
是非不揣本，毁誉徒相攻。
愿谢明哲人，慎勿夺天工。

---

① 清末刻本。
② 清光绪元年刻本。

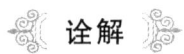诠解

维持生计与治理世事的道是不同的。贤者深谋远虑,小人才计较眼前的功业。樊迟请求学习稼圃,孔子说自己不如老农民。天地是万古不变的,各种事物的道理却是有穷尽的。不考虑是非的本质,赞誉和诋毁就会白白地自相攻讦。希望明事理的人千万不要试图超越自然。

[清] 熊赐履《学统》卷三十三①

樊须,字子迟,鲁人,樊皮之后,少孔子四十六岁。樊迟请学稼,孔子曰:"吾不如老农。"请学为圃,曰:"吾不如老圃。"樊迟出,孔子曰:"小人哉,樊须也!上好礼,则民莫敢不敬;上好义,则民莫敢不服;上好信,则民莫敢不用情。夫如是,则四方之民襁负其子而至矣,焉用稼?"樊迟弱仕于季氏,齐伐鲁,及清,武叔搜乘,冉有帅左师,樊迟为右。季孙曰:"须也弱。"冉有曰:"年虽少,能用命焉。"师及齐师战于郊,齐师自稷曲,师不逾沟。樊迟曰:"非不能也,不信子也,请三刻而逾之。"如之,众从之。师入齐军,获甲首八十,齐人遁。樊迟从游于舞雩之下,曰:"敢问崇德、修慝、辨惑。"孔子曰:"善哉问!先事后得,非崇德与?攻其恶,无攻人之恶,非修慝与?一朝之忿,忘其身以及其亲,非惑与?"樊迟屡问仁,又屡问知,孔子皆有以答之。详具《论语》。

唐追封邳伯,宋加封益都侯,明祀称先贤樊子。

---

① 清康熙二十四年刻本。

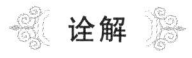 诠解

樊须，字子迟，鲁国人，樊皮的后人，比孔子小四十六岁。樊迟请求学习耕稼，孔子说："我不如老农民。"又请求学种菜，孔子说："我不如老菜农。"樊迟离开了，孔子说："樊迟真是个小人啊！统治者崇尚礼仪，百姓就没有敢不尊敬的；统治者崇尚道义，百姓就没有敢不服从的；统治者崇尚诚信，百姓就没有敢不真诚以待的。如果能做到这样的话，各地的百姓都会用襁褓背着儿女来投奔，哪里还需要亲自种庄稼呢？"樊迟年少时在季氏手下做官。齐国讨伐鲁国，武叔检阅兵车，冉求率领左师，樊迟率领右师。季孙说："樊迟太年轻了。"冉求说："他虽然年轻，但能听从命令。"军队和齐国军队在郊野战斗，齐军从稷曲攻击鲁军，鲁军不敢过沟迎战。樊迟说："不是不能，是不信任您，请您把号令申明三次，然后带头过沟。"冉求照他的话办，众人就跟着他过沟。鲁军砍下齐国甲士八十个首级，齐国人不能整顿军队。樊迟陪着孔子在舞雩台下散步，问道："请问如何提高自己的品德修养，改正过失，辨别是非？"孔子说："问得好啊！辛劳在先，享乐在后，这不就可以提高自己的品德修养吗？检查自己的错误，不去指责别人的缺点，这不就消除潜在的怨恨了吗？因为一时气愤，而不顾自身和自己的双亲，这不就是迷惑吗？"樊迟屡次问什么是智慧和仁爱的问题，孔子都有回答。详见《论语》。

唐朝追赠樊迟为郕伯，宋朝追封为益都侯，明朝以先贤祭祀他。

[清] 严可均《全上古三代秦汉三国六朝文·全后魏文》卷三十九[①]

《齐民要术》序

神农、仓颉，圣人者也，其于事也，有所不能矣。故赵过始为牛耕，实胜耒耜之利；蔡伦立意造纸，岂方缣牍之烦？且耿寿昌之常平仓，桑弘羊之均输法，益国利民，不朽之术也。谚曰："智如禹、汤，不如常耕。"是以樊迟请学稼，孔子答曰："吾不如老农"。然则圣贤之智犹有所未达，而况于凡庸者乎？

诠解

神农、仓颉都是圣人，但他们对有些事情也是没能力做的。所以赵过发明了牛耕，超过了神农发明耒耜带来的利益；蔡伦下定决心造纸，哪里还有用绢和木片写作的麻烦呢？且耿寿昌提出设置常平仓，桑弘羊提出均输法，都是利国利民的不朽功业。谚语说："有大禹、商汤般的智慧，都必须特别重视农业生产。"所以樊迟请求学习稼穑，孔子说："我不如老农民。"圣人的智慧尚且有不能达到的地方，何况是平凡人呢？

---

① 民国十九年景光绪二十年黄冈王氏刻本。

[清] 杨名时《四书札记》卷二[①]

君子以文会友，以友辅仁，二句各有实义，而条贯则一。讲习以明善，归于实践以诚身，资友以析疑解惑，即资友以进善改过，事有序而相因也。《礼记·王制》："乐正崇四术，立四教，顺先王《诗》《书》《礼》《乐》以造士。"子所雅言，《诗》《书》、执礼，以及成于乐之训，是即所谓文之教也。学《诗》《乐》而期于性情和平，学《书》而期于善政宜民，学《礼》而务于节文得中，是即求仁之事也。朋友讲明劝勉，大约不出乎此。自夫子赞《易》修《春秋》，方又添出此二经，然《学》《庸》《孟子》未曾言及于《易》。观子贡晚年得闻性与天道，《中庸》言性命之理，皆《彖》《象传》之精。孟子得《易》之用，是夫子系《易》以后，高贤亚圣所心研而身体者，莫非《易》也。《春秋》则孟子言治乱、人禽、战伐，特揭之矣。四教文、行、忠、信，合之则曰文曰仁，文之所载，皆仁之理。樊迟认学稼圃，为两项应讲求的学问。盖古人是实落在兵、农、礼、乐上讲究故也。夫子为其不专意根本，而留心细碎之事，故以小人目之，如许行便是。此等之流弊，孟子为之分别小人、大人之事，正为此也。

诠解

君子用文字来结交朋友，用朋友来辅佐自己的仁德。这两句话各有实际意思，但内核是一致的。通过讲解、学习明白善，在实践

[①] 清《文渊阁四库全书》本。

中要以至诚立身行事，帮助朋友分析疑问解决迷惑，也就是帮助朋友改进过错而向善，事情有顺序而且相承袭。《礼记·王制》记载，"乐正尊崇四种经术，立下四种教育科目，按照先王制定的《诗》《书》《礼》《乐》来教育士人。"孔子读《诗经》《尚书》和执行礼事，都用雅言，以及通过学习乐来完成君子的修身等教育理念，这就是文教。学习《诗》《乐》期望达到性情平和，学习《书》期望善于处理政事，学习《礼》期望达到中庸有礼节，也就是追求仁需要做的事情。朋友的劝诫勉励和讲明道理，大约不出于此。自从孔子修撰《易经》，删减《春秋》，才又添加这两本经书。然而《大学》《中庸》《孟子》都没有提及《易》。子贡晚年了解了性和天道，《中庸》中有提及性命之理，都是《周易》中《彖辞》《象传》的精华。孟子运用《易》，是在孔子整理《易》之后，贤人孟子认真钻研实践的除了《易经》也就没有了。《春秋》则是孟子谈论治乱、攻战、人禽之辨时，专门用来标榜的。四种教育科目文、行、忠、信合并后就是文、仁，文所承载的都是仁的道理。樊迟请求学习稼圃，是两项应该讲求的学问。大概古人是把四教重点落实到兵、农、礼、乐上的缘故。孔子认为他不专心从事根本的事情，而去关注细碎的事情，所以认为他是小人，就像许行一样。孟子区分大人做的事和小人做的事正是为了回击这种学说带来的流弊。

[清] 胤禛《雍正上谕内阁》卷八十[①]

雍正七年四月上谕

又奉上谕：宪德奏报耕藉日期，本内有"臣念切祈年，识惭学稼"等语。藉田乃授时重农之大典，所以令各省有司通行者，盖欲使守土之官咸知，体朕敬天勤民之意，劝率百姓力田务本，无失农时，并非令督抚等学习耕稼之事也。宪德因此大典陈奏本章，自应倍加敬谨，乃云识惭学稼，为此轻忽之词，竟同儿戏，殊失陈奏之体。况《论语》樊迟以学稼为问，而圣人以大义训之。今宪德安得以贤人自居，而以学稼为自谦之语。凡大臣缮疏进呈，若平时不能深通大义，便当质朴陈词，以达己意，不应听鄙陋之幕宾剿袭套语，杜撰成篇，致失大体。朕因宪德素无学问，是以止于降旨申饬。若系通晓文学之臣而悖理若此，便应交部察议。此本着掷还，令宪德另行缮本具奏。

诠解

雍正上谕说：宪德奏报籍耕的日期的奏折内有"臣念切祈年，识惭学稼"这样的话。耕田是教授农耕时间、官方重视农业的大典礼，所以命令各省有关部门施行，是要使各地官员都了解这个事，体察我敬奉天命，为百姓而尽心尽力的用意，劝导并率领百姓从事农业，不要误了农时，并不是让督抚们都去亲自学习稼穑。宪德你因为这个大典上奏折，自应当加倍谨慎，却说什么因为学习稼穑而惭愧这样轻慢的话，就像儿戏一样，丢失了陈奏的体统。何况《论

[①] 清《文渊阁四库全书》本。

语》中樊迟请求学习稼圃，孔子用大道义训诫他。如今宪德你怎么能自比前贤，而以学习稼穑自谦呢？凡是大臣上奏，如果不是平时很有文采，就应该用词质朴，表达己意，不应该听从地位低下的幕僚宾客的套话，杜撰成文，有失体统。我因为宪德你平时就没有什么学问，所以只是降旨斥责你。如果是别的通晓文学的大臣像你这样违背事理，就应该交给有关部门处理。这奏折还给宪德你，另外再写一本来奏报。

[清] 应撝谦《性理大中》卷六①

鲁斋许子

先生名衡，字平仲，怀庆河内人，世为农，以己巳九月丙寅生于新郑邑中。

先生尝戒其学者姚燧，曰："弓矢为物，以待盗也。使盗得之，亦将待人。文章固发闻士子之利器，然先有能一世之名，将何以应人之见役哉。非其人而与之，与非其人而拒之，钧罪也。非周身斯世之道也。"

又言："为学者，治生最为先务。苟生理不足，则于为学之道有所妨。彼旁求妄进及作官嗜利者，殆亦窘于生理之所致也。士君子当以务农为主，商贾虽为逐末，亦有可为者，果处之不失义理，或以姑济一时，亦无不可。若以教学与作官规图生计，恐非古人之意也。"

撝谦按："先生见当时儒者多以贫失守，故为是言。然古之人至于朝不食、夕不食而不徙业者，其于义命也审矣。樊迟请学稼，夫子以为小人；子贡货殖，夫子以为不受命，则处此必有道矣。教学、居官，皆不可耕且为也。"

---

① 清康熙刻本。

诠解

先生名衡,字平仲,怀庆河内人,世代务农,己巳年九月丙寅生于新郑邑中。

先生曾经告诫他学生姚燧说:"弓箭作为武器,是为了防备盗贼。如果盗贼得到了弓箭,也要用来害人。文章固然是表露士人思想人格的利器,但是倘若士人先有一世声名,那么他将如何应对那些被役使的人呢?不是适当的人而给他利器,与不是适当的人而拒绝给他利器,都是错误的。都不是修身以面对这个世界的方法。"

又说:"对于研究学问的人来讲,谋生是当务之急。如果不能满足温饱,就会妨碍做学问的大道。那些歪门邪道、非分图进之人,以及做官求利之人,大概也是因为生活上的穷困导致的。君子应该以务农为主。商贾做的事情虽然是细枝末流,也有值得做的地方,只要不失义理,或者只想暂时解燃眉之急,也不是不可以。但如果想通过教学和做官来谋图生计,恐怕不是古人的意思。"

揭谦说:"先生见到当时的儒学者大多因为贫困而失去节操,所以说了这些话。但是古人之中早晚都不能果腹,但却没有改变志向的人,对于义和命也是有所审度的。樊迟请求学习稼圃,孔子认为他是小人;子贡从事货殖,孔子认为他不认命。这里一定有他的道理。教学或者做官,都不可以同时还从事耕稼。"

[清] 永瑢《四库全书总目》卷三十六[①]

又如樊迟请学稼,不过局于末业,乃列之于异端门,与许行同

---

① 清乾隆武英殿刻本。

讥。上士一位，中士一位，下士一位，本周室班爵之制，乃列之于士门，与处士一例，亦颇伤踳驳。尧、舜、禹、汤、文、武、周公、孔子、孔门弟子子思、孟子诸门，以人隶事，体近类书，尤为无所发明。然于天人性命之微，道德学问之要，多能剖其疑似，详其次序，使读者因此证彼，涣然冰释，要非融会贯通，不能言之成理。

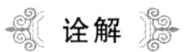

诠解

就像樊迟请求学习稼圃，不过是被细枝末节的学问局限了，竟然将其列在异端一门，与许行一同被讥嘲。上士一位，中士一位，下士一位，本来是周朝班爵的制度。樊迟列在士门，与处士相提并论，也很是错乱。尧、舜、禹、汤、文、武、周公、孔子，孔门弟子子思、孟子等门类，都是根据人来记录其事迹的，体例近似类书，尤其没有什么发明。但是他们对于天人、性命幽微的探索，道德学问的重点，大多能剖析疑点，详细排列次序，使读者由此证彼，醍醐灌顶。若不是能将学问融会贯通，自然是不能言之成理的。

[清] 尤侗《西堂诗集·论语诗》①

樊迟请学稼

曾执干戈塞将旗，而今老大荷镃基。
门前绿野多闲地，陇上青蒲及好时。
春雨欲来麦浪急，秋风初起稻香迟。
先生若许耕还读，请赋《田家杂兴诗》。

---

① 清康熙刻本。

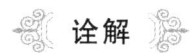

曾经拿着兵器举着将旗，而今年老，从事耕稼。门前绿油油的田野上有很多空闲的田地，田垄上的蒲草长势良好。春雨将下，大片麦子就急切地被风吹得像波浪一样翻滚。秋风刚起，稻香已经扑鼻而来。先生如果允许樊迟且耕种且读书，就作一首《田家杂兴诗》吧！

[清] 袁枚《随园随笔》卷一[①]

诸经类

毛西河言："樊迟请学稼，是许行并耕而治之意，故夫子有上好礼、上好义之言。若泛言为农圃，则下文无着落矣。"包咸解"焉用稼"言"焉用教民稼穑也"。

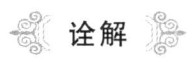

毛西河说："樊迟请求学习稼圃，与许行的并耕学说是一样的意思，所以孔子用统治者崇尚礼、义、信之类的言论来教导他。如果只是泛泛地谈论农圃之事，则与下文没有什么关联。"包咸解读"焉用稼"为"哪里需要教百姓耕稼呢？"。

---

① 清嘉庆十三年刻本。

[清] 尤侗《艮斋杂说》卷七①

予谓孟子有未达处,人或怪之。今阅《邵氏闻见录》,前人所驳,不一而足。王充《刺孟》,何涉《删孟》,晁以道《诋孟》,黄次伋《评孟》,不足道矣。以司马文正公犹作《疑孟》。苏子瞻学孟子者也,亦从而议其后。其中一条有与予合者,曰:"孔子论士曰:'言必信,行必果,硁硁然小人哉!抑亦可以为次矣。'"立然诺以为信,犯患难以为果,此固孔子之所小也。孟子因之曰:"大人者,言不必信,行不必果。"此则非孔子之所谓大人也。大人者,不立然诺,而言未尝不信;不犯患难,而行未尝不果。今以不必信为大,是开废信之渐,非孔子去兵、去食之意。予谓此为要盟不信一言所误。子曰:"人而无信,不知其可也。"信为五常之一,岂有言不必信者哉?夫子论从政曰:"由也果。"亦非贬辞也。或曰:"抱柱之信,信而愚者也;结缨之果,果而激者也。"然使尾生失期于女子,季路逃难于卫君,尚可谓之义乎?然何以谓之小人?夫子毋必而曰:"必信必果。"则近于小矣,殆比于樊迟学稼学圃之类。其次,信果于孝弟,则犹予之也。若以信果为小人,则今之从政者皆大人乎?

① 清康熙刻《西堂全集》本。

诠解

我曾经说孟子也有不完全通达之处，被人们责怪。现在阅读《邵氏闻见录》，发现前人有很多关于孟子的评论。王充的《刺孟》、何涉的《删孟》、晁以道《诋孟》，黄次伋《评孟》，都不足论。就连司马光也作有《疑孟》。苏轼是研究孟子的人，也在后面有所议论。其中有一条与我的观点相合，他说："孔子评论士人说：'说话一定要守信，做事一定要有结果，这是浅薄固执的小人啊！或许也可以算是再次一等的士吧！'"立下诺言而被认为守信，干犯艰难而被认为果敢，这固然是孔子鄙视的。说话就要践行这是信，产生忧患灾难是果，这是孔子看不起的。孟子因此说："君子说话不必句句守信，做事不一定非有结果不可。"这却不是孔子所说的大人、君子。真正的大人是不立誓言，言语未尝不会诚信；不遇到急难，行动未尝没有结果。现在认为不需要诚信是正确的，会导致诚信渐渐丧失，并不是孔子"去掉士兵、去掉食物"的意思。我说这是被被迫签订协议就不必侈言信用的话语（要盟不信）所误导的。孔子说："人没有信用，不知道他还能干什么。"信是"五常"之一，哪里有说话不必一定要守信的说法？孔子论从政说："子由果敢"，也不是贬抑的话语。有人说："尾生有抱柱之信，虽然做到了守信，但是愚蠢的。子路有系好帽带，从容就死的践行诺言之举，虽做到了守信，但是过激的。"然而使尾生失信于女子，季路从卫君身边逃走，还能称得上是义吗？那么什么才是小人呢？孔子必会不武断地说："一定要诚信，一定要有结果。"这就近似于小人的行为了，与樊迟请求学习稼圃是一样的。如果在孝顺父母、尊敬兄长上追求信和果，就跟我是一样的。若认为言必行，行必果是小人，那么现在从政的人难道都是大人吗？

[清] 张埙《竹叶庵文集》卷二十七[①]

满江红·缚豆棚

向草堂西,试缚起,豆棚一架。点缀得,杞苗柘影,自然潇洒。时于此间得佳趣,小人请学樊迟稼。问纷纷,公等欲何为,求田舍。

日之夕,牛羊下。月出兮,东山罅。拉邻翁对坐,沧桑夜话。万古云烟青箬笠,六朝风雨红罗帊。只一双,燕子管兴亡,思王谢。

诠解

在草堂西边试着架起一架子豆棚。草木的身影婆娑,点缀其间,自然潇洒。在这些事情上找到了乐趣,像樊迟一样当农民学习稼圃。纷纷问你们想要做什么,求田问舍罢了。

夕阳西下,牛羊下坡。月儿升起,东山露出裂缝。与邻居对坐,说一些沧桑的夜话。青箬笠上顶着万古云烟,六朝风雨也不过一张红手帕就能擦拭掉。只有一双燕子在记录着时代兴衰,仍在思念王、谢兴盛之时的光景。

---

① 清乾隆五十一年刻本。

民国诠解篇

"樊迟学稼"章，在五四新文化运动初兴之时，在"打倒孔家店"的新思潮影响下，孔子遭到了批判，如易白沙于1916年2月在《新青年》发表《孔子平议》认为"孔子讲学不许问难"。又如李则纲在《太白半月刊》上以讽刺的口吻写下了《苦闷的樊迟》一文。当然，也有不受新思潮影响文章，如1936年《船山学刊》署名为"前人"的《樊迟请学稼章解》一文认为孔子不赞成樊迟学稼，是"子曰：'吾不如老农''吾不如老圃'者，谓土地之利，农圃竭尽无遗，不能再有拓展之余力"。当然，也出现了许多严肃的学术论著，如钱穆的《论语新解》认为樊迟学稼其实暗含了儒家学派内部一种新知识倾向的萌动。

徐世昌《晚晴簃诗汇》卷九十三[1]

山园唱橘枝
——读张杨园先生《补农书》作

朱 琰

学者急治生，岂为忧不足。
衣食无所求，乃得立边幅。
入世重廉耻，务本贵菽粟。
养心亦养身，保身如保玉。
玉碎难再完，身失焉能赎。
桑田有典型，种艺若先觉。
杨园非农家，排纂到耕牧。
殆恐士习移，欲将古风复。
带经本可锄，汉书挂牛角。
从来英雄人，大半兼耕读。
地员辨土宜，管子精擘画。
大略分三等，有施长七尺。
以之测土深，高下定为格。
其次亢仓子，遗言亦可绎。
耕道计手足，苗行审强弱。
差不许毫厘，皎若别黑白。
匪独豳风图，可以绘殿壁。
人满既可忧，生事又相迫。

---

[1] 民国退耕堂刻本。

与其算锱铢，毋宁辨菽麦。
樊迟非小人，学稼今上策。
或曰古四民，最苦农在野。
佃种食余粒，年丰亦患寡。
被体无完衣，充肠只菜把。
商贾操奇赢，鲜衣而怒马。
往来杂冠裳，气习同纨袴。
何必去市阛，辛勤向里社。
嗟哉岂其然，光华石中火。
大抵起耕农，基厚业难堕。
试看古田家，吾乡旧风雅。

吾乡诗人西村翁，自号古田。家住居村落，不废耕桑。至今几二百年，子孙数十家，犹守其教，无大富，亦无大贫，衣冠朴素，尚有古风。

毋吟估客乐，遂谓富人哿。
殷勤说重农，农夫正在外。
今年岁不登，未得餍粗粝。
八口既嗷嗷，百事皆昧昧。
种谷已无成，出门走相句。
回看市井中，昂昂坐牙侩。
贩籴且为豪，居奇何足怪。
或又为吾言，眼前见成败。
不知此天灾，人事贵预备。
安得如农书，精详有校计。
吾愿为老农，教稼课殿最。

诠解

学者急于经营生计，是在担忧衣食不足吗。对衣食没有要求，才能修正仪表。人在世间要看重廉耻，重视农业务其本。既要修养身又要修养心，看重自己的节操就像看重玉一样。玉碎了难以修复，节操也是一样。耕种有一定的规矩，种植居于首位。我杨园并不是农人，但却从耕到牧都安排了。害怕士人更易习俗，想要恢复古代的风气。种田的时候可以带着经书，放牧的时候可把《汉书》挂在牛角上。自古以来，士人大半都是半耕半读。《管子·地员》篇记载了如何辨别土地所适宜种植的作物，管子已经将此构划好了。土地大概分为三等，有长七尺的工具。可以用此工具来测定土深，确定好土地肥瘠的等级。其次是《亢仓子》，其中的记载也很有用。耕种时要用手脚来测量，禾苗出土成行就会长得快，强壮的和弱小的互不妨害就会快速长大。毫厘不能差，就像黑白一样分明。不是只有《诗经·豳风》描绘的场景可以画在大殿的墙壁上。人口增加就让人忧虑，生计又在逼迫。与其去锱铢必较地节用，不如学着辨别谷物。樊迟并不是小人，学习耕稼是国家的政策。有人说古代的百姓最苦的就是在野外劳作的农民。每年交完田租后只能以微薄的口粮度日，即使丰收也担心不能足食。没有好的衣服穿，只能用菜来充饥。而商贾囤积居奇，美服壮马。穿着官服气来来往往，生活作风奢靡。何必要去市场里做生意呢，还不如辛勤务农。务农这件事就像石头里的火焰。许多伟人都是以农起家，家底雄厚才不容易败落。看看古田老人，是我们乡里以前的风雅人。乡里有一位诗人西村翁，自号古田。住在村落里，不废弃农业，子孙后代有几十家，至今快要二百年，子孙有数十家，至今还在坚守这家族的教导，他们没有大富大贵，也没有十分贫困。衣着朴素，有古代的风雅之气。不要去猜想别人的快乐，说富人才值得称许。积极提倡重农，农夫正在外面，今年年成不好，连粗饭也没得吃。家里八口肚里空空，所有事情都纷乱不堪。耕种既然没有收成，只能出门行乞。回头看见市场中坐着耀武扬威的买卖人，做生意囤积居奇不足为怪。有人又对我说，这只是眼前的成败。在天灾未降临之前，在人事上最重要的是提前预备。哪里像农书，事事都有准确的记载。我愿意做农夫，学习稼穑，接受考核。

杨钟羲《雪桥诗话》卷十二①

丹徒谢湘谷庭兰书颜习斋《四存编》后云："颜氏宗旨，以六艺为实学，谓得孔门真传，李刚主辈宗之。而宋儒读书，则讥其空虚。顾此，果圣门之言乎？"古人学艺，自幼皆然。《鲁论》一书，圣训具在，非只言艺事也。孔子删《书》，断自唐虞，举尧舜大道，乃立人之极也。而学《诗》以诏及门，《诗》《书》、执礼为雅言，执御、执射，因达巷党人而及之。樊迟请学稼圃，则诏以大人之事。《史》言："孔门身通六艺者七十二人"，然四科诸贤不胪其艺事，可知圣教本旨也。

诠解

丹徒谢湘谷（庭兰）写在颜元的《四存编》后说："颜元的宗旨是以六艺为实学，可谓得到了孔门的真传，李刚主尊崇他，宋儒讥讽他空虚。"这真的是孔门的言论吗？古人从小便开始学六艺了。《鲁论》一书中，圣人的训诫都在，并不是只说六艺的事。孔子删削《尚书》，起自唐虞时期，发扬尧、舜的大道，是极好的榜样。学习《诗经》是入门，读《诗经》《尚书》、执行礼仪都用雅言。御和射是因为达巷党人（项橐）才学习的。樊迟请求学习稼圃，孔

---

① 民国求恕斋丛书本。

子就告诉他大人应该做的事。《史记》说"孔门下通晓六艺的有七十二人",然而四科的贤人不列艺事一科,由此可知孔子学说原本的宗旨了。

其 他

忆"樊迟"为张劲伯题三水胡彤恩遗札

仁　海

往事独从飞絮感,孤怀唯有落花知。一腔热血毫端涌,卅载心期梦里思。偶展遗书悲季札,每过老圃忆樊迟。胡号迟圃,为余老友,于今尔我人天隔,怅望神京异昔时。

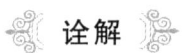 诠解

往事就像飞絮一样不可捉摸,我心里的感怀只有落花才了解。一腔热血在笔下涌动,三十年心理期盼、梦里思念。偶尔打开遗书就为季札感到悲哀,每次路过老园圃就会追忆樊迟。胡彤恩,号迟圃,是我的老朋友,如今我们天人永隔,只能怅然望着京城回忆往昔。

又

(梁溪)王璞山

樊迟学圃感深意,退隐林泉可避秦。
利锁名缰消脱尽,自锄明月养天真。

诠解

樊迟请求学习稼圃自有深意,退隐到山林之中自然能避免祸患。功名利禄都消散了,在明月下耕种正是在修身养性。

又四首
(古并)张建亭

清闲到是老村居,只为生平喜种蔬。
谁云学圃寻常事,闻道圣人且不如。

_{昔圣人曾以"吾不如老圃"答樊迟问。}

世上浮名有若无,何如挈伴学农夫。
先生独得栽培道,寓意何妨写入图。

耳顺年华老未侵,羡君著作富如林。

_{先生所著各种书籍,计有一百六十八卷。}

不扶鸠杖精神健,朴素依然太古心。

_{先生性极敦仆,不爱今之时髦。}

胸罗万卷冠当今,毕竟君家学养深。
地北天南难问字,愿从鸿便聆清音。

诠解

老村居十分清闲,住在这里是因为平生喜爱种植菜蔬,谁说学习园艺是平常的事情,连孔子这样的圣人也曾说过自己不如老农、老圃。昔日,孔子曾经以"我不如老农民"回答樊迟之问。

世上的浮名有什么值得留念的,不如相携去学习做农夫。先生了解如何栽培栋梁,不妨把此寓意在画中记录下来。

六十岁的年华还不算老,羡慕你著作十分丰富。先生所著的各种书籍共有一百六十八卷。不拄着拐杖身体也很康健,依然保持着一颗朴素的心。先生性情敦厚、朴实,不爱如今的各种时髦。

胸有万卷书,冠绝当代。毕竟您家的学养很深厚。天南地北,音信难通,只要有鸿雁飞过便请聆听我的消息。

挽干鸿君

樊迟习圃,伊尹隐耕,卅载经纶在农业。
李贺呕心,颜回短命,一生学问付修文。

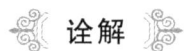 诠解

樊迟请求学习稼圃,伊尹在莘野隐匿耕种,君三十年的学问尽在农学之中。

您像李贺、颜回一样,都是英年早逝,您一生的学问都用来加强文治了。

苦闷的樊迟

李则纲

人生归有道,衣食固其端,
孰是都不营?而以求自安。
——陶渊明《庚戌岁九月中于西田获早稻》

"为什么他老先生那样的生气呢?平时同学们问他的话,不是问什么就说什么吗?不是谆谆地诲人不倦吗?为什么我今天问他老先生稻是怎样的栽?他说:'我不是一个老农!'问他的菜是怎

样的种？他又说：'我不是一个老圃！'的确！他老先生不是一个老农，也不是一个老圃。但是他老先生那样的博学多闻，哪一样的事件他不会知道呢？他曾知道一足怪鸟叫做商羊，他曾知道一个斗大的红果叫做萍实。难道对于这些栽秧种菜平常的事项，真不知道吗？而且他老先生今天的态度非常冷酷，不像往日循循的样子。答话非常酸峭，也不像往日谆谆的样子。为什么呢？他老先生到底是为什么？"

樊迟因为在讲堂上碰了一个钉子，心里怔了几阵，这样的想。

没有什么再问了，脸上红一阵白一阵的樊迟，从讲堂上走了出来。

"嗯！小人呵！樊迟！"

一个且怨且愤的声音，从讲堂上冲出屋子四周来。同学们都把眼光攒聚在行阶前的樊迟身上。猜想着樊迟今天是什么犯了先生的怒。

"呵！樊迟是个小人了。这个头衔是先生给他的。"

有些同学在那里咭哩咭喻的望着樊迟说。

樊迟一面听着先生的骂声，一面听着同学的讪笑，没颜没面的跑到屋外。

"先生真说我是小人吗？问了一声稻是怎样栽，菜是怎样种，就是小人吗？错了吧？栽秧种菜的事件，真值不得注意么？问了这件事，就是小人么？小人的身分究竟是怎样呢？"

樊迟愤愤的一边走一边想。

"呵！我樊迟虽然是个小人！但是他老先生所赏识的那些高材，总算是出类拔萃的了。像公西赤也不过生来一副官僚的架子。冉求也不过是一个收刮的能手。子路虽然武艺高强，也不过是一个军阀的本领。子贡虽然舌如流簧，也不过做些盘剥的生涯。就是我们同学中首屈一指的颜回，一再被他老先生的激赏！激赏！而他的家里原有肥田五十亩，听着荒芜。自己躲在破屋里，煎熬肚皮，那不是活该！那不是活该！像这般人，就是君子么？呵！君子！恐怕造成一班长衫阶级，要从你们起。"

樊迟想到这里，不觉苦笑了起来。

"呵！忘记了么？他老先生不也碰个钉子么？他常常带着我们栖栖皇皇的不知为了什么？今天齐明天卫，川流地不息。那天我们正在路上行走，忽然碰了一个种田的老头儿，因他老先生的缘故，奚落了子路一顿，呵！'四体不勤，五谷不分。'这个教训，虽然他老先生忘记了，我樊迟总是永远记着的。"

想到这里，消失了勇气的樊迟，不觉又兴奋起来。

一、《论语子路》章：樊迟请学稼，子曰："吾不如老农。"请学为圃，曰："吾不如老圃。"樊迟出，子曰："小人哉！樊须也。"

二、《论语微子》：子路从而后，遇丈人以杖荷蓧，子路问曰："子见夫子乎？"丈人曰："四体不勤，五谷不分，孰为夫子？"植其杖而芸。

二三，十一，八，在安庆

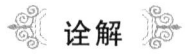

略。

樊迟学稼说

董秋辉

士君子身列儒林，固当修礼以耕，陈义以种。彼胼手胝足、深耕易耨之事，固吾儒所不暇。非惟不暇，亦不屑也。樊迟圣门高弟，乃竟以学稼闻，何也？盖当春秋之时，去神农、后稷已远，农业之衰微，亦已极矣。气象之学不解，则天时无由利用也；土壤之学不明，则地利不免潜藏也。肥料则或用价昂而效少者，人工则或徒劳苦而迟钝者。选种不知，手术不讲。不尽人力，专听天命。即令阡陌尽开，地无旷土，水旱悉沠，时和年丰，农业亦无振兴之望。矧天灾流行，何国蔑有？鲁饥则乞籴于齐，秦饥则告籴于晋。君子观于泛舟之役，贷粟之举，未尝不叹其农业之荒废，为可悲也。樊迟生当其时，目睹心伤，慨然思有以振之。而其道无由，所以请学于夫子，其意深矣。嗟嗟！中古以来，农与学分。樊迟当讲学之时，犹且以明农为己任。况今者农学合一，吾辈身列农校，以研求农业为职志。际此农业衰颓之日，饥馑恐慌之年，顾可不以改良农业为己责乎？

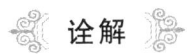 诠解

　　君子身在儒家学者的圈子，应该以礼仪为耕、以道义为种子。那种劳累身体、精耕细作之事，固然是我等儒者没有时间做的。不只是没有闲暇去做，也是不屑于做。樊迟是孔子门下的弟子，竟然去问耕稼的事情，为什么呢？当时是春秋时期，离神农、后稷的时代已经很远了，农业衰微已经达到了极致。不懂气象学，就不能很好地利用天时；不懂土壤学，就不能充分发掘地利。可能会使用价格昂贵且效用不好的肥料，人只有白白劳苦迟钝。不知道如何选择种子，也不讲究耕种技术。不能尽人力，只是听天由命。即使阡陌全开，没有荒地，全无水旱灾害，年景丰收，农业也没有振兴的希望。如果天灾爆发，哪个国家能够幸免？鲁国饥荒，就向齐国求买粮食。秦国饥荒，就向晋国求买粮食。君子看了泛舟之役中秦国贷粟给晋国的义举，没有不感叹农业的荒废的，实在是很可悲。樊迟生在那个时代，观察到这些非常悲哀，感慨地想要振兴农业，但却

不知道从哪里开始做，于是求教孔子，其所虑是非常深远的。唉！中古以来，农民与士人是分开的。樊迟身为士，犹以振兴农业为己任。况且现在搞农业与做学问合为一体。我们这些人身在农业学校，以研究农业为自己的职业志向。值此农业衰颓、饥馑恐慌的时代，难道不应该以改良农业为己任吗？

樊迟请学稼章解

佚名

补苴于近利者，其计小；握持于盈虚者，其计大。古圣人之治天下也，捐金于山，沉珠于渊，非不知金珠之为宝也。谓我之所宝，有超出于金珠万万者。此圣人之所知，而贤者之所忽也。不然，何以樊迟请学稼圃，而夫子叹其为小人哉。夫樊迟之学稼圃，迟岂欲弃学而耕哉？又岂厌于观世，而如沮、溺丈人辈，欲借农圃以逃世乎哉？如其欲弃学而耕也，而夫子不过勉以劳力不如劳心之易尔。如其欲借农圃以逃世也，而夫子不过示以知其不可而为之之心尔，决不至斥以为小人也。解之者曰："小人谓细民也。是犹以形迹之民分大小，非论其心事之在小也。且樊迟方居于在下位之小人，而夫子何遽责以在上位者之事也。迟固非在上位之大人也，未居上位而责以居上位之事，则更不伦。且夫子于子张之学干禄也，则责之。于子路使子羔为费宰也，则曰贼夫人之子。于漆雕开之'吾斯之未能信'，颜渊之箪瓢陋巷不改其乐，则说之、贤之。子固不轻以在上位之事许人也。即望弟子之皆为成德达材也，亦不过试以如或知尔，则何以而已。然而负郭耕田，芸瓜奉养，子未尝以细民鄙之也。如使圣人见力田者而遂鄙之，是使天下学者尽为四体不勤、五谷不分之人，必不能为固穷之君子。"吾意夫子必不尔也。噫！如是解者，是恶知樊迟所请之意也，又岂知夫子所论之意哉？夫迟之请学稼圃者，目击夫丘赋、田赋之有加无已，使斯民终岁勤动，不得以养其父母，而思于稼圃之中别有改良之法。如今日农桑学堂之设，将以使斯民扩充土地之利益，以补助在上者之征求。迟固欲以解细民之痛苦也。子曰："吾不如老农""吾不如老圃"者，谓土地之利，农圃竭尽无遗，不能再有推拓之余力。"小人哉，樊须也！"叹其补苴之谋小，而不知损益盈虚之大道也。夫老农老圃，自后稷教稼穑以来，而又经千百年之圣人物土之宜而布其利，固已地无余利，民无余力。中国农桑之美，甲于瀛寰。为人上者，但求无摧残民事，不必代为衣食之谋。此所谓礼、义、信也。何也？礼则知节，义不夺民，信不欺民。敬服用情者，民见上之节用、爱人，而以心感心，自无离畔之意，襁负其子而至，谕天下皆归心也。若为民代谋耕获之事，则更扰民而不胜其繁琐矣。况乎给以肥料，未必能适土之宜；易牛耕而用机械，宜于沙莽，而不适于山溪。古有区田之法，一种可以十收，然而其谷则粗粝。又经三五岁之莱，易其土，及灌溉之倍其力，是以南北都弃置其法。故知士食旧德，农服先畴。古昔圣人，前民利用，无可变易，此"焉用稼"之说也。何以樊迟出而夫子为此云云也？曰此非责备夫樊迟之言，乃因樊迟之请，而更端感触，同为慨世之言也。夫岂励樊迟以在上位者之事哉？然后知小人之叹。非小其欲为细民之事，乃小其为细民之谋者浅也，近也，无益于民，而不能解其棼也。不然，南宫适之言禹、稷躬稼也，夫子且赞之曰"君子哉！若人"。"尚德哉！若人矣。"何至今日于樊迟之请学稼、请学圃，而鄙之独深也哉！

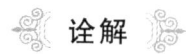

诠解

弥补缺陷、追求利益之人的谋划很小,掌握虚实、成败之人的谋划很大。古代的圣人治理天下,把金子送到山里,把宝珠沉进深渊,并不是不知道金子和宝珠是宝贝,而是我所珍视的东西的价值远远超出了金子和宝珠。这是圣人的智慧,却是贤者所忽视的。不然为什么樊迟请求学习稼圃,而孔子感叹他是小人呢?樊迟学习稼圃是想要放弃做学问而去耕种吗?又难道是产生了厌世情绪,想象长沮和桀溺一样,借务农而逃避世事吗?如果樊迟是要放弃学问去从事耕种,那么孔子不过是勉励他劳力不如劳心来得容易。如果他是想要借务农来逃避世事,那么,夫子不过就以自己的知其不可而为之的用世之心来晓示樊迟就可以了,绝不至于斥责他是小人。阐释这段话的人说:"这是犹且以所从事的职业来区分大小,并不是以其心中志向的小大来讨论之的。樊迟当时还是处在下位的小人,孔子怎么用上位者做的事情来责备他呢?樊迟本不是居于上位的大人,却责以大人之事,这更没道理了。而且孔子对于子张学习求取俸禄的态度是责备他,对于子路介绍子羔去做费地长官,就说他是祸害子弟,对于漆雕开说'去费地做官,我还没有信心',颜回生活简朴、安贫乐道,分别表示开心和说他贤能。孔子从不轻易以在上位者应该做的事情苛责他人,他是希望弟子都能成为贤能的人才,也不过是试着说'假如有人了解你们,那么(你们)打算怎么做呢?'。在近郊耕种良田,锄瓜养亲,孔子从没有以他们是小民而予以鄙视。假使孔子见务农之人就鄙视之,这是让天下的学者都去做四体不勤、五谷不分的人,必不能成为安贫乐道的君子。"我认为孔子一定不是这个意思,这样理解的人连樊迟请求学稼穑的意思都不明白,又怎么知道孔子言语的意思呢？樊迟请求学习稼圃是看到丘赋、田赋不停地增加，人民终年勤苦劳作却不能养活父母，而想到一定有改良耕稼、种菜的方法，就像现在设立农桑学堂一样，是想要让百姓扩充土地的利益，来满足统治者征收赋税的需求。樊迟本来是想要解决小民的痛苦。孔子说："我不如老农民、老菜农"，是想说土地的利益已经用尽了，不能再拓展了。说："樊迟真是个小人啊"是在说他弥补缺陷的谋划很小，不知道损益虚实的大道。自后稷教老农民老菜农农事以来，其后又历经了千百年来圣人们根据物产与土地的适宜度来安排耕种，步步改进，土地已无更多的利益，百姓也无更多的气力了。中国的农耕、蚕桑甲于天下。作为统治者，只希望他们不要摧残百姓，不需要他们代替百姓谋划穿衣吃饭之事。这就是礼仪、道义、诚信了。怎么说呢？懂得礼仪就知道节用，懂得道义就知道不掠夺百姓，懂得诚信就知道不欺骗百姓。尊敬、服从、真诚以待就是百姓看到统治者节用、爱人会发生心灵感应，自然不存在背叛的意思，就会用襁背着小孩前来投奔，就会天下归心。如果代替百姓谋划耕种、收获之事，就会扰乱百姓，以致繁琐至极。况且发放给百姓肥料，未必就能与某些田地相适宜。把牛耕改为机械，适宜沙上地带，不适宜山谷、洼地地带。古时候有区种法，可以种一收十，但是所收谷物非常粗劣。又经过三五年的轮休而田废生草，这样就需要改换土壤，加倍灌溉，所以南、北方都放弃了这种方法。所以士人凭借祖上留下的道德名望立足，农人耕作祖上留下的田亩过活。古代的圣人教会百姓耕作的方法，不可以变更，这就是对"焉用稼"的理解。为什么樊迟离开之后孔子说了那些话？这不是责备樊迟的言论，而是因为樊迟的提问触发了他对世事的感触，是感慨世事的言论。哪里是用在上位者该做的事情来勉励樊迟？然后才能明白他感叹樊迟是个小人的用意，不是鄙视他想要做小民之事，而是鄙视他为小民谋划的事物非常浅薄，无益于百姓，不能解决百姓的问题。如果不是这样的话，南宫适说大禹、后稷亲自耕稼，孔子怎么会赞赏他是君子，说他崇尚德行呢。哪里至于唯独对樊迟请求学习稼圃深切鄙视呢？

讼孔子斥樊迟学稼冤

胡显曾

自来能贯澈古今时势，鉴别古今情形，然后可与论古。盖时代既各不同，情势自难强合。无经验，无智识，辄贸贸然苛责横加，使古人含冤地下，吾甚不取，吾亦不得不为之伸者也。孔子斥樊迟学稼，浅见者一以为经邦济世，自有大道，学稼治圃，皆小道也。樊迟大道不讲，细务是尚，志趣卑陋，直细民也。一以为农为邦本，食为民天。《洪范》八政，食货居首。孔子本之不务，高谈礼义，诚子路所谓"有是哉？子之迂也"，吾为之。二者皆一偏之论也。夫农也者，衣服资焉，食料赖焉。无黍稷，人孰无馁？无桑麻，人孰无冻？饥寒交迫，焉得生存？晁错不云乎，"欲使国富法立，莫若使民务农"。管子不云乎，"仓廪实而知礼节，衣食足而知荣辱"。有是哉，农为立国之本也，可不重乎？其足重也，樊迟何尝见小哉？然时当春秋，承周代余风，重农政策犹未有哀民食不患其不足也。而列国诸侯各自独立，视王室如敝屣，等天子于赘旒，信义礼让，始将扫地。孔子目击而心伤之，故提倡礼、义，思挽狂澜于既倒，作流中之砥柱。盖非不重农，实有重于农者也。况孔子之答冉有，庶之后，首曰富之。其答子贡，又首曰足食。孔子又何尝不以民食为重哉？故吾既论美樊迟，不得不为孔子讼轻农之冤。

余侨居武林城中久矣。常谓湖山好景，终在家乡。及五月间，移居笕桥，则田闲野乐，风物殊绝。爰赋此以遣兴。

> 连树晴天碧草铺，桑麻遍野望无株。
> 田亩起处疑云路，锄影移来识褐夫。
> 几点青山帘外月，数声啼鸟曲中竽。
> 飘零沧海三生幸，直个他乡景不殊。

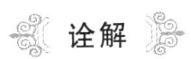

诠解

能贯通古今时势，鉴别古今情形的异同，才能谈论古时。各个时代不同，情势自然难以强行合在一起。没有经验，没有识见，就贸然横加指责，使古人在地下含冤，我非常不认同，我必须为他伸张正义。孔子斥责樊迟学习稼圃，有的浅薄之人认为治理国家自有大道，学习稼圃都是小道，樊迟不学习大道，反而崇尚小民做的事情，志向非常鄙陋，真是小人啊！还有德浅薄之人认为农业是国家之本，民以食为天，《尚书·洪范》讲述了国家施政的八个方面，而食、货排在首位。基于此，孔子不务本业，只是高谈阔论礼仪、道义，这正是子路所说的"有这样做的吗？您想的太不合时宜了"。孔子不重视的，我去做便是了。两种说法都有偏颇。没有蜀黍，人怎么会不饥馑？没有桑麻，人怎么会不挨冻？饥寒交迫怎么能生存？晁错不就说过吗，"想要使国家富裕法制建立，没有什么比得上使百姓从事农业。"管子不是说过吗？"百姓的粮食充足，才会懂得礼仪，穿的吃的都很丰富充足，才会知道荣誉和耻辱。"如果是这样做的话，那么农业是立国之本，难道它不重要吗？如果它足够重要，那么樊迟哪里见识短浅了呢？然而当时是春秋时期，承接周朝的余风，重农政策尚未坠之于地，不需要担心百姓的粮食不足。而诸侯割据，视王室如敝屣，天子大权旁落，礼、义、信、让破坏殆尽。孔子看到这些非常伤怀，所以提倡礼和义，想要作为中流砥柱，力挽狂澜。他并不是不重视农业，而是认为有比重视农业更重要的事情需要做。孔子回答冉有的一个国家人口已经足够多以后，下一步该做什么时，答道："首先要使他们富裕起来。"回答子贡如何治理国家的问题时，也是首先就说道："要有充足的粮食。"孔子又哪里不重视百姓的吃饭问题了呢？所以我既已赞美了樊迟，也要为孔子轻视农业一说辩驳、申冤。

我寓居在武林城中很久了，常常觉得山、湖好景色还是在家乡啊！到了五月，我移居至笕桥，那里田野很有野趣，风物很有特色，于是作诗以抒发情怀。

天气晴朗，翠绿的青草与参天大树连接在一起，桑麻遍野，密密麻麻。田地延伸之处一望无际，似乎直通天际。锄头的影子渐渐逼近，方知晓是农夫归来。窗外是几处青山和皎洁有月亮，几声鸟啼就如曲中的筝声般动听。一生飘零，三生有幸，异乡的景色与家乡的也无不同之处。

> 连树晴天碧草铺，桑麻遍野望无株。
> 田亩起处疑云路，锄影移来识褐夫。
> 几点青山帘外月，数声啼鸟曲中筝。
> 飘零沧海三生幸，直个他乡景不殊。

参考文献

[1] [汉] 司马迁. 史记. 清乾隆武英殿刻本.

[2] [三国] 何晏. 论语. 《四部丛刊》景日本正平本.

[3] [三国] 何晏集解, [宋] 邢昺疏. 论语注疏. 清嘉庆二十年南昌府学重刊宋本《十三经注疏》本.

[4] [梁] 皇侃. 论语义疏. 清鲍氏《知不足斋丛书》本.

[5] [宋] 文谠. 详注昌黎先生文集. 宋刻本.

[6] [宋] 陈普. 石堂先生遗集. 明万历三年薛孔洵刻本.

[7] [宋] 戴溪. 石鼓论语答问. 民国《敬乡楼丛书》本.

[8] [宋] 戴埴. 鼠璞. 宋刻《百川学海》本.

[9] [宋] 洪咨夔. 平斋文集. 《四部丛刊续编》景宋钞本.

[10] [宋] 黎靖德. 朱子语类. 明成化九年陈炜刻本.

[11] [宋] 李昉. 文苑英华. 明刻本.

[12] [宋] 刘安节. 刘左史文集. 清乾隆四十四年钞本.

[13] [宋] 陆佃. 埤雅. 明成化刻嘉靖重修本.

[14] [宋] 苏轼. 苏文忠公全集. 明成化本.

[15] [宋] 苏辙. 栾城应诏集. 《四部丛刊》景宋写本.

[16] [宋] 苏辙. 古史. 宋刻元明递修本.

[17] [宋] 卫湜. 礼记集说. 清《通志堂经解》本.

[18] [宋] 叶绍翁. 四朝闻见录. 清鲍氏《知不足斋丛书》本.

[19] [宋] 赵善括. 应斋杂著. 民国《豫章丛书》本.

[20] [宋] 郑汝谐. 论语意原. 清《武英殿聚珍版丛书》本.

[21] [宋] 朱熹. 四书章句集注. 宋刻本.

[22] [元] 何异孙. 十一经问对. 清《通志堂经解》本.

[23] [元] 萧镒. 四书待问. 清嘉庆景元钞本.

[24] [元] 姚燧. 牧庵集. 清《武英殿聚珍版丛书》本.

[25] [明] 陈镐. 阙里志. 明嘉靖刻本.

[26] [明] 程敏政. 篁墩集. 明正德二年刻本.

[27] [明] 程敏政. 唐氏三先生集. 明正德十三年张芹刻本.

[28] [明] 储巏. 柴墟文集. 明嘉靖四年刻本.

[29] [明] 戴冠. 濯缨亭笔记. 明嘉靖二十六年华察刻本.

[30] [明] 方弘静. 千一录. 明万历刻本.

[31] [明] 费宏. 费文宪公摘稿. 明嘉靖刻本.

[32] [明] 葛寅亮. 四书湖南讲. 明崇祯刻本.

[33] [明] 顾梦麟. 四书说约. 明崇祯十三年织帘居刻本.

[34] [明] 郭子章. 圣门人物志. 明万历二十二年赵彦刻本.

[35] [明] 郝敬. 论语详解. 明《九部经解》本.

[36] [明] 何良俊. 四友斋丛说. 明万历七年张仲颐刻本.

[37] [明] 胡直. 胡子衡齐. 明万历曾凤仪刻本.

[38] [明] 焦竑. 焦氏四书讲录. 明万历刻本.

[39] [明] 焦竑. 焦氏笔乘. 明万历三十四年谢与栋刻本.

[40] [明] 来知德. 来瞿唐先生日录. 明万历刻本.

[41] [明] 黎贞. 秫坡先生集. 清光绪元年重刻本.

[42] [明] 李材. 见罗先生书. 明万历刻本.

[43] [明] 李濂. 嵩渚文集. 明嘉靖刻本.

[44] [明] 陆釴. （嘉靖）山东通志. 明嘉靖刻本.

[45] [明] 鹿善继. 四书说约. 清道光二十四年刻本.

[46] [明] 茅坤. 茅鹿门文集. 明万历刻本.

[47] [明] 孙慎行. 玄晏斋集. 明崇祯刻本.

[48] [明] 唐顺之. 荆川稗编. 明万历九年刻本.

[49] [明] 乌斯道. 春草斋集. 民国《四明丛书》本.

[50] [明] 徐光启. 农政全书. 明崇祯平露堂本.

[51] [明] 尹襄. 巽峰集. 清光绪七年永锡堂刻本.

[52] [明] 袁黄. 游艺塾续文规. 明万历三十年刻本.

[53] [明] 张居正. 四书集注阐微直解. 清八旗经正书院刻本.

[54] [明] 张居正. 张太岳先生文集. 明万历四十年唐国达刻本.

[55] [明] 张四维. 条麓堂集. 明万历二十三年张泰征刻本.
[56] [明] 张四维. 名公书判清明集. 明隆庆三年盛时选刻本.
[57] [明] 张岳. （嘉靖）惠安县志. 明嘉靖刻本.
[58] [清] 陈澧. 东塾读书记. 清光绪刻本.
[59] [清] 陈确. 干初先生遗集. 清餐霞轩钞本.
[60] [清] 陈鳣. 论语古训. 清嘉庆元年刻本.
[61] [清] 成本璞. 九经今义. 清末长沙刻本.
[62] [清] 程廷祚. 论语说. 清道光十七年东山草堂刻本.
[63] [清] 崔述. 考信录. 清嘉庆二十二年道光二十四年陈履和递刻本.
[64] [清] 戴大昌. 驳四书改错. 清道光二年刻本.
[65] [清] 戴名世. 南山集. 清光绪二十六年刻本.
[66] [清] 戴望. 颜氏学记. 清同治冶城山馆刻本.
[67] [清] 戴望. 戴氏注论语. 清同治刻本.
[68] [清] 丁韪良. 西学考略. 清光绪九年同文馆本.
[69] [清] 杜文澜. 古谣谚. 清咸丰刻本.
[70] [清] 方浚师. 蕉轩随录. 清同治十一年刻本.
[71] [清] 方祖范. 四书解琐言. 清道光元年刻本.
[72] [清] 葛士浚. 清经世文续编. 清光绪石印本.
[73] [清] 桂馥. 说文解字义证. 清同治刻本.
[74] [清] 胡统虞. 此庵讲录. 清顺治八年刻本.
[75] [清] 黄式三. 论语后案. 清道光二十四年活字本.
[76] [清] 简朝亮. 尚书集注述疏. 清光绪读书堂刻本.
[77] [清] 焦袁熹. 此木轩杂着. 清嘉庆九年刻本.
[78] [清] 雷学淇. 介庵经说. 清道光通州雷氏刻本.
[79] [清] 李塨. 圣经学规纂. 清《畿辅丛书》本.
[80] [清] 李光地. 榕村语录续集. 清光绪傅氏藏园刻本.
[81] [清] 李元度. 天岳山馆文钞. 清光绪六年刻本.
[82] [清] 李兆洛. 养一斋集. 清道光二十三年活字印四年增修本.

[83] [清] 梁章钜. 农候杂占. 清同治二思堂丛书本.

[84] [清] 梁章钜. 论语旁证. 清同治十二年刻本.

[85] [清] 刘宝楠. 论语正义. 清同治刻本.

[86] [清] 陆心源. 宋诗纪事补遗. 清光绪刻本.

[87] [清] 陆心源. 皕宋楼藏书志. 清光绪万卷楼藏本.

[88] [清] 陆以湉. 冷庐杂识. 清咸丰六年刻本.

[89] [清] 吕留良. 四书讲义. 清康熙天盖楼刻本.

[90] [清] 毛奇龄. 四书改错. 清嘉庆十六年金孝柏学圃刻本.

[91] [清] 倪思宽. 二初斋读书记. 清嘉庆八年涵和堂刻本.

[92] [清] 潘德舆. 养一斋诗话. 清道光十六年徐宝善刻本.

[93] [清] 潘维城. 论语古注集笺. 清光绪七年江苏书局刻本.

[94] [清] 戚学标. 四书偶谈. 清乾隆景文堂刻本.

[95] [清] 钱曾. 读书敏求记. 清雍正四年松雪斋刻本.

[96] [清] 秦笃辉. 经学质疑录. 清道光墨缘馆刻本.

[97] [清] 邱维屏. 邱邦士文集. 清道光十七年刻本.

[98] [清] 史梦兰. 尔尔书屋诗草. 清光绪元年止园刻本.

[99] [清] 舒位. 瓶水斋诗集. 清光绪十二年边保枢刻十七年增修本.

[100] [清] 宋翔凤. 论语说义. 清《经解续编》本.

[101] [清] 孙应科. 四书说苑. 清道光刻本.

[102] [清] 唐仲冕. 陶山诗录. 清嘉庆十六年刻道光增修本.

[103] [清] 王夫之. 四书笺解. 清光绪刻本.

[104] [清] 王夫之. 诗广传. 清同治湘乡曾氏金陵节署刻本.

[105] [清] 王夫之. 四书训义. 清光绪潞河啖柘山房刻本.

[106] [清] 王太岳. 四库全书考证. 清《武英殿聚珍版丛书》本.

[107] [清] 王先谦. 荀子集解. 清光绪刻本.

[108] [清] 魏源. 诗古微. 清道光刻本.

[109] [清] 文廷式. 纯常子枝语. 民国32年（1943年）刻本.

[110] [清] 吴昌宗. 四书经注集证. 清嘉庆三年刻本.

[111] [清] 吴敏树. 柈湖文集. 清光绪十九年思贤讲舍刻本.
[112] [清] 吴玉纶. 香亭文稿. 清乾隆六十年滋德堂刻本.
[113] [清] 锡缜. 退复轩诗. 清末刻本.
[114] [清] 谢元淮. 养默山房诗稿. 清光绪元年刻本.
[115] [清] 熊赐履. 学统. 清康熙二十四年刻本.
[116] [清] 严可均辑. 全上古三代秦汉三国六朝文. 民国 19 年（1930 年）景清光绪二十年黄冈王氏刻本.
[117] [清] 应撝谦. 性理大中. 清康熙刻本.
[118] [清] 永瑢. 四库全书总目. 清乾隆武英殿刻本.
[119] [清] 尤侗. 西堂诗集. 清康熙刻本.
[120] [清] 尤侗. 艮斋杂说. 清康熙刻西堂全集本.
[121] [清] 袁枚. 随园随笔. 清嘉庆十三年刻本.
[122] [清] 张埙. 竹叶庵文集. 清乾隆五十一年刻本.
[123] [清] 纪昀等. 文渊阁四库全书. 影印本.
[124] [民国] 徐世昌. 晚晴簃诗汇. 民国退耕堂刻本.
[125] [民国] 杨钟羲. 雪桥诗话. 民国《求恕斋丛书》本.

后　记

　　《"樊迟学稼"诠释史》终于出版了。本书是我对中国古代四书学诠释进行思考的过程中，围绕着《论语》之中"樊迟学稼"这一事件的诠释史发展历程，完成的关于《论语》诠释的成果之一。"樊迟学稼"出于《论语·子路》篇，记述了孔子的弟子樊迟以稼穑之事请教于孔子，孔子遂以自己不如老农婉拒之，并且对樊迟的这种行为表示了不满，认为君子当以"礼""义""信"为上，如是则可以不问稼穑，而四方之民皆来依附。然而《论语》中的此段文字涉及"君子"与"小人"、"义"与"利"、"道"与"器"等多种问题，而在不同历史时期以及不同文化背景下的读者，对于这段文字中某些概念的理解也存在着极大的差异性，这便注定了后世学者对于《论语》"樊迟学稼"的阐释存在着丰富的多样性。本书的撰写，将汉代以来直至民国时期的历代学者关于《论语》之中"樊迟问稼"的理解与阐释进行了全面的梳理，基本可以归纳为三种说法：求利说、误入并耕说以及以稼教民说。除此之外，也不乏学者将樊迟问稼归于"樊迟欲自食其力"以及"与同门竞争，另辟蹊径"等说法，由此可见此话题的丰富性，以及继续讨论的必要性。

　　从跨度长达两千余年的历史文献中，搜索、摘录出相关资料，并且进行校对和断句，尤其结合着四书学与《论语》诠释史对"樊迟学稼"不同说法加以诠解，不仅需要耐心地查看相当数量的资料，还需要具备一定的文言文和史学功底，工作量十分大，我的几位学生和助手面对庞大的工作量，毫无怨言，任劳任怨，做出了优异的贡献。相关工作的分工如下：第一部分，秦溢苑；第二、三部分，宋桂梅（四川大学图书馆）；第四部分，张娜；第五部分，黄方力；第六部分，税显辉。本书编写参考了大量的教材、专著和论文，限于篇幅，书后只列出主要书目，大量的参考书和论文都无法一一列出，这里谨向作者致歉并表示衷心感谢。